Edzard Reuter

Horizonte der Wirtschaft

Edzard Reuter

Horizontc der Wirtschaft

ÜBER DIE HERAUSFORDERUNGEN UNSERER ZEIT

Deutsche Verlags-Anstalt
Stuttgart

Die Deutsche Bibliothek – CIP-Einheitsaufnahme

Reuter, Edzard:
Horizonte der Wirtschaft : Über die
Herausforderungen unserer Zeit / Edzard Reuter. –
Stuttgart: Deutsche Verlags-Anstalt, 1993.
ISBN 3-421-06621-3

Satz: Uhl+Massopust GmbH, Aalen
Druck und Bindearbeit:
Wilhelm Röck, Weinsberg
Printed in Germany

Inhaltsverzeichnis

Vorwort 7

Meine zweite Heimat 9
Angebots- oder Nachfragepolitik? 14
Von der Verantwortung heute 32
Heldentum in unserer Zeit 53
Die wirtschaftliche Selbstbehauptung Europas 57
Wirtschaft und Kunst – ein neuer Feudalismus? 75
Haben Unternehmen ein politisches Mandat? 89
Alternde Bevölkerung – schrumpfende Wirtschaft? 107
Ein Leben aus einem Guß 124
Bewährung vor der Geschichte 129
Die deutsche Wirtschaft vor neuen Herausforderungen . . 141
Ein neues Netz für den Frieden 155
Vom schwierigen Umgang mit der Natur 162
Vor der Währungsunion 181
Alte Bindungen, neue Herausforderungen 198
Berlin – neue Wege in der Stadtentwicklung 214
Manager in der modernen Industriegesellschaft 220
Ökologie und Ökonomie 236
Vom schwierigen Umgang mit anderen Kulturen 245
Perspektiven im Umbruch: Europa und Brasilien 259
Deutsch-türkische Partnerschaft 273
Europa in der Entscheidung 287

Quellenverzeichnis 299

Vorwort

In den mehr als fünf Jahren, in denen Edzard Reuter Vorsitzender des Vorstandes der Daimler-Benz AG ist, hat sich der Stuttgarter Konzern gründlich gewandelt. Aus ihm ist in einem halben Jahrzehnt nicht allein das größte deutsche Industrieunternehmen geworden, sondern auch die Dachgesellschaft eines inzwischen ebenso weitverzweigten wie weltweiten Firmengeflechts, dessen Umsätze nicht mehr nur auf der Straße gemacht werden: Sie kommen unter anderen Namen ebenfalls auf Schienen, in der Luft, in Büros oder Haushalten und durch Dienstleistungen zustande.

Edzard Reuter hat diese Diversifikation schon eingeleitet, ehe er, im 60. Lebensjahr, an die Spitze von Daimler-Benz berufen wurde. Hinter ihm lag keineswegs das, was man gern salopp »eine steile Karriere« nennt. Immerhin war der gebürtige Berliner bereits Mitte dreißig, als er von München nach Stuttgart kam, und es dauerte mehrere Jahre, bis er in das Hauptsekretariat und von dort in den Vorstand wechselte, wo er zunächst mit der Unternehmensplanung und später mit dem Finanzressort betraut war.

Zweimal riefen ihn diejenigen, die ihn gut kannten und deshalb besonders schätzten, zum Kronprinzen aus; in beiden Fällen hatten sie sich getäuscht: Einigen, die darüber zu entscheiden hatten, mißfielen seine unkonventionellen Ansichten, manche störte wohl auch sein Parteibuch, wieder andere sahen in ihm weniger einen an der Praxis orientierten Unternehmensführer als einen »intellektuell-abstrakten Strategen« – ein Medienklischee, das zwar erst aus den letzten Jahren stammt, aber genau das ausdrückt, was seine Gegner in den Entscheidungsgremien an ihm irritierte, ohne es genau benennen zu können.

In diesem Buch kann sich beinahe jeder bestätigt fühlen: die, für die Edzard Reuter vor allem ein Intellektueller ist, wenn sie auf Zitate von Max Weber und Joseph Schumpeter, von Karl Popper und Jürgen Habermas stoßen, und jene, die sein Bekenntnis zur Wirtschaftsdemokratie lesen oder seine Warnung davor, sich in der ehemaligen DDR »ganz allein auf die Kräfte des freien Marktes« zu verlassen. Und sprechen nicht auch die Probleme, mit denen das Unternehmen unter Reuters Führung nun konfrontiert ist, für die Skepsis seiner Kritiker?

Wer so fragt, übersieht die langfristige Strategie, die in ihrer Abkehr von der automobilen Monokultur ja gerade der kurz- und mittelfristigen Gefährdung eines einseitig ausgerichteten Unternehmens begegnen will. Er ähnelt darin dem Leser, der in diesen Aufsätzen und Vorträgen nur Belege für seine Vorurteile sucht und dabei den Kontext nicht zur Kenntnis nimmt: die ganz konkreten betriebswirtschaftlichen, technologischen und unternehmenspolitischen Aussagen, die tiefe Überzeugung von den Vorzügen des marktwirtschaftlichen Systems, die pragmatische Ablehnung eines politischen Mandats der Unternehmer, die Vernetzung der Weltwirtschaft und so weiter.

Edzard Reuter ist eben Skatspieler *und* Sammler moderner Kunst, Reiter *und* Intellektueller, Magdeburger *und* Berliner – ein großer deutscher Unternehmer, der in der Öffentlichkeit Einfluß ausübt – nicht zuletzt durch seine Vorträge –, ohne Politiker zu sein, der sowohl Bilanzen als auch Gedichte von Günter Kunert liest, der sowohl das Bauhaus als auch die Türkei kennt, die seine zweite Heimat wurde, als sein Vater nach Ankara emigrierte, um sich vor den Nazis in Sicherheit zu bringen. Seine Beiträge vermitteln – jenseits aller gängigen Schablonen – das Bild eines Mannes, der über die Herausforderungen unserer Zeit nachdenkt und dabei die Horizonte der Wirtschaft erweitert.

Im Januar 1993 *Ulrich Frank-Planitz*

Meine zweite Heimat

Die Türkei als Synthese aus Orient und Okzident

Das Europa der Glaubenskämpfe und Kreuzzüge, dieser von Ideologien geschundene Erdteil, hat er keinen Grund, mit Wohlgefallen und Interesse auf das große geschichtliche Erbe der Toleranz gegenüber anderen Religionen, Traditionen und Kulturen zu schauen?

Türkisch ist die Sprache meiner zweiten Heimat. Sie war zwölf Jahre lang die Sprache meiner Kindheit und Jugend. Aber seither sind vierzig Jahre vergangen. Sie sind schuld daran, daß ich mich heute nicht mehr auf türkisch verständlich machen kann.

Die Abreise vor vierzig Jahren war nicht das Ende einer Episode, an die man gelegentlich sentimental zurückdenkt. Damals begann eine Dankbarkeit, die meine Eltern ihr Leben lang bewahrten und die in mir unverändert fortlebt.

Hier, in Ankara, habe ich meine Jugend verbracht. Hier hatte ich meine Kameraden, hier habe ich die zahllosen Abenteuer der frühen Jahre erlebt, hier war meine Schule. Und doch: wäre dies alles, wäre es wenig. Es ist viel mehr, durch das dieses Land, dieses Volk mein Leben geprägt hat. Wir Deutsche tun uns oft schwer, uns spontan und herzlich dem Fremden aufzuschließen. Die stete Gastfreundschaft der türkischen Freunde hat mich gelehrt, welch kostbarer Schatz dies ist.

Wie leicht wird der Fremde zum Freund, wenn ihm das Geschenk der Gastlichkeit entgegengebracht wird. Wie gern erblüht dann der Stolz auf die neue Heimat, die nach der Flucht vor den Banditen im eigenen Vaterland Geborgenheit schenkt. Ich weiß, daß es diese Erlebnisse waren, die dem Namen der türkischen Nation bis zu meinem letzten Atemzug einen unzerstörbaren Klang verleihen werden.

Natürlich spielen äußere Umstände immer ihre Rolle. Mein Vater konnte seiner Familie ein materiell sicheres Leben erarbeiten. Trotz gelegentlicher Sorgen war er auf Almosen nie angewiesen. Aber der Mensch lebt nicht vom Brot allein. Das gilt in besonderer Weise im Exil, denn damit verband sich für einen durch und durch politischen Menschen wie Ernst Reuter der Schmerz über die erzwungene politische Enthaltsamkeit. Aus solcher Spannung gab es keine andere Befreiung als die Rückkehr. Die »unübertreffliche Schönheit des Landes«, die er oft gerühmt hat, die Freundlichkeit seiner Menschen, die vielen neuen Erfahrungen und Eindrücke, die Fülle der Arbeit – alles dies konnte den ohnmächtigen Gedanken an die Verbrecher, die Schande über das eigene Vaterland bringen, in keiner Sekunde, für keinen Augenblick verdrängen.

Dabei war es alles andere als Undankbarkeit oder Geringschätzung, die dem politischen Emigranten einen ständigen Schatten über das Leben in der zweiten Heimat legte. Bei aller Wertschätzung seiner Arbeit fühlte er sich oft genug wie »eine Maschine, die mit höchstens fünf Prozent Wirkungsgrad arbeitet«, hatte das Gefühl, »in der Wüste weit weg von den Wasserbächen zu sitzen«, »wie ein ausgehungerter und vertrockneter Schwamm« voller Gier nach Informationen über das Geschick in Deutschland. Solchen seelischen Nöten kann wohl kein Patriot in der Einsamkeit des Exils entrinnen.

Aber ich wäre, ohne es zu wollen, ungerecht und undankbar, wenn ich nur von diesen Seelenwunden sprechen würde. Ernst Reuter hat der Türkei gedient – ohne Hintergedanken und mit voller Hingabe aller Kräfte. Es hat ihn begeistert, zu sehen, wie »ein Volk . . . seine Zukunft selbst in die Hand nimmt«. Um so mehr mischte sich in die Freude über die endliche Heimkehr aus der Verbannung die Wehmut des Abschieds. Als er zurückkehrte, sprach er von Schätzen, die kein Daheimgebliebener kennen kann. Hören wir ihn selbst in einem seiner letzten Briefe aus der Türkei:

»Diese langen Jahre hier waren ein furchtbarer Alpdruck.

Niemals wurde man diesen Druck je richtig los. Immer, Tag und Nacht, lag es auf uns, dieses Bewußtsein, daß keine freie Luft zu atmen sei, daß Grauenhaftes allseits sich vollzog und daß ein Leid ohne Ende über Millionen kam. Wenn man dazu noch aus der Entfernung sehen mußte, wie der freche Tanz ums Goldene Kalb von den schamlosen Nutznießern dieses Systems mit einer Ungeniertheit ohnegleichen getanzt wurde, dann konnte man wirklich nicht zu rechter Freude kommen. Und doch haben auch diese Jahre mir vieles bedeutet. Ich bin, soviel ich konnte, auch wieder zu den Quellen alter Weisheit zurückgekehrt ... Hier lernt man, wenn man überhaupt zum Lernen veranlagt ist, viel. Etwas Weisheit im alten Sinne, etwas Abstand zu den Dingen, Geduld, die uns in unserem europäischen Betrieb des täglichen Hastens so viel abgeht. Überblick über komplizierte Dinge, weil man sie hier in einfacher Form zu sehen hat ...

Ich leugne nicht, daß ich alles sehr genossen habe und darin einen Schatz sehe, von dem man lange zehren kann und der einem vielleicht die künftige Arbeit erleichtern wird. Sicher werde ich nach diesem Lande und vor allem nach Istanbul mich immer sehnen, und wenn jemals unsere Verhältnisse so etwas wieder ermöglichen sollten, dann werde ich bestimmt hierher noch einmal zurückkommen in der Hoffnung, einmal ohne Arbeit, nur genießend, hier ein paar Wochen zu verbringen, gestützt auf die Erfahrung, die man im Lande hier gewonnen [hat] ...

Es ist ein ... Jammer, daß diesem Land und auch seinem Volk (darin unterscheide ich mich wohl von den meisten lächerlichen, oberflächlichen und albern hochmütigen europäischen Beurteilern) so wenig wirkliche Aufmerksamkeit geschenkt wird. Der große Wandlungsprozeß, der im Nahen Osten sich wie überall unaufhaltsam vollzieht, ist hier für den tiefer Blickenden ... deutlich zu sehen, manchmal mit Händen zu greifen. Es würde sich wirklich lohnen, wenn die europäischen Zeitungen den inneren bedeutsamen Wandlungen hier mehr Aufmerksamkeit schenken würden.«

Ich bin davon überzeugt, daß dieser Befund bis heute zutrifft.

Natürlich ist die Türkei für den durchschnittlich gebildeten europäischen Beobachter nicht leicht zu verstehen und zu erfassen. Aber wieviel Unwissenheit könnte doch ohne große Schwierigkeiten abgebaut werden! Die türkische Geschichte ist ein Stück der europäischen Geschichte. Es gab eine sechs Jahrhunderte lange Vermischung. Es gab weitere eineinhalb Jahrhunderte, die in der Türkei wie in einigen europäischen Staaten von einem unstetigen Prozeß der Demokratisierung bestimmt waren. Es gibt die Mitgliedschaft der Türkei etwa im Europarat. Und schaue ich nach Ulster, zu den Basken oder nach Sardinien, so fällt mir natürlich der Vater der Türken ein: wo in der Welt gibt es denn ältere multikulturelle Gesellschaften, die so funktionsfähig sind wie die türkische?

Das Europa der Glaubenskämpfe und Kreuzzüge, dieser von Ideologen geschundene Erdteil, hat er keinen Grund, mit Wohlgefallen und Interesse auf das große geschichtliche Erbe der Toleranz gegenüber anderen Religionen, Traditionen und Kulturen zu schauen? Ich denke schon, daß Europas alte Wurzeln im Nahen Osten Pflege und Hege verdienen.

Der von Atatürk geschaffene laizistische Staat hat sich in den sechs Jahrzehnten seines Bestehens bewährt. Dieser große Mann hat sein Land und sein Volk von Grund auf erneuert, ohne seine Geschichte und seine Traditionen zu vergessen. Damit wurden starke und bis heute andauernde geistige Kräfte freigesetzt. Die Erinnerung an eine Herkunft aus vielen Kulturen fördert eine offene Gesellschaft und ein unbefangenes Lernen vom Westen. Denn die Türkei als Synthese aus Orient und Okzident gehört zu Europa.

Darum erfüllt es mich mit Sorge, wie meine eigenen Landsleute heute mitunter mit den türkischen Freunden umgehen, die sie in ihr Land riefen. Manche meinten, sie riefen Arbeitskräfte. Aber es kamen Menschen – und die Menschenrechte haben unterschiedslos für alle zu gelten. Will man ein Patriot im guten Sinne sein, haben sie zuallererst im eigenen Haus zu gelten. Nur dann kann man auf andere Teile der Welt zeigen, denn der erhobene Finger auf andere sollte sauber sein. Deshalb bin ich froh und auch ein wenig stolz, daß das Haus, für das ich arbeite,

Gleichheit der Rechte und Behandlung für alle seine Mitarbeiter als ein entscheidend wichtiges Gebot ansieht.

Lassen Sie uns gemeinsam in diesem Geiste der Freundschaft und des Verständnisses die Zukunft der deutsch-türkischen Beziehungen gestalten. Denn das Wort eines großen Schweizer Schriftstellers ist wahr: »Heimat ist der Mensch, dessen Wesen wir vernehmen und erreichen.« Ihre Freunde in Deutschland wissen, daß der Weg, auf dem sich die Türkei befindet, lang und beschwerlich ist. Wir sind sicher, daß er am Ende erfolgreich sein wird.

Ich wünsche meiner geliebten, der großen türkischen Nation dasselbe, was immer auch der heißeste Wunsch Ernst Reuters war: eine glückliche Zukunft im Kreise der europäischen Völker!

Angebots- oder Nachfragepolitik?

Von deutschem Streit über falsche Alternativen

Bekanntlich ist für Keynesianer
die Arbeitslosigkeit der Schurke im Stück.
Die Monetaristen sind auf
die Verhaftung des Preisanstiegs erpicht.

I.

Das Thema dieses Beitrags werde ich zu rechtfertigen versuchen. Ich meine durchaus, mich hier als Unternehmer einigermaßen unbefangen äußern zu dürfen; denn ich wüßte nicht, daß tiefe Einsichten zur wirtschafts- und konjunkturpolitischen Meinungsbildung erbracht wurden – oder sie müßten mir allesamt entgangen sein.

Anfälle zeitweiliger Ahnungslosigkeit gehören ohnehin unentrinnbar zu den Eigenheiten der Wirtschaftstheorie. Offensichtlich gibt es keine endgültig überholten und zu den Akten gelegten Theorien. Alles hat die Chance, wieder zum letzten Schrei zu werden, auch wenn es eine Zeitlang nicht beachtet oder vergessen wurde.

Die Versuchung dazu mag heute besonders groß sein, weil – ausgesprochen oder unausgesprochen – doch wohl die Mehrzahl der Verantwortlichen weiß, daß der Bedarf nach einer wirklich konzeptionellen Wirtschaftspolitik so groß und drängend ist wie selten zuvor. Vergleiche mit jener anderen Zeit höchster intellektueller Herausforderung in diesem Jahrhundert, nämlich am Ende der zwanziger Jahre, liegen nahe. Gesucht werden praktikable und konsistente Antworten auf zumindest drei Feldern:

– Was kann zur Überwindung einer auch im Aufschwung nur geringfügig sinkenden Massenarbeitslosigkeit – im OECD-

Europa derzeit immerhin 19 Millionen Erwerbslose – getan werden?
– Wie können wir die schlimmsten Störungen der Weltwirtschaft allmählich beseitigen?
– Wie können wir industrielles Wirtschaften in umweltverträgliche Strukturen überleiten?

Diese Fragen sind nicht neu. Wir kennen sie seit über zehn Jahren. Aber spielen sie in der wirtschaftspolitischen Praxis unseres Landes bisher tatsächlich mehr als eine nachgeordnete Rolle? Ist es nicht eher so, daß die nachkartende Reaktion auf Fehler der jeweils vorhergehenden wirtschaftspolitischen Ära für die meisten viel wichtiger scheint als die grundlegende Ausrichtung an den Erfordernissen der Gegenwart?

Anders kann ich mir die provinzielle Enge unserer hiesigen wirtschaftspolitischen Debatte kaum erklären. Das gilt vor allem für die verbliebenen Möglichkeiten national noch einigermaßen autonomer Wirtschaftspolitik. Dabei haben sich im Verhältnis der Parteien Unsitten eingeschlichen, die einem offenen und qualifizierten Austausch der Argumente alles andere als förderlich sind. Der parteipolitische Wettbewerber darf heute einfach nicht mehr recht haben, weil das irgendwelchen vermuteten Wahlchancen schaden könnte: Wir scheinen Wahlkampf in Permanenz führen zu wollen.

Gleichzeitig trägt vielleicht auch die Verwirrung oder Ratlosigkeit der Wirtschaftstheorie, die eine gewisse Rechthaberei in der wirtschaftspolitischen Debatte begünstigt, zu dieser Situation bei. Denn ich meine, in der Wissenschaft eine ähnliche Neigung zu erkennen, das eigene Dogma vor der radikalen Infragestellung durch andere Auffassungen eher abzukapseln als es dem scharfen Wind der Kritik wirklich auszusetzen.

Der Prozeß der wirtschaftspolitischen Meinungsbildung muß darum als Teil unserer allgemeinen Problematik, vielleicht sogar als Engpaß verstanden werden. Letztlich spitzt sich – wie ich denke – das Dilemma in der Frage zu, ob wir uns überhaupt noch eine Konjunkturpolitik vorstellen können, die tatsächlich jenem magischen Viereck der Ziele zustrebt, die das Stabilitätsgesetz den staatlichen Instanzen auferlegt. Müßten nicht sonst wenigstens Anstrengungen erkennbar sein, die Schwächen, die sich aus den in der Praxis gebräuchlichen Politikansätzen ergeben, zu überwinden?

Bekanntlich ist für Keynesianer die Arbeitslosigkeit der Schurke im Stück. Die Monetaristen sind auf die Verhaftung des Preisanstiegs erpicht. Und die Angebotspolitiker wissen des Rätsels Lösung ganz genau darin, daß sie gegen Kostenfaktoren kämpfen und auf diesem Wege freie Bahn für neues Wachstum schaffen wollen. Trotz aller solcher löblichen Überzeugungen bleibt allerdings für mich die Frage im Raum stehen, ob die allen drei Wirtschaftstheorien gleichermaßen zugrunde liegende Unterstellung überhaupt noch zutrifft, wonach die wirtschaftliche Entwicklung klar unterscheidbare Konstellationen bereitstellt, auf die der jeweils richtige Ansatz angewendet werden muß.

In der Realität üblich sind komplizierte Situationen, etwa unkeynesianische »Verschmutzungen«, so daß eben durch eine lehrbuchmäßige Exekution des Deficit spending Nachfragemängel und unterausgelastete Produktionskapazitäten keineswegs so ganz einfach beseitigt werden können. Die Supply sider und die Monetaristen hingegen hängen dem klassischen Gleichgewichtsdenken an, das dem Konjunkturverlauf bei ausreichendem Wettbewerb eine Tendenz zur stabilen Vollauslastung der Produktionsfaktoren zuschreibt, so daß es – genauso fragwürdig – antizyklischen Handlungsbedarf für sie grundsätzlich nicht geben kann.

Der wirtschaftspolitische Praktiker hat noch ein anderes Problem. Er muß selbst eine theoretisch erfolgreiche Anwendung aller drei Ansätze mit spezifischen Widersprüchlichkeiten bezahlen:

– (Keynesianische) Vollbeschäftigungspolitik verschafft den Arbeitnehmern und ihren Gewerkschaften ein strukturelles Übergewicht am Arbeitsmarkt, das ohne ergänzende Aktivitäten zu einer unaufhaltsamen Inflationsspirale tendiert.

– Für (monetaristische) Geldpolitik ist jeglicher Preisauftrieb ein inflatorisches Übel. Den Einwand, mengen- oder konjunkturinduzierte Preiseffekte seien Ausdruck von Wachstum und nicht von Inflation, lehnen sie ab. Die empirisch wohl mittlerweile gesicherte Konsequenz ist ein sich von Rezession zu Rezession weiter erhöhender Sockel an struktureller Arbeitslosigkeit.

– Angebotspolitik schließlich muß wegen der langen Zeiträume, die sie für ihre Wirksamkeit braucht, mit der permanenten Gefahr von undienlichen Kurswechseln etwa im Gefolge von Wahlen rechnen.

II.

Gewiß wäre es reizvoll, nun in einer rein theoretischen Überlegung zu fragen, ob diese drei Ansätze nicht doch in einem inneren Zusammenhang stehen, etwa dergestalt, daß vielleicht der eine nur ein Spezialfall oder eine unentbehrliche Ergänzung eines anderen Ansatzes ist.

Ich selbst würde in der Tat nicht ausschließen wollen, daß die scheinbare Unversöhnlichkeit der theoretischen Standpunkte auflösbar sein könnte. Nur kann die Wirklichkeit leider nicht immer warten, bis die reife Frucht der erhofften Erkenntnis vom Baum der Wissenschaft fällt. Darum will ich hier lieber der Frage nachgehen, ob es nicht ganz praktische Möglichkeiten gibt, die Vorteile von Nachfrage-, Geld- und Angebotspolitik zu nutzen, ohne ihre jeweiligen Nachteile in Kauf nehmen zu müssen.

Damit wir uns richtig verstehen: Ich drücke hier keine Geringschätzung gegenüber ökonomischen Theorien aus. Um sie ebenso pragmatisch wie gezielt anwenden zu können, muß man sie genau kennen, denn ihre Vor- wie ihre Nachteile, ihre Nutzen und Schäden, ihre Wirksamkeit und Unwirksamkeit liegen oft genug dicht beieinander.

Ohne deswegen dem Dilettantismus das Wort reden zu wollen, müssen aber die Lehrbucherkenntnisse gerade deswegen ohne falsche Höflichkeit gegenüber Reinheitsgeboten ständig auf ihre Prämissen abgeklopft werden. Wirtschaftspolitik kann also nach meiner Überzeugung heutzutage nur noch gelingen, wenn sie von solchem kritischen Sachverstand getragen ist.

Er muß allerdings mit hohem Verantwortungsbewußtsein gepaart sein, denn sonst besteht die Gefahr, daß alles im Geschachere endet – was nicht nur für eine Volkswirtschaft tödlich sein, sondern radikalen politischen Tendenzen Tür und Tor öffnen kann.

Ich plädiere also nicht für einen Policy mix ohne inneren Zusammenhang, sondern für jenen Pragmatismus, der sich vorrangig des jeweils am stärksten verletzten Ziels im magischen Viereck annimmt. Sollte bereits dies als ein unerlaubter Rückgriff auf Keynes getadelt werden, so will ich solche Kritik gern auf mich nehmen. Wirtschaftliche Entwicklung vollzieht sich nämlich immer, wie wir seit Schumpeter wissen, in der Dynamik von Ungleichgewichten. Wenn das aber so ist, können wir in der Wirtschaftspolitik nie mehr als zeitweilige Lösungen zustande bringen. Das Dilemma, dabei nicht so ohne weiteres mit jener intellektuellen Klarheit und Übersichtlichkeit bestechen zu können, die unvermischten und vom Konjunkturzyklus gelösten Theorien eignen mag, darf man im Tausch für solcherart erreichbare soziale Stabilität wohl hinnehmen.

Grundsätzlich neue Mixturen habe dabei auch ich nicht zu bieten. Des Rätsels Lösung ist grundsätzlich längst bekannt. Das keynesianische Inflations-, das monetaristische Arbeitslosigkeits- und das angebotspolitische Ungeduldsdilemma lassen sich – nimmt man einen ganzen Konjunkturzyklus zum Maßstab – vermeiden, wenn zwischen den Trägern dieser Politikbereiche ein ständiger Koordinationsprozeß stattfindet. Er trug einmal den schönen Namen »Konzertierte Aktion« und ist nicht dadurch widerlegt, daß die Beteiligten aus ihm ausgestiegen sind, ohne bisher einen Weg zurück gefunden zu haben.

Man kann übrigens noch weiter zurückgehen, ins Jahr 1956, als der Deutsche Bundestag in der Begründung zum Gesetz über die Bundesbank den obersten Auftrag, nämlich »Sicherung der Währung« (was durchaus etwas anderes ist als Stabilisierung des Preisniveaus!), wie folgt verstanden wissen wollte: »(Der) Erfolg (der Währungspolitik) ist letzten Endes nur garantiert bei einer gleichgerichteten, also die Sicherung der Währung fördernden oder jedenfalls nicht gefährdenden Politik der Regierung und aller sonst verantwortlichen Instanzen, insbesondere auf dem Gebiet der Lohn-, Preis-, Handels- und Sozialpolitik, der allgemeinen Wirtschaftspolitik sowie der Finanzpolitik. Deshalb ist eine gute Zusammenarbeit aller verantwortlichen Instanzen unter Einschluß der Notenbank nicht minder wichtig als deren Unabhängigkeit von anderen Instanzen.«

Zu fragen ist allerdings, welche Bedingungen geschaffen werden müssen, um zu wirklichen Abstimmungsprozessen kommen und die für uns neuen Probleme wirksam behandeln zu können. Doch zuvor möchte ich noch etwas näher begründen, daß wir die Entfernung vom »Runden Tisch der Vernunft«, um ein weiteres Wort aus der Künstlerwerkstatt von Karl Schiller aufzugreifen, teuer bezahlt haben.

Erstens: der Verlust des wirtschaftspolitischen Grundkonsenses mußte – wie ich meine – ganz zwangsläufig dazu führen, daß zwischen den wirtschaftlichen Akteuren Konflikte nicht mehr kooperativ, sondern nach dem Notwehrprinzip ausgetragen werden. Nicht zuletzt hat dies übrigens zur Versteinerung zwischen den hiesigen wirtschaftswissenschaftlichen Schulen beigetragen, der öffentlichen Diskussion den gefährlichen Rückzug auf vordergründige Interessen erleichtert und der wirtschaftspolitischen Führung eine unentbehrliche Grundlage ihrer Autorität entzogen.

Zweitens werden politische Kurswechsel, soweit sie im Parteienwettbewerb stehen, etwa seit Mitte der siebziger Jahre von einer Rhetorik begleitet, die den Keim der Ideologisierung in sich trägt. So wird die deutsche Angebots- und Konsolidierungspolitik der achtziger Jahre vielfach nicht einfach als eine notwendige Anpassungsmaßnahme verstanden, nachdem die Nachfragepolitik in der zweiten Hälfte der siebziger Jahre ihren davor erfolgreich eingeleiteten Expansionskurs mißbräuchlich fortgesetzt hatte. Statt dessen ist ein gewisser missionarischer Dogmatismus unüberhörbar. Die Folgen blieben nicht aus: Auf Beschäftigungsanstieg zielende einzelne Ausgabeimpulse, gar Konjunkturhaushalte gelten seither – trotz ihres unbezweifelbar erfolgreichen Einsatzes in den Rezessionen von 1965/67 und 1973/75, nach 1977 und zuletzt 1982 – nahezu prinzipiell als ebenso unwirksam wie sündhaft. Zugleich wurde die Verantwortung für das Beschäftigungsniveau ganz einseitig den Tarifpartnern zugeschrieben, die, solchermaßen allein gelassen, damit schlicht überfordert sind.

Drittens: In ähnlicher Weise halte ich es für keinen Zufall, daß auf den zweiten Ölpreisschock nochmals so falsch wie auf den ersten reagiert wurde, nämlich mit zu hohen, unsinnigerweise kompensatorisch motivierten Nominallohnsteigerungen. Die Geldpolitik war überdies mit der Lohnpolitik völlig unbefriedigend abgestimmt, so daß über den Einsatz ausreichender finanzpolitischer Mittel gegen die seinerzeit drohende konjunkturelle Kontraktion schon deshalb nicht mehr nachgedacht werden konnte, weil eine solche Haushaltspolitik nur der Inflation die Sporen gegeben hätte.

Viertens: Wir verdanken dem Verlust des wirtschaftspolitischen Konsenses auch das Klima, in dem eine neuerlich spürbare Gespensterschlacht zwischen Staat und Privatwirtschaft, zwischen Markt und Plan hat angezettelt werden können. Dabei darf kein Zweifel aufkommen, daß die Belebung der Marktkräfte angesichts ständiger Versuchungen von politischer und bürokratischer Seite zu mehr staatlicher Intervention eine ständige Aufgabe ist und bleibt. Monetaristische und angebotspolitische Ideen geben insoweit wichtige Fingerzeige. Aber letzten Endes ist dies eben doch, solange nur Festigkeit in den Grundsätzen sicher ist, ein Thema des pragmatischen, also dem jeweiligen Einzelfall richtig angepaßten Handelns.

Unbedachte Ideologisierung, noch dazu aus allzuleicht durchschaubaren wirtschaftlichen oder politischen Interessen, wird dagegen immer nur etwas bewirken, was im strikten Gegensatz zum Stetigkeitspostulat der Angebotskonzeption steht, nämlich ein Overshooting von Plan- oder von Marktrezepten, je nach den parlamentarischen Mehrheitsverhältnissen.

Sicher könnte man die Zahl der Beispiele mehren. Ihre Botschaft bliebe die gleiche, nämlich der Widerspruch zu jenem Zweig der makroökonomischen Neoklassik, der als Theorie der rationalen Erwartungen letztlich die Wirksamkeit jeglicher systematischer Wirtschaftspolitik leugnet und deshalb auch keinen Koordinierungsbedarf zwischen den verschiedenen Trägern der wirtschaftlichen und wirtschaftspolitischen Aktivitäten anerkennen kann.

Ich sehe übrigens auch in anderen gängigen Auffassungen von Wirtschaftspolitik keine Widerlegung meiner Beispiele. Über Mickey-Mouse-Theoreme wie die Laffer-Kurve und Friedmans ewigkeitsfeste X-Prozent-Forderung spreche ich dabei ohnehin nicht. Aber auch von dem wirtschaftspolitischen Machiavellismus nach dem Rezept: »Sage das eine und tue das Gegenteil« müssen wir mittlerweile hoffentlich nicht mehr reden.

Oder erinnere ich mich falsch? Da war doch zunächst vom Teufelszeug der Haushaltsdefizite und den verkommenen Europäern die Rede, während ihre Exporte jetzt als unfair und ihre Weigerung, solidarisch an der Inflationsschraube zu drehen, als ebenso verstockt gelten. Nein, Dollar-Sturzflug und protektionistische SOS-Politik sollten wohl als Beweis ausreichen, daß Reaganomics immer nur ein Werbegag ökonomischer Laienprediger war.

III.

In Wirklichkeit haben alle diese Durchmarschversuche mit Patentrezepten das stabilitätspolitische Gebot, zwischen den Trägern wirtschaftlicher Verantwortung einen Kampf aller gegen alle zu vermeiden, sträflich mißachtet. Der Weg zurück in zeitgemäße Formen einer Konzertierten Aktion würde allerdings eine möglicherweise unbequeme Konfrontation mit Fragen erzwingen, die längst einer Antwort harren.

Die Vertretungen der Arbeitnehmer müßten dazu beitragen, daß ein solches Gremium nicht erneut bis zur Lähmung aufgebläht wird. Dafür wäre es nötig, zwischen den Einzelgewerkschaften des Deutschen Gewerkschaftsbundes ein Verfahren zu finden, das dem DGB ein kompetentes Gesprächsmandat überträgt.

Was die Arbeitgeberseite – für die im Grundsatz wahrscheinlich ähnliches gilt – angeht, müßte wohl bedacht werden, daß die Gewerkschaften entgegen allen gelegentlichen Proklamationen legitimerweise erst dann unter Konsensdruck gesetzt werden können, wenn ihnen zuvor Gelegenheit gegeben wird, eine alte Furcht zu überwinden. Vorteile aus der Teilnahme an einer Konzertierten Aktion können sie nämlich ihren Mitgliedern nur verständlich machen, wenn diese nicht mehr meinen, ihnen würden für die Tarifabschlüsse Fesseln angelegt, während die Unternehmen uneingeschränkte Spielräume bei der Preisgestaltung haben.

Nur in einer ungezügelten frühkapitalistischen Wirtschaft gibt es unterschiedliche Gestaltungsfreiheit bei Preisen und Löhnen. In der gemischten Ordnung unserer Zeit allerdings ist der tendenzielle Preisauftrieb geringer als bei den Löhnen, denn auf der Anbieterseite herrscht – jedenfalls überwiegend – Wettbewerb, während flächendeckende Branchentarifverträge vergleichsweise starre und nominal ständig steigende Löhne gewährleisten. Dafür muß man aber den Gesamtverlauf eines Konjunkturzyklus und nicht einen jeweils willkommenen Ausschnitt betrachten. Es geht also in Wirklichkeit weder um Preis- noch um Lohnrichtlinien, sondern um rationalere Einsicht in die Bedingungen, die die Durchsetzung der eigenen Interessen bestimmen.

Wenn wir unsere Chancen im Gefolge einer vertieften europäischen Integration richtig verstehen, würde es übrigens naheliegen, an den Beratungen einer erneuerten Konzertierten Aktion einen verantwortlichen Vertreter der EG-Kommission zu beteiligen. Eine taktisch bedenkliche Vorleistung gegenüber den anderen Ländern der Europäischen Gemeinschaft könnte ich in solchem Vorgehen nicht erkennen. Denn es ist nur eine Einbildung, wir seien die zahlenden und überdies vorauseilenden Mustereuropäer der Gemeinschaft. Oft ist leider eher das Gegenteil der Fall. Deshalb darf uns schon etwas einfallen, wenn wir uns zu der Erkenntnis durchgerungen haben, daß der Vorteil europakonformen Verhaltens größer ist als jeder nationale Einzelweg.

Sicher gehört zu den Erfolgsbedingungen einer erneuerten Konsensbildung auch eine geeignete Themenauswahl. Dabei könnte ich mir durchaus vorstellen, daß der Katalog noch um einiges über die gesamte Breite der Wirtschafts- und Finanzpolitik hinausreichen müßte.

Die weltwirtschaftlichen Einflüsse und die dringliche Integration der Europäischen Gemeinschaft zu einem einheitlichen Binnenmarkt mag man noch für »natürliche« Beratungsgegenstände halten. Doch mir scheint, daß eine im Sinne des Stabilitätsgesetzes gedeihliche nationalökonomische Entwicklung zunehmend auch von Politikfeldern abhängt, die für die Globalsteuerung alten Typs nicht einmal Randgebiete waren. Denken wir nur daran, daß die Stärkung der Wachstumskräfte zumindest zum Teil mitentscheidend von zielgerichteten Lösungen in den Bereichen Bildung, Ökologie, Soziales, Energie und Landwirtschaft abhängt.

Schon solche ganz oberflächliche Aufzählung zeigt, wieviel Führungsleistung die Politik wird aufbringen müssen. Könnte es nämlich nicht sein, daß alle Regierungserfolge der letzten Jahre zumindest ein Grundproblem nicht einmal angekratzt haben? Ich meine jene Aufgaben, die auch deshalb unerledigt blieben, weil sie auf den scharfen Widerstand mächtiger etablierter Interessenten gestoßen sind. Natürlich kann man kostenlosen Illusionen über absolute Mehrheiten oder Große Koalitionen anhängen. Man kann sich einbilden, daß nur unter solchen Bedingungen ein echter, also spürbarer Abbau von Subventionen, eine strukturelle Reform unseres Steuersystems, eine wirksame Kostendämpfung im Gesundheitswesen oder eine umfassende Rentenreform erreichbar wären. Ich halte dagegen, daß parlamentarische Wege allein nicht zu solchen Ergebnissen führen werden.

Was wir in der Sache selbst brauchen, ist nach meiner festen Überzeugung die systematische Anstrengung zur Erneuerung von Konsens in der Gesellschaft. Sonst wird die Literatur über Staatsversagen weiter anschwellen, von unwägbaren Veränderungen im Wählerverhalten ganz abgesehen.

IV.

Wer Konsens erneuern will, darf freilich den angebotspolitischen Teil der Aufgabe keinesfalls vernachlässigen. Jeder noch so oberflächliche Blick auf die Wirtschaftspolitik der letzten zwanzig Jahre zeigt, daß sich die Gewichte kontinuierlich zugunsten einer Wachstums- und Strukturpolitik verlagert haben, die die Globalsteuerung ergänzen und modifizieren. Einseitige Festlegungen der Parteien beweisen in diesem Zusammenhang gar nichts.

Das Menü der angebotspolitischen Aufgaben hat viele Gänge. Um verständlich zu machen, wie gering die Tragfähigkeit jener engen Angebotslehre ist, die nicht viel mehr als einen unmittelbaren Zusammenhang zwischen Lohnhöhe und Beschäftigungsniveau behauptet, darf ich vielleicht einige nach Gefühl und Neigung beliebig herausgegriffene Hinweise geben:

1. Eine problemgerechte Verbesserung der Angebotsbedingungen kann – wie ich meine – überhaupt nur dann gelingen, wenn es von vornherein kein auch nur gedankliches Appeasement mit den Untergangsideen des pseudo-linken Neo-Malthusianismus gibt, der das Ende der Arbeits-, Industrie- und Wachstumsgesellschaft verkündet. Die Probleme unserer Zeit erfordern nicht weniger Technik, sondern intelligentere Maschinen und produktivere Organisation.

Um dies zustande zu bringen, ist es nicht erforderlich, die Menschen mit abstrakten Forderungen, was im einzelnen wachsen soll und was nicht, heillos zu verwirren und in unübersehbare Ängste zu treiben, die jeden letztlich nur noch um seinen Besitzstand fürchten lassen. Wer will eigentlich ernsthaft beanspruchen, besser als Millionen von Menschen, die wirtschaftliche Entscheidungen treffen, zu wissen, was alles für ein umweltverträgliches Wachstum getan werden kann? Niemand weiß, was Menschen in der Zukunft einfallen wird, um die ökologischen Probleme zu lösen, die uns alle angehen. Ein Klima der Kreativität bereitzustellen, in dem erfunden, experimentiert und kombiniert wird, ist dafür allemal wichtiger, als sich in fruchtlose Debatten über die Zielrichtung von Wachstum zu verstricken.

Ökonomen wissen das. Aber seit der Wachstumsbegriff unter die Laien gefallen ist, droht vergessen zu werden, daß Wachstum nichts weiter mißt als Einkommen. In eine solche ausschließlich quantitative Größe kann man nur um den Preis gedanklicher Unklarheit qualitative Unterscheidungen einführen. Und die Entdeckung der alten Banalität, daß jegliches Wachstum an Grenzen stößt, hilft auch nicht viel weiter. Wachstum kann für eine gleichermaßen wertgeleitete wie sachkundige Wirtschaftspolitik nie etwas anderes sein als Mittel zu Zwecken, die andere Maßstäbe erfordern.

Wenn sich etwa ein Land für den umweltverträglichen Umbau seiner Wirtschaftsweise entscheidet, entscheidet es sich dafür, Einkommen künftig aus einer solchen Produktion zu erzielen. Es wäre dann nachgerade widersinnig, nicht auch weiterhin möglichst hohe Einkommenssteigerungen, also positive Wachstumsraten erzielen zu wollen. Natürlich ist klar, daß ein damit einhergehender Strukturwandel zu unvertretbaren Härten führen kann, die begleitende Maßnahmen fordern. Aber die angebotspolitische Aufgabe ändert sich dadurch nicht: Es geht immer um Anreize, Hilfen oder Erleichterungen, die solchen Umbau vorantreiben. Je mehr Wachstum auf diese Weise zustande kommt, desto mehr verstärkt sich der Prozeß: Denn natürlich lassen sich neue Aufgaben am leichtesten aus zusätzlichem Wachstum wahrnehmen, zumal Wachstum bei richtigem Vorgehen die Folge der neuen Problemlösungen sein dürfte.

Im Rahmen einer solchen, über den Tag hinaus ehrgeizigen Umweltpolitik gäbe es noch vielfach klärungsbedürftige Fragen. Vor allem müßte herausgearbeitet werden, welche Rahmenbedingungen geeignet sind, umweltverträgliches Wirtschaften so auszudehnen, daß daraus ein sich selbst tragender Prozeß wird.

Sollten eines Tages solche entscheidungsreifen Konzepte vorliegen, dürfen wir uns allerdings über die Konfliktträchtigkeit eines derartigen Ansatzes nicht täuschen. Eine solche Politik, die heute nicht zuletzt auch von überzeugten Marktwirtschaftlern –

zu denen ich mich selbst nun wirklich zähle – gefordert wird, müßte unvermeidlich mit etablierten Interessen zusammenstoßen. Ihre Durchsetzung würde also starke und überzeugende Führungskraft erfordern.

2. Im Grunde gilt das für das gesamte Bündel von strukturpolitischen Maßnahmen, durch das wir die Angebotsbedingungen für die veränderten und neuen Chancen des Wachstums bereitzustellen haben. In diesem Zusammenhang halte ich als Sammelbegriff für diese Aktivitäten zur Modernisierung unserer Industriegesellschaft unverändert die Bezeichnung Industriepolitik für treffend.

Wir stehen erst am Beginn großer technisch-industrieller Umwälzungen. Nur diejenigen Volkswirtschaften, die die Zeichen der Zeit erkennen und handeln, werden zum Nutznießer statt zum Opfer der sich ändernden Bedingungen des Wirtschaftens werden. Und daß wir es uns in der Bundesrepublik Deutschland noch viel weniger als andere Länder leisten können, die Erfordernisse der wirtschaftlichen Zukunft zu mißachten, wissen wir alle.

Dazu gehört der Zwang, in internationalen Zusammenhängen mit großen Unternehmenseinheiten zu arbeiten. Zahlreiche Herstellungsverfahren und Erzeugnisse verlangen nun einmal als Vorleistung so viel Arbeit, Zeit und Kapital, daß wir die industriepolitischen Strategien weltwirtschaftlicher Konkurrenten wie der USA und Japan nicht einfach ignorieren dürfen. Mit durchaus richtigen Forderungen nach verstärkter Kapitalbildung und höheren Investitionen ist es deshalb nicht getan. Im Rahmen der herkömmlichen Arbeitsteilung zwischen Staat und Wirtschaft kann nämlich die Fülle technischer Möglichkeiten von einzelnen Unternehmen, sogar von einzelnen Industrieländern allein längst nicht mehr wahrgenommen werden. Deshalb muß der liberale Imperativ der Freiburger Schule zwar nicht aufgegeben, wohl aber neu adjustiert werden.

Dabei darf es natürlich nie und nimmer darum gehen, Entwürfe technischer Zukunftsprojekte staatlich zu erzwingen. Der Markt muß seine unentbehrliche Auslesefunktion behalten. Das kann er nur, wenn die Unternehmen nach den Maßstäben von Markt und Wettbewerb entscheiden können, ob sie Partner bei solchen Projekten sein wollen. Öffentliche Hilfen müssen daher an eine angemessene Eigenbeteiligung der Wirtschaft gebunden werden und an der Schwelle zur Vermarktung aufhören.

Weil wir bisher keine bewußte Definition von Industriepolitik hatten, fehlen uns zeitgemäße Maßstäbe gemischtwirtschaftlicher Ordnungssysteme. Die Folgen sind handgreiflich: Der Schnelle Brutreaktor in Kalkar etwa ist die spektakuläre Denkmalsruine einer unreflektierten Industriepolitik. Vielleicht laufen wir in den nächsten Sündenfall schon hinein. Ich meine Teile des EUREKA-Programms, so sehr ich diesem bisher wohl einzigen industriepolitischen Entwurf der Europäischen Gemeinschaft im Grundsatz mit Nachdruck zustimme.

3. Weiterhin verlangt die Aufgabe, an der strukturellen Modernisierung unserer Wirtschaft entschlossen weiterzuarbeiten, nach neuerlichen bildungspolitischen Initiativen.

Bei aller Achtung vor der Eigenständigkeit der Bundesländer hielte ich es für erstrebenswert, wenn wir uns bundesweit auf einige grundlegende Ziele einigen könnten. Beispielsweise sollte im Zeichen von europäischem Binnenmarkt und fortschreitender Internationalisierung von Wirtschaft und Technik kein akademischer Abschluß mehr ohne den Nachweis zulässig sein, mindestens eine Fremdsprache zu beherrschen. Damit einhergehen müßte ein sehr viel umfangreicherer Austausch von Studenten zwischen den Universitäten Europas. Daß die Ausbildungskapazitäten und -inhalte an die Notwendigkeiten der Elektronik angepaßt werden müssen, pfeifen die Spatzen von den Dächern. Noch viel wichtiger: Wir müssen es erreichen, daß die Schulen und Universitäten endlich die vielfach tiefe Trennung zwischen sozial-, geistes- und naturwissenschaftlich-technischer Wissensvermittlung zugunsten einer breiten Grundbildung aufgeben.

Auf diesen Ebenen liegen für mich die bildungspolitischen Aufgaben, und nicht in der Anmaßung, in junge Menschen irgendwelche Politiker-Ideen hineinzupressen und das dann auch noch geistige Führung zu nennen. Allerdings ist es richtig, über Angebote nachzusinnen, die wir denjenigen Menschen bieten könnten, die nach Perspektiven suchen. Dabei sollte bedacht werden, daß wir die friedliche wirtschaftliche Nutzung des Weltraums zunehmend zur Lösung von Problemen auf der Erde gebrauchen. Und wir sollten auch erkennen, daß die Eigenständigkeit Europas ohne eine nennenswerte Teilhabe an dieser Technologie zunehmend zu bodenlosem Gerede würde. Ich bin jedenfalls davon überzeugt, daß dies eine großartige geistige Herausforderung vor allem für die junge Generation werden könnte.

4. Konkret: Wir brauchen ein nationales Weltraumprogramm, um über eine eigene Konzeption und Systemführerschaft die westeuropäische Weltraumpolitik voranbringen und prägen zu können. Unsere Wirtschaftsstruktur legt es nahe, dabei vor allem die industriellen Nutzungsmöglichkeiten von Automation und Robotik unter Schwerelosigkeit für wesentliche finanzielle Beteiligungen deutscher Unternehmen ins Auge zu fassen. Allerdings brauchen wir als Partner der Industrie eine geeignete Einrichtung. Den Vorschlag in einer Studie der Deutschen Gesellschaft für auswärtige Politik, aus der Deutschen Forschungs- und Versuchsanstalt für Luft- und Raumfahrt e. V. (DFVLR) ein deutsches Weltraumzentrum zu machen, halte ich darum für mehr als unterstützenswert.

Glauben wir wirklich, Projekte solcher Größenordnung könnten auf die Dauer durchgehalten werden, wenn dahinter nicht die einzelnen Nationen stehen? Nein, es muß ergänzend auch ein Stück Wettbewerb zwischen den Staaten der Europäischen Gemeinschaft geben – vielleicht aber noch etwas mehr, nämlich eine entschlossene Förderung europäischer Zusammenarbeit im Wettbewerb der Kontinente und Weltregionen. Die Alternative zu einer solchen Anstrengung ist einfach: Dann müßten die Staaten Europas, wenn sie überhaupt noch als Gastarbeiter in den Weltraumlabors der Supermächte geduldet werden sollten, dafür noch viel mehr als nur ein überteuertes Entgelt entrichten.

5. Zu den dringendsten industriepolitischen Aufgaben zählt im übrigen – neben der Beschaffungspolitik der öffentlichen Hände – eine Beschränkung des Postmonopols auf die sogenannten Grunddienste. Das bietet sich nicht zuletzt deshalb an, weil mit der Weiterentwicklung der Übertragungstechniken zu einem einheitlichen Telekommunikationsnetz eine technische Infrastruktur bereitstehen wird, an die sich in großem Umfang neue Produkte und Dienstleistungen anlagern können. Die erweiterten Dienste sollten schon deswegen im Wettbewerb erbracht werden, weil es wesentlich von der Gestaltungsfreiheit vor der Glasfasersteckdose abhängen wird, wie viele Arbeitsplätze hier geschaffen werden können. Produktinnovationen und neue Dienstleistungen entstehen aber nun einmal am ehesten in marktwirtschaftlicher Flexibilität.

V.

Alles in allem bin ich davon überzeugt, daß diejenigen recht haben, die uns immer wieder mahnen, die Verteidigung alter Arbeitsplätze mit immer höheren Subventionen oder Handelsbeschränkungen eröffne mit Sicherheit keine erfolgversprechenden Wege in die Zukunft. Zur wirtschaftspolitischen Leitidee der vor uns liegenden Jahre kann und muß es werden, konsequent neue Beschäftigungsfelder zu schaffen. Ohne solches Engagement werden wir keine Aussicht haben, die Arbeitslosigkeit ernsthaft bekämpfen zu können. Es ist nun einmal eine alte Erfahrung Europas, daß sich eine gute Zukunft nur durch Fortschritt, nicht aber mit den Gesängen von Traditionskompanien jeglicher Couleur erreichen läßt. Meine Sorge, daß die Parteien durch die Art ihres wechselseitigen Umgangs und einen unzureichenden sachlichen Ehrgeiz daran gehindert sein könnten, den Konsens in der Gesellschaft auf ein solides Fundament zu stellen, will ich nicht verhehlen.

Warum mündet also die Auseinandersetzung mit Angebots- und Nachfragepolitik für mich in die Frage nach der Erneuerungsfähigkeit und Belastbarkeit von Konsens? Meine Antwort wird vielleicht ein wenig verständlicher, wenn ich an die steuerpolitische Debatte erinnere. Glaubt wirklich jemand, durch eine vorgezogene Steuersenkung mit dem bekannten oder meinetwegen auch mit einem noch höheren Volumen werde sich der Aufschwung der letzten Jahre fortsetzen lassen, wenn nun möglicherweise echte kontraktive Impulse zusammentreffen sollten? Wir haben doch auf der einen Seite eine merkliche Minderung der außenwirtschaftlichen Belebungskräfte – Stichworte Ölpreis, Dollar-Kurs, US-Konjunktur – zur Kenntnis zu nehmen, die uns im Verlauf des Jahres weit mehr zu schaffen machen wird, als man es bis heute proklamiert. Auf der anderen Seite zeichnet sich bereits eine leichte Trendumkehr bei den Preisen ab. Schließlich sollten wir wohl auch die voraussichtliche Minderung der Gewinnabführung der Bundesbank an den Bundesminister der Finanzen nicht einfach übersehen, entgegen aller öffentlichen Etikettierung in den letzten Jahren durchaus ein gewichtiger Faktor keynesianischer Geldschöpfung.

Mit anderen Worten: Die endgültige Verabschiedung von Abschwung und Rezession auf den Müllhaufen der Wirtschaftsgeschichte ist für mich nicht in Sicht, dafür aber eine ziemlich hohe Gewißheit, daß eine weitere Minderung des ohnehin recht niedrigen Wachstums die Arbeitslosigkeit und damit einhergehende Finanzierungsprobleme auf eine nochmals höhere Stufe heben dürfte. Wir haben also allen Grund, über eine möglicherweise schon jetzt zu spät kommende Steuersenkung hinaus Vorbereitungen für den Tag X zu treffen. Das kann durchaus bedeuten, der Erarbeitung gemeinsamer Positionen von Tarifpartnern, Notenbank und Staat wieder gebührende Bedeutung zuzuschreiben und damit auf die Gedanken früherer Jahre zurückzukommen. Und ich halte es für bemerkenswert, daß die Bundesbank eben dies gefordert hat.

Je nach Konjunkturverlauf und Beschäftigungsentwicklung stellt sich nämlich in letzter Konsequenz die Frage nach unserer politischen Fähigkeit, unsere Demokratie stabil zu halten. Trotz aller Einschränkungen gründete der wirtschaftliche Konsens der Bundesrepublik in ihren ersten Jahrzehnten auf einer fundamentalen Einsicht. Man wußte, daß die Verantwortlichen auch in

Zukunft nicht gegen vergleichbar verhängnisvolle Irrtümer wie seinerzeit in der Weltwirtschaftskrise, Kreditschöpfung bei Unterbeschäftigung erzeuge Inflation, gefeit sein würden. Aber man stimmte zugleich in der festen Überzeugung überein, daß bei gutem Willen selbst unter solchen Bedingungen eine Wendung wirtschaftlicher Krisen in politische Katastrophen vermieden werden kann.

Wer das auch heute noch wirklich will, kann vorsorgliche Konsensarbeit und vorausschauendes Handeln nicht für überflüssig erklären, im Gegenteil. Wir leben nicht in einer Zeit, die nur von berechtigter Freude über Aufschwünge geprägt ist. Tiefsitzende Ängste und zahlreiche Krisengefahren wirtschaftlicher wie anderer Art sind unübersehbare, greifbare Realität. Darum kann es sich als so lebenswichtig erweisen, Grundlagen für Konsensbildung zu schaffen, natürlich durch Tun, nicht durch Reden allein. Der für manche verführerische Glaube, die beeindruckende Stabilität unserer Bundesrepublik Deutschland könnte in jedem Fall mit ein paar Kunstgriffen gesichert werden, erscheint mir, solange wir uns noch an unsere Geschichte erinnern wollen, ein leichtfertiger Selbstbetrug.

Dies scheint mir die deutsche Besonderheit im Disput über die ideologisierte Scheinalternative zwischen Angebots- und Nachfragepolitik.

Von der Verantwortung heute

Chancen der geistigen Auseinandersetzung in der Mitte Europas

»Von der Macht des Menschen,
die nicht durch sein Gewissen verantwortet wird,
ergreifen die Dämonen Besitz.«
(Romano Guardini)

I.

Möglicherweise täuscht mich der Eindruck, das Besondere unserer heutigen Verantwortung sei für den öffentlichen Diskurs kein interessierendes Thema. Anders gefragt: Trifft es vielleicht überhaupt nicht zu, daß man sich nur so durchhangelt, oder daß die Mängel handelnd ausgeübter Verantwortung oftmals recht erfolgreich mit gesinnungsethischen, also polemischen Parolen gegen die jeweilige politische Konkurrenz kaschiert werden?

Natürlich wäre es mehr als lebensfremd, den Kampf widerstreitender Egoismen zu stigmatisieren. Neuerdings scheint mir das noch mehr als sonst zuzutreffen. Als beliebiges Beispiel fällt mir dazu jener schöne Slogan ein, Leistung solle sich wieder lohnen: Bei näherem Zusehen versteckt sich nämlich dahinter nichts anderes als das alte Banner »Enrichissez-vous«.

Soll man wirklich möglichst hohe Einkommen als die einzig sinnvolle Belohnung überdurchschnittlicher Tüchtigkeit und damit unausgesprochen als ein Ziel menschlichen Strebens ansehen, hinter dem es nichts Sinnvolleres mehr gibt? Wie mag dann Verantwortung als ethischer Anspruch an die Gesellschaft in den Ohren des ja wohl leistungswilligen Arbeitslosen klingen? Reicht es tatsächlich aus, auf die List jener erfolgreichen Logik zu verweisen, daß die Ermutigung des Eigennutzes die allgemeine Wohlfahrt mehrt? Verantwortung als automatisches Ergebnis eines Systems, in dem persönliches Handeln, als Rädchen einer übergeordneten Mechanik, moralischer Bewertung nicht mehr unterzogen werden muß?

Sei dem, wie es sei: Wir wären schlecht beraten, wenn wir über dem Verständnis für die Unausweichlichkeit von Interessen eine der Grundbedingungen rationaler Diskussion vergessen würden. Mißbrauchte oder vernachlässigte Verantwortung läßt sich erst dann dingfest machen, wenn die Voraussetzungen, aus denen ein einzelner oder eine Gruppe sich so verhalten, wie sie es tun, mit einem kategorischen Imperativ des Handelns konfrontiert werden, der für alle in gleicher Weise gelten kann und Antwort auf die spezifischen Probleme der Zeit gibt.

Damit sind Fragen aufgeworfen, die sich als exklusive Führungsaufgaben nicht etwa nur einseitig an die Träger staatlicher Funktionen adressieren lassen. Wenn es zutrifft, daß im umgangssprachlichen Begriff der Verantwortung seit Kant die Auffassung mitschwingt, es gebe Maßstäbe für gutes Handeln, die als allgemein verbindlich gelten, dann müssen diese Maßstäbe Gegenstand öffentlicher Klärung werden. Es geht also um eine Aufgabe, der sich niemand entziehen darf. Der Staat, das sind letztlich wir alle.

Vor dem Hintergrund mancher Behauptungen, die heutige Krise der Vernunft sei in Wirklichkeit der Offenbarungseid des ans Ende seiner Möglichkeiten gerückten Industriezeitalters, ist es dabei entscheidend, sich zunächst über einen grundlegenden Sachverhalt zu verständigen.

Die Fähigkeit, sich Mittel mit Hilfe des Verstandes zu schaffen, ist für den Menschen konstitutiv. Zugleich hat er aus der Natur seiner Entwicklung zur menschlichen Spezies seine natürlichen Instinkte mitgebracht. Diese Ausstattung ist gegenüber der Lage, die er sich mit den instrumentellen Leistungen seines Verstandes schafft, jeweils rückständig. Die Macht, die ihm seine Hilfsmittel geben, muß er durch handlungsleitende Normen erst für einen vernunftgemäßen Gebrauch zähmen. Mit jeder neuen Technik – vom Faustkeil bis zur Atombombe – stellt sich ihm diese Aufgabe wieder, bis auf den heutigen Tag.

Fortschritt hat also seit jeher die Krise der überlieferten Verhaltensweisen als ständigen Wegbegleiter. Sollte es am Ende doch nichts anderes als diese zeitlose Struktur von Verantwortung sein, was wir heute als Fortschrittskrise entdecken, dann waren wir, im Staunen über einen sich scheinbar endlos fortsetzenden Wirtschaftsaufschwung, der alle Wünsche in erreichbare Nähe zu rücken schien, wohl nur eine Zeitlang vergeßlich.

In der Tat meine ich, die Gefahr, in kulturpessimistische Dogmen zurückzufallen, könnte in Räsonnements wurzeln, die gängig und gleichwohl nicht zu Ende bedacht sind. Will man sie bündeln, so fiele mir jene ebenso beliebte wie hämische Mode ein, unsere derzeitigen Probleme ausnahmslos jenem angeblichen Zeitgeist anzulasten, der als Folge unverantwortlicher – manche würden wohl, wäre die Verwendung des Begriffs nicht allzu decouvrierend, lieber sagen: entarteter – Intellektualität die guten alten Errungenschaften unserer abendländischen Kultur ebenso kurzerhand wie leichtfertig auf den Trümmerhaufen der Geschichte verbannt haben soll.

Bevor ich mich dem Besonderen heutiger Verantwortung allgemeiner zuwende, mögen zwei Tummelplätze solcher Einstellung für viele stehen: der Zustand unserer Städte und die Folgen heutiger industrieller Technik.

II.

Die Kritik an der Unwirtlichkeit unserer Städte hat wahrlich gute Gründe. Aber kann man jene weithin unstrittige Unvernunft, die alte Baukunstwerke durch neue Betonkisten und bewohnbare Stadträume durch die Öde von Schlafquartieren ersetzt hat, wirklich einfach dem neuzeitlichen Rationalismus oder, etwas camoufliert, dem Fortschrittsgeist anlasten?

Die meisten modischen Autoren pflegen zwar bei ihrer Kritik das Bauhaus selbst und seine Ideen auszuklammern, indem sie nur seine unbedarften Adepten für die städteplanerischen Missetaten und architektonischen Barbareien unserer Zeit verantwortlich machen. Und doch schwingt in jenen sich so schöngeistig und geschichtsbewußt gebenden Wiederentdeckungen überkommener Stadtkulturen immer wieder der Vorwurf durch, das konzeptionelle Denken und Bauen der großen Anreger der zwanziger Jahre lasse sich eben doch auf den alleinigen Gebrauch des rechten Winkels und der Geraden, auf das nackte Zweckkalkül und die Anbetung von Zement reduzieren.

»Schön und praktisch bauen! Schluß mit der kalten Zweckmäßigkeit« – das ist nicht etwa eine aktuelle Erfindung, es ist die Überschrift einer 1930 veröffentlichten Stellungnahme von Mies van der Rohe.

Was war denn nackter Rationalismus an der Onyxwand des Barcelona-Pavillons? Nur weil es eine gerade Wand war? Nein, Schmuck, Atmosphäre, Liebe zu den nicht zweckgerichteten Ansprüchen der Menschen an den Gebrauch von Gebäuden waren den Vätern der Bauhaus-Architektur nicht fremd, im Gegenteil: Sie waren Mittelpunkt und Ziel ihres Strebens. Das schöne Alte galt den meisten von ihnen von Herzen und Überzeugung als bewahrenswert.

Allerdings waren diese Meister radikale Gegner von Historismen, und insoweit entsprachen sie den funktionalen Anforderungen ihrer Zeit. Das frühe Industriezeitalter mit seiner beispiellosen städtischen Dynamik erlaubte nämlich nicht mehr einen feinfühligen, behutsam tastenden Eklektizismus, der zugleich die Schönheitsprinzipien der Griechen, die Inbrunst der Gotik und das Maß der Renaissance mit den Lebensabläufen seiner Zeit harmonisch zu vereinen wußte. Übrigens läßt sich bei Fontane nachlesen, wie Schinkel zu seiner Zeit kritisiert wurde, weil er so streng dem griechischen Vorbild anhing, statt seinen vorübergehenden gotischen Neigungen nachzugeben.

Man wird einwenden, daß der ästhetische Anspruch und die hohe künstlerische Meisterschaft vieler der im Verfolg des Bauhauses entstandenen Bauwerke unbestritten sei. Es gehe der Kritik also nicht darum, die Einzelleistung in Frage zu stellen, wohl aber darum, herauszustellen, daß die Arroganz, mit der ein fragwürdiges Bild vom angeblichen modernen Menschen als Leitbild neuen Bauens vorgegeben worden sei, letzten Endes zur Zerstörung der gewachsenen Landschaft unserer Städte geführt habe. Und doch steht fest, daß diese bedeutendste geistige Strömung der Architektur in unserem Jahrhundert genau eines nicht liefern wollte: fertige Gebrauchsanweisungen für geschlossene, einem einheitlichen ästhetischen Konzept unterworfene Stadtensembles. Das theoretische Ordnungsbild der Bauhäusler war organisch, nicht idealistisch.

Natürlich scheinen radikale Vorwürfe auf der Hand zu liegen, schaut man auf die Zeugnisse ihres praktischen Wirkens, etwa jene Trabantensiedlung im Süden Berlins, die den Namen von Walter Gropius trägt. Mein Freund Wolf Jobst Siedler beklagt denn auch das »wüste Gemäuer, das einmal Berlin war«, entstanden nicht allein durch den Krieg, sondern zuletzt durch eine »kommerzialisierte Vulgärmoderne«. Sehr einverstanden mit solchem Urteil dieses kulturhistorisch singulär gebildeten Mannes, dem wir heute, in ruhigerem städtebaulichen Fahrwasser, durchaus einiges zugeben müssen, was er früh genug in die Wüste gerufen hat. In der Tat wäre Stadtreparatur, auch Restauration, vielfach besser gewesen. Dennoch: müssen wir uns nicht eingestehen, daß wir alle – wie auch die Väter des Bauhauses – ein Bild von Stadt mit uns herumtragen, in dem das Ende überlieferter Urbanität noch immer nicht verarbeitet ist?

Ich meine, die vor rund hundert Jahren auch in Deutschland entstandene, völlig neue Notwendigkeit, Städte nicht mehr wachsen lassen zu können, sondern planen zu müssen, hat uns die Chance genommen, von der Geburt neuer Städte, atmosphärisch so dicht wie Siena und im Maß so human wie Potsdam, noch träumen zu dürfen. Schaut man indes genau hin, sieht man, daß bereits in den historischen Städten, die wir meinen, viele Zufälle zusammenkommen mußten, damit überragende Genies wie der preußische Baumeister eine die Zeiten überdauernde Wirkung entfalten konnten.

Seit mittelalterliche Statik und vorindustrielle Gemächlichkeit einem bis dahin ungekannten Lebensrhythmus gewichen sind, stößt alle jetzt notwendige Planung an eine unüberwindliche Grenze: Es wird nie mehr möglich werden, durch gezieltes Handeln der Sehnsucht nach dem harmonischen Arkanum im Winkel eine neue Zukunft zu schaffen. Die Lösung auf Zeit, die

Manifestation von Widersprüchen, die der Antwort harren, sind das wahre Gesicht der Moderne. Heimat ist nicht von ungefähr längst ein vielfach gebrochener Begriff geworden.

Gescheitert ist das Bauhaus nicht, weil es, als treuer Vollstrekker des europäischen Rationalismus, stilbildend wirkte, sondern nur in dem Sinne, daß es sich durch den Ruf, die Baunachfrage der dreißig Jahre nach Kriegsende zu decken, vielleicht allzu bereitwillig überfordern ließ.

Wer, bitte, hat denn heute die fehlenden Antworten? Was sich postmodern nennt, sind doch auch nur höchst ungleichwertige Unikate, die in der Regel vor allem die individualistischen Zeitgefühle gehobener großstädtischer Käufergruppen befriedigen. Aber wie sieht das ästhetisch zumutbare Parkhaus aus, und wie ist es städtebaulich einzuordnen? Wie kann man eine größere Fabrik mit unserem herkömmlichen Bild von städtischem Leben außer durch ein Wegrücken an den Rand vereinbaren? Welches Maß eines Flughafens ist human, oder ist Urbanität nur ein Thema der historischen Stadtkerne? Kann man mit imitiertem Fachwerk die lange Öde abendlicher Kaufhausfronten reurbanisieren? Was kann ein Fassadengag an irgendeinem Stück funktional unentbehrlicher Großarchitektur anderes ausdrücken als die Unmöglichkeit, der Funktion eine Form zu geben, mit der man fühlt, leben zu können? Wer hat für die vielleicht wirklich sinnvolle Begrünung von Dächern schon eine ästhetische Idee? Wie setzt man zuverlässig und systematisch Einsichten gegen Einzelinteressen durch, ohne diesen ihr Recht zu nehmen? Wer bietet das Wissen, mit dem wir ebenso unerwünschte wie unvorhersehbare Nebenfolgen von Stadtentwicklung abwehren können? Welche endgültigen Entscheidungen heben den komplizierten, in sich widersprüchlichen und vor allem nie endenden Prozeßcharakter von Planung auf?

Ich kann diese Fragen auch durch eine einzige andere ersetzen: Darf man tatsächlich die Ratio von Architekten dafür haftbar machen, wenn über die neue Variante der Kreuzberger Nächte geschrieben werden konnte, »ruchloser Umgang mit den Lebensbedingungen von Menschen« habe »das Gelände für die Verwilderung der Sitten« geebnet?

III.

Daß wir den Umgang mit Technik – verstehen wir sie jetzt einmal ganz allgemein als Verfügung des Menschen über die Natur – heute so intensiv als ethisches Problem empfinden, ist, trotz mancher Vorboten, wohl recht neu. Das hat seine Gründe.

Wir können zum erstenmal in der Geschichte der Menschen Wirkungen erzielen, die unsere Lebensbedingungen weltweit tief verändern. Die Synergieforschung hat uns gezeigt, daß wir dazu nicht einmal große Mittel brauchen. Schon kleine Einflußgrößen können in komplexen Systemen zu unermeßlichen Zustandsveränderungen führen.

Mit diesem Wissen hat sich noch eine weitere, eigentlich alte Erkenntnis verschärft, nämlich die Einsicht in die Begrenztheit unseres Wissens und die Unermeßlichkeit dessen, was wir nicht wissen, auch dessen, was zu wissen uns immer unmöglich bleiben wird.

Zum Kern dieser Erkenntnis gehört, daß wir unentrinnbar in eine Welt verstrickt sind, die kein Handeln ohne bedenkliche, jedenfalls ohne unbekannte Nebenfolgen zuläßt. Selbst größte Gewissenhaftigkeit und skrupulöse Selbstprüfung befreien nicht von dem Dilemma, Risiken eingehen zu müssen. Immer nur zwischen verschieden großen und verschieden dringlichen Problemen wählen, dazu unter begrenztem Wissen handeln zu müssen, das ist – vor Gorbatschow hätte ich hinzugefügt: zumindest in den offenen Gesellschaften des Westens – längst nicht mehr das Bewußtseinsprivileg von Eliten. Diese Entscheidungsnot ist, so will mir scheinen, Kern dessen, worauf die Menschen Antworten suchen.

Der Versuch, in Regelkreisen statt in Kausalitätsketten zu denken, ist ein erster methodischer Schritt auf diese neue Stufe menschlicher Entwicklung. Dem entsprechen in Hochschulen, Forschungsinstituten und Unternehmungen die Versuche, interdisziplinär zu arbeiten. In Klammern füge ich hinzu: Hat schon jemals ein für Forschung und Lehre der Universitäten Verantwortlicher die Gründe für das bisherige Scheitern dieser Bestrebungen darzulegen gewagt? Oder verstößt es gegen den angeblich guten Komment der Interessierten, Roß und Reiter zu nennen, nämlich darauf hinzuweisen, daß das geltende Dienstrecht, also lebenslange Anstellung und weitgehende Verplanung der Arbeitszeit der Wissenschaftler, mit dem Erfordernis zeitlich begrenzter und projektgebundener Arbeit in interdisziplinären Gruppen fast unvereinbar zu sein scheint?

Im politischen Alltag schlägt sich die Suche nach einem Umgang mit Technik, der auf der Höhe ihrer Entwicklung ist, zur Zeit vor allem in Entwürfen für Technologie-Folgenabschätzung nieder. Ich bin zwar unsicher, ob sich dieses Vorhaben als tatsächlich erfüllbarer Anspruch erweisen wird, aber entscheidend ist etwas anderes: Wir suchen nach Möglichkeiten zu handeln, die sehr langfristig angelegt sein sollen, damit einmal erkannte Probleme nicht erst aufgegriffen werden, wenn sie sich bereits in zugespitzten Schäden niedergeschlagen haben. Dies stellt an die Rationalität des vernunftgeleiteten Diskurses Anforderungen, die niemand gern erträgt, weil sich damit die Argumente von konkreter Faßbarkeit entfernen und unter den Druck höchst kontroverser wissenschaftlicher Meinungen geraten.

Unter solchen Bedingungen nicht zu verzagen, bedarf neben der Geduld der Beharrlichkeit – arge Zumutungen für eine demokratische Öffentlichkeit, deren Horizont heute oft viel kürzer ist als eine Legislaturperiode. Mag sein, daß da auch deutsche Besonderheiten mitspielen: Widerwille gegen den technischen Rationalismus des Industriezeitalters wäre so neu nicht in unserem Lande.

Natürlich haben die Skeptiker viel Augenschein auf ihrer Seite. Seveso, die Challenger-Explosion, Tschernobyl, das Gift im Rhein: wieviel Hilflosigkeit der Verantwortlichen zumindest im ersten Augenblick, und, wohl dazugehörig, wieviel billige Beschwichtigung der Öffentlichkeit. Aber stammen die Primärdaten der Sicherheitsdebatte über Kernkraftwerke etwa nicht von den Herstellern und Betreibern, die mit ihren Untersuchungen von selbst tätig wurden? Ist die gesellschaftliche Unfähigkeit, mit Risiken umzugehen, die man rechnen kann, wirklich Beweis, daß die Wurzel des Übels in der beschleunigten Dynamik der Technik liegt? Sind denn die Ingenieure und die Chemiker in den Unternehmungen einfach Hasardeure? Darf ihr Monitum, die Politik solle endlich für einheitliche, wenn möglich europaweite Normen sorgen, wirklich einfach als Heuchelei oder unangemessenes Feilschen denunziert werden? Kann man es nicht auch als drängende Aufforderung deuten, den Beteiligten mit geeigneten, mit politischen Mitteln die Fesseln abzunehmen, die ihnen der ansonsten unverzichtbare Kostenwettbewerb auferlegt?

Ich frage weiter: Führt die nicht-technische Öffentlichkeit vielleicht einen Diskurs über Technik, der sie mangels Kenntnis in die Irre führen muß? Mich jedenfalls verwundert immer wieder, daß das Problemlösungspotential veränderter oder neuer Technik schlicht unbekannt ist. Nicht, daß damit alle Probleme aus der Welt zu schaffen wären – aber sind denn die Substitutionspotentiale so schwer zu verstehen: Mineralische statt metallischer Werkstoffe, Information statt Energie, Kommunikation statt physischen Transports, Bio-Indikatoren zur Qualitätsmessung von Wasser anstelle von statistischen Meßmethoden, die weder die Datenfülle noch ihre komplexen Wechselwirkungen erfassen können?

Und sollten wir nicht auch auf die Struktur heutiger Erneuerung schauen? Neue Techniken sind nicht mehr Produkte des Handwerks oder Ableitungen aus physikalischen Experimenten wie im 18. und 19. Jahrhundert. Ein Raumfahrzeug, ein neuer Superrechner, eine sich am Horizont abzeichnende Solar-Wasserstoff-Wirtschaft werden heute von Naturwissenschaftlern und Technikern bis in jede Einzelheit vorweg geplant. Die Ingenieure des Hauses, für das ich arbeite, kämen doch von vornherein überhaupt nicht mehr auf den Gedanken, eine Katalysatortechnik weiter zu verfolgen, bei der zu befürchten ist, daß am Auspuffrohr statt der heutigen Emissionen andere, unerwünschte, gar unbekannte Stoffe austreten könnten!

Krise des Fortschritts, Angst um unsere Fähigkeit zur Verantwortung? So neu ist das wahrlich nicht, schauen wir im Eilschritt auf einige Stationen in der Ideengeschichte des technischen Fortschritts.

An der Wende vom 16. zum 17. Jahrhundert schien gesellschaftlicher Fortschritt gewiß, wenn man sich den Gesetzen der Natur unterwarf. Sie zu erkennen, erlaubte die Konstruktion von künstlichen Hilfsmitteln, mit denen sich die dem Menschen feindliche Natur beherrschen ließ. Hoffnung wurde zu einer weltlichen Möglichkeit, weil man sich seines forschenden und erfindenden Verstandes bedienen konnte. Deshalb gilt Francis Bacon als früher Theoretiker der Industrialisierung.

Eine erste Fortschrittskrise läßt sich an dem Wandel ablesen, der im Denken von Descartes sichtbar wird. Sein Thema ist die Unwissenheit des Menschen, die ihn zum Zweifel als Prinzip des Denkens führt.

Fragen nach der ethisch guten Nutzung technischer Mittel stellen erst Philosophen wie Rousseau. Dieser erkennt, daß die Bestimmung dessen, was als vernünftig gelten kann, von den jeweiligen geschichtlichen Bedingungen nicht getrennt werden kann, und er folgert daraus, daß das soziale Umfeld nach einem durchdachten Entwurf zu gestalten ist, in dem sich menschliche Natur, zweckgerichteter Verstand und gesellschaftliche Umstände ihrer Interdependenz bewußt werden. Damit schlägt die Geburtsstunde der neuzeitlichen instrumentellen Vernunft.

Den nächsten großen Schritt verdanken wir Kant. Sein Kategorischer Imperativ beschreibt die Arbeitsweise unserer praktischen Vernunft – und liefert damit eine prozedurale Vorschrift, wie die Menschen dazu gelangen können, ihre Verstandeskräfte praktischen sittlichen Zwecken zu unterwerfen: Der einzelne möge jederzeit so handeln, daß sein Tun zum allgemeinen Gesetz erhoben werden könnte.

Markiert Max Weber mit seiner Einsicht, daß empirisches Forschen nicht lehren kann, was wir tun sollen, sondern nur das, was wir tun können, die nächste große Etappe? Jedenfalls können wir hinter seine Forderung, die voraussehbaren Folgen eigenen Tuns müßten verantwortet werden, nicht mehr zurück. Die Institutionen, die solche Verantwortung sicherstellen sollen, finden sich an zahlreichen Punkten des staatlichen Gefüges, grundlegend natürlich im Mechanismus der demokratischen Wahl. Und so alt wie Demokratie und Rechtsstaat ist die Sorge, sie könnten unzureichend werden, bedürften also weiterer Entwicklung.

Darum aber, nicht um Flucht aus gewachsenen Verhältnissen, geht es in Wirklichkeit, so wohlfeil die Verlockungen der Mythokraten unserer Zeit manchem von uns auch erscheinen mögen.

IV.

Was folgt aus diesen beiden Beispielen, dem Problem unseres Städtebaus und dem Problem der industriell genutzten Technik?

Mir scheint, daß wir ethische Rationalität bis heute nur in Gestalt der subjektiven moralischen Entscheidung kennen. Diese ist dadurch gekennzeichnet, daß sie sich – eher auf der Ebene der Durchsetzung, aber kaum der Setzung – in der Gegenüberstellung mit anderen individuellen Entscheidungen behaupten muß. Andererseits wissen wir, daß heute neben dem Gewissen des einzelnen das Überleben vor allem davon abhängt, ob Großorganisationen, Staaten und Bündnisse ethisch rational handeln können.

Daß dies nicht gelingen könnte, ist wohl der Kern unserer heutigen Ängste. Doch gab es jemals eine logische Regel, die uns die Gewißheit verschaffte, es würde sich in der Finsternis eine ausreichend starke Stimme des Gewissens regen? Ist es nicht sogar in sich unlogisch, auf etwas anderes als die Vernunftfähigkeit des Menschen zu hoffen?

Denn dann müßte doch unser Bild vom Menschen seit Jahrtausenden falsch sein. Wenn wir geboren sind, um uns aus selbst verschuldeter Unmündigkeit selbst zu befreien, dann gibt es keinen Weg, auf dem wir ohne Vorbehalt gewiß sein können, Vernunft zu erreichen. Gilt das schon für den einzelnen Menschen, muß es erst recht kollektiv gelten. Den Widerspruch zwischen technisch geprägtem Handeln und kollektiver menschlicher Praxis als Gegenstand ethischer Reflexion müssen wir darum als prinzipiell unauflöslich gelten lassen.

Angesichts der inzwischen erreichten Fähigkeiten, uns selbst und unsere Welt zur Gänze zu vernichten, haben wir natürlich dennoch nicht nur die Möglichkeit, sondern auch die Pflicht, nach Verfahren oder institutionellen Erfindungen zu suchen, mit denen wir uns moralisch auf der Höhe unserer technischen Potentiale halten können. Aber ist es nicht so, daß über Umweltpolitik, Dritte Welt oder Datenschutz schon längst nicht mehr nur diskutiert wird, sondern daß der daraus resultierende Wertewandel längst zu veränderten Wählermotiven und neuen Gesetzgebungsmaterien geführt hat? Insgesamt drängt sich hier der Eindruck einer generellen Umformung und Ergänzung unserer Normen und Verhaltensweisen auf, der im Detail schon nicht mehr überschaut werden kann. Und gilt Gleiches nicht auch für das ethische Postulat von Hans Jonas, außer für den Menschen auch für die Permanenz von Bedingungen zu sorgen, die sein Überleben als Art ermöglichen, und dafür die Natur auch dort zu erhalten, wo nicht ein unmittelbares anthropozentrisches Nutzungsinteresse ihre Hege erfordert? Zeichnet sich damit nicht eine handfeste praktische Antwort auf jenen Teil unserer Verantwortung ab, der in Kenntnis unseres mangelnden Wissens über die Folgen unseres Tuns wahrgenommen werden muß?

Der Blick auf diese geistige Entwicklung, die allmählich, aber doch auch unübersehbar zur prägenden Kraft wird, bestätigt jenes Element, das stets mit dem Konzept einer allgemein nachvollziehbaren ethischen Rationalität verbunden war: das Vertrauen in die Vernunftfähigkeit des Menschen. Dafür, daß dieses Vertrauen für alle Zeit gerechtfertigt ist, kann es – wie gesagt – keine endgültige Gewißheit geben. Allein das, was wir tun, kann die Hoffnung am Leben erhalten, die Risiken unserer Zeit könnten tatsächlich gemeistert werden. Die grundsätzliche Spannung zwischen instrumentellem Verstand und der Moralität seiner Zwecke bleibt – aber eben auch die Chance, sie zum Nutzen der Menschen jeweils neu aufzulösen.

Auf solchen Wegen neigt das jeweils Neue ganz selbstverständlich und seit jeher auch zu aggressiver Polemik. Womöglich tut man daher den Postmodernen unrecht, wenn man die kulturpessimistischen Sentenzen einiger ihrer Künder zum Nennwert nimmt. Es könnte nämlich sein, daß sich dahinter der gemeinsame Wille verbirgt, das Projekt der Moderne um ein neues Programm der Aufklärung zu bereichern.

Allerdings meine ich schon, daß Verantwortung auch im Umgang mit Sprache und Argument gefordert werden muß. Niemand sollte den Philosophen geißeln, wenn aus Zitaten in der Hand irgendeines Fanatikers Hetzparolen oder Steine werden. Aber es gibt eine sozialpsychologische Mechanik der Reizworte und der provozierenden Argumentation, die längst bekannt ist, auch wenn sie unter den Bedingungen von Medien-Massenkonsum eine besondere Färbung angenommen haben mag. Ich denke also, daß wir, wollen wir Verantwortung annehmen, auch eine Ethik der öffentlichen Rhetorik brauchen, von der wir uns in die Pflicht, natürlich nicht der erbärmlichen Ausgewogenheit eines öffentlich-rechtlichen Medienproporzes, wohl aber in die Pflicht nehmen lassen müssen, jede in die Gewalt oder in Feindschaftsdenken verführende Rhetorik der Unklarheit oder der gewollten Mißverständnisse zu vermeiden.

Wer, zwei Beispiele von vielen, auf die Schlag-Worte schaut, die gegen das Volkszählungsgesetz oder gegen die herrschende Energiepolitik ins Gefecht geführt werden, wird verstehen, was ich meine. Die Volkszählung als virtuelle Planung für neue Konzentrationslager, zerstörte Strommasten als Anlaß für neuerliche Sophisterei über direkte und indirekte Gewalt gegen Menschen: Wo sachlich vielleicht begründbare Kritik solcherart ihr Maß aufgibt oder wo die Friedensgarantie des demokratischen Verfassungsstaates der privaten Disposition überantwortet wird, ist verantwortliche Teilhabe an der ständigen Verbesserung der menschlichen Verhältnisse beendet.

Es gibt keine praktische Vernunft, die nicht auch eine Ethik der öffentlichen Rede ist. Darum ist Aufklärung – wie Jürgen Habermas es formuliert hat – an erster Stelle die »politische Macht eines an Dialoge gebundenen Denkens«. Bequem ist solches nicht. Denn der Gestus der Aufklärung ist seit jeher die Skepsis des nüchtern-kritischen Blicks. Ohne die ständig wache Frage nach der Humanität menschlichen Tuns und menschlicher Institutionen ist der Verrat am Fortschritt sicher.

Solche Art permanenter Bereitschaft zu Kritik und Selbstkritik sollte uns eigentlich nicht allzu schwerfallen, zumal in Deutschland: Wer das Ungewisse der Zukunft in seiner Unanschaulichkeit und Ambivalenz einmal erkannt hat, und dazu hatte Europa seit 1914 unglaublich intensive Gelegenheiten, der hat Angst wie auch Verheißung erblickt. Der Zukunft als sichere Erlösung blickt man dann zwar nicht mehr mit seligem Vertrauen ins Gesicht – aber erst recht nicht mit blinder Begeisterung auf der einen oder mit schlotternder Panik auf der anderen Seite: Woher könnte, nach Auschwitz, noch unkritische Begeisterung kommen, aber woher denn, nach der schlußendlichen Vernichtung der nazistischen Barbarei, sich selbst aufgebende Panik?

Den Ergebnissen unseres bisherigen Tuns handelnd standzuhalten, ohne die Gewißheit, daß Leiden zuverlässig immer vermieden werden kann: das ist die menschliche Alternative zur Flucht in Resignation oder einen Extremismus, der in naiver Romantik oder phantasieloser Verzweiflung die Gefahr endgültiger Zerstörung Wirklichkeit werden läßt. Mythen jeglicher Art können die Pflicht zur vernünftigen Verantwortung nicht ersetzen, wohl aber unsere Welt ins Unheil stoßen.

Ich weiß, daß dem angesichts menschheitsbedrohender Gefährdung entgegengehalten werden könnte, ich predigte eine Ideologie, die sich mit Leiden abfindet. Dem hätte ich zu entgegnen, daß auch dem möglichen Leiden ins Auge geschaut werden muß, damit es zum Ansporn praktischer Vernunft werden kann. Darum habe ich es als unvereinbar mit der sittlichen Freiheit eines Christenmenschen empfunden, als seinerzeit im Zusammenhang mit Tschernobyl ein Parteigeneral zu den Risiken von Kernkraftwerken bemerkte, diese seien für Christen leichter zu tragen, weil sie an ein Leben nach dem Tode glaubten. Als ob es darum gehen dürfte, die Anhänger von Abschaltparolen als Heiden zu stigmatisieren!

Fortschrittlich wird immer nur das genannt werden dürfen, was sich mit einem Stück verletzter oder gefährdeter Menschenwürde nicht abfinden will. Dies ist die Nähe der Progressisten zum Konservatismus. Mit den modischen Spielereien von Postmodernen haben beide nichts zu tun – aber sie können dem Umschlag der Meinungen nur entgehen, wenn sie den Mut haben, ihre Widersprüche selbst zu beseitigen.

Dies kann im Streit, also »arbeitsteilig« geschehen, aber es muß auf der Grundlage einer Verständigung über die Ursachen von gewalttätigen Eruptionen geschehen und muß im Einzelfall auch Zusammenarbeit einschließen. Mit anderen Worten: Die Frage lautet, ob es gelingen kann, sich von den beharrenden oder unvernünftigen Kräften der jeweils eigenen Klientel zu befreien.

V.

Vernünftigkeit kann allerdings im Alltag weder von historischer Betrachtung oder philosophischem Diskurs noch von großen Worten leben. Unsere Fähigkeit, an die Kraft der Vernunft zu glauben, hängt von jenen praktischen Visionen ab, die ihr Pathos aus der nüchternen Lösung eines Problems gewinnen, von dem sich alle existentiell betroffen fühlen.

Solches Bedürfnis ist offenkundig, es ist verbal auch allenthalben anerkannt: Seit Jahren wird Führung – sei es im geistigen, sei es im politischen Sinne – versprochen, behauptet oder vermißt. Zunehmendes Reden über Führung, so steht zu vermuten, signalisiert nichts weiter als Mangelerscheinungen.

Bestimmen nicht eher die Diffamierung des politischen Gegners und kleinlicher Egoismus das Klima? Bezahlen wir die Sucht der Parteien, auch noch die letzte Hausmeisterstelle zu erobern, nicht längst das eine Mal mit einer vorsorglichen Willfährigkeit vor Fürstenthronen, das andere Mal mit einer Hinwendung ins Privatleben oder in die lokale Initiative? Was von geistiger Führung wird im Gezerre um ein CDU- und ein SPD-Abitur erkennbar? Soll man eine Aufforderung zu verantwortlicher Lebensführung in den Versuchen erblicken, den Streit um politische Wertentscheidungen durch angeblich unwiderlegbare Expertenurteile ins Leere laufen zu lassen? Sind zur Zeit nicht sämtliche Parteien außerstande, ihre Integrations- und Führungsaufgabe wahrzunehmen, weil sie in sich ein Stillhalte-

Kartell überlieferter Interessen darstellen? Liegt in alledem nicht die eigentliche Wurzel für viele neo-biedermeierliche Züge unseres gesellschaftlichen und politischen Lebens, eines Rückzugs, der Reflex ist auf eine Unterforderung des Gemeinsinns durch die große Politik? Ist es nicht das, was den im Menschen angelegten Willen zum Fortschritt heimatlos gemacht hat?

Im Parteienalltag gibt es beliebte Entschuldigungen für solche Mängel: Gegner und Wahltermine, manchmal die Presse. Aber ist es nicht das immer gleiche Mißtrauen gegen freien Bürgergeist? Wird nicht bis in die lächerliche Absurdität, einige Wochen vor Wahlen Satire im Fernsehen zu unterbinden, dieser Abgrund an Mißtrauen und Taktik sichtbar?

Doch ich will mein Klagekonto nicht überziehen. Worin könnte praktische Abhilfe bestehen?

Da ist wohl zuerst zu fragen, wie man denn heute noch zu Visionen gelangen könnte. Die Antwort wird sich, fürchte ich, wohl kaum durch Quasseln finden lassen. Auch solide Handwerksarbeit allein wird nicht ausreichen, wiewohl sie unverzichtbar bleibt, weil nur sie vor Anfällen von Schamanentum bewahren kann, mit denen sich Stimmungen und Irrationalismen immer leicht ausbeuten lassen. Daß die Personalauswahl in den Parteien solcher Solidität besondere Aufmerksamkeit widmet, erscheint mir übrigens mehr als fraglich, denn es gibt nach meinem Eindruck im Deutschen Bundestag mittlerweile zu viele, die offenbar schon als Pennäler Politiker werden wollten – und seitdem nichts anderes getan haben.

Nein, zu ethischem Fundament und profundem Sachverstand muß etwas anderes hinzukommen, ohne daß, wie die Kunst im Handwerk, Politik in Verwaltung steckenbleibt. Visionen oder, etwas handfester, wirkliche Reformen – Steuerbasteleien zählen nicht dazu – bedürfen einer Idee. Aus der sachkundigen Beschäftigung mit den zahllosen Detailproblemen der Friedenssicherung in Europa entstand die Vision eines politisch geeinten Europa. Die schöpferische Antwort auf den Verfall der vorindustriellen Familien- und Sozialstruktur war das Programm einer allgemeinen Sozialversicherungsrente. Aus den vielen Benachteiligungen der Frauen möchte sich ein Gesamtprojekt der Gleichberechtigung entwickeln, das sich nicht im Kampf um mehr Parlamentsmandate und Leitungsfunktionen erschöpft. Visionen liegen auf der Straße – das Ärgernis besteht nur darin, daß niemand sie aufnimmt.

Denken wir an den großen Entwurf der Bildungsreform. Daraus wurde vor allem eine Gehaltsreform für Lehrer, weil sie in den Ausschüssen der Landesparlamente im wesentlichen unter sich waren. Dazu kam die hartnäckige Verteidigung der Standesinteressen der Philologen, die es natürlich unter ihrer Würde fanden, sich mit Volksschullehrern gemein zu machen. Vergessen wir auch nicht jene politischen Wahltagsstrategen, die ein halsbrecherisches Tempo anschlugen, anstatt der banalen Einsicht Rechnung zu tragen, daß in erster Linie die Heranbildung einer neuen Lehrergeneration erforderlich war, bevor man neue Institutionen mit Leben füllen konnte. Unter solchen Bedingungen war natürlich nicht dem unsinnigen Druck jener Eltern zu widerstehen, die Bildungsabschlüsse als Laufbahn-Berechtigungsscheine verstanden und für ihre Kinder eine neue Art von Klassenkampf aufnahmen. Im Ergebnis haben wir immer noch ein Schulsystem, das uns in der europäischen Provinz fest verankert hält. Nicht einmal Experimente können schlimmen Verdächtigungen entgehen, und der längst nötige Wettbewerb zwischen verschiedenen Formen erstirbt unter der eifernden Gleichmacherei politischer Ideologen.

Und sind es nicht in gleicher Weise die zu Fachleuten ernannten Interessierten gewesen, die uns das System der europäischen Agrarpolitik eingebrockt haben?

Müssen wir nicht auch für die Steuerpolitik solche Fragen stellen? Warum denn erweisen sich individuelle oder Gruppeninteressen weit stärker als die juristischen und ethischen Argumente gegen die herrschende Ungerechtigkeit versteckter Subventionen? Nur noch die, die sich professionellen Rat leisten können, sind in der Lage, das Steuerrecht zu nutzen. Ist das nicht skandalös ungerecht? Und ist es nicht doppelt skandalös, wenn der zahlreichen Schlupflöcher wegen der Staat die nötigen Einnahmen nur noch durch eine außergewöhnlich hohe Besteuerung der übrig bleibenden Tatbestände erzielen kann?

Damit stoßen wir, neben dem Widerstand der Erbsenzähler, die es immer gibt, auf ein weiteres fundamentales Problem, das eng mit dem Wohlstandsaufschwung der letzten Jahrzehnte zusammenhängen könnte. Nicht mehr Schutz vor unverschuldet hereinbrechender Not, sondern Schutz vor dem Abstieg von einem einmal erreichten überdurchschnittlichen Niveau ist heute zu unserem Leitbild von Gerechtigkeit geworden.

Man muß sich die Logik dieser pervertierten Auffassung einmal vor Augen führen. Eine Position, zu der man einmal aufgestiegen ist und die nun geschützt werden soll, wurde doch von Marktkräften bewirkt, die man anderen nun vorenthalten will. Zudem hat Friedrich von Hayek mit Recht darauf hingewiesen, daß eine Regel, die einem einzelnen oder einer Gruppe ihre relative Besserstellung auf immer schützt, grundsätzlich nicht auf alle Betroffenen gleichmäßig angewendet werden kann. Aus beiden Gründen ist sie in sich ungerecht. Daß unter den bisherigen Wirkungen solcher Politik vor allem die wirklich Bedürftigen leiden, etwa die Empfänger von Sozialhilfe, kann sich also durchaus als das erste Kapitel einer möglicherweise noch viel weitergehenden Zerstörung des Sozialstaates erweisen.

Solches zu denken, gehört im politischen Alltag zu den tabuierten Verhaltensweisen. Damit sind wir bei einem weiteren Hindernis für eine Politik, die über den Tag hinausweist.

Muß es vielleicht anderem als der ihm nachgesagten professoralen Unduldsamkeit zugeschrieben werden, wenn ein unbequemer Geist wie Kurt Biedenkopf mit Hilfe seiner Diskussionshinweise ins Abseits geschoben wird? Man muß ja nicht mit dem einverstanden sein, was er vorschlägt. Aber die Integrationsfähigkeit der großen Volksparteien und damit ihre Kraft, Konkurrenz an extremen Rändern unnötig zu machen, hängt von ihrer Bereitschaft ab, notwendige Klärungsprozesse mit sachlichen Argumenten zu betreiben, hingegen auf das Denkverbot zu verzichten, das könne beim Wähler schaden.

Wie soll denn sonst eine nun wirklich längst fällige Vision zur Lösung des Schuldenproblems in den Entwicklungsländern zustande kommen? Natürlich stoßen sich da manche Interessen hart im Raum, aber wenn ich das sterile Desinteresse an realistischen Vorschlägen, etwa an denen von Alfred Herrhausen, bedenke, dann frage ich mich: Wo wären wir, die Bundesrepublik Deutschland und das freie Europa, heute eigentlich, wenn es 1947 nicht die visionäre Tat eines so nüchternen und vernünftigen Mannes wie George Marshall gegeben hätte?

Liegt nicht ein anderes Defizit ebenso klafterweit offen vor uns? Schaue ich auf die Reaktionen, die bei uns den Vorschlägen aus Moskau entgegengesetzt werden, so liegen polemische Vermutungen nahe. Anscheinend verdienen nämlich die Abrüstungsvorschläge der anderen auch nicht mehr Mißtrauen als die eigenen, die ebenso hinterhältig sein könnten: Was macht man bloß, wenn die anderen sie einfach übernehmen?

Kurzum, die Führungsaufgaben in Parteien, Gewerkschaften und Unternehmensverbänden sind unübersehbar. Sie alle werden ihnen nur gerecht werden können, wenn sie ihre innere Selbstlähmung überwinden. Auch Stillhalte-Kartelle bestehender Interessen sind Menschenwerk und können daher geändert werden.

Welche Kraft gerade nach einer Ära der Kümmernisse von Visionen ausgehen kann, zeigt das Beispiel Ronald Reagans. Es war eine große Leistung, den Amerikanern nach Vietnam wieder Selbstbewußtsein zu vermitteln. Und es wäre eine schlimme Tragik auch für die Europäer, sollte diese Leistung als Folge manchmal unverständlicher Dilettantismen am Ende wieder zerfallen.

VI.

Hier schließt sich für mich der Bogen des Nachsinnens über Chancen der Verantwortung mit einem Blick auf die geistige Haltung, die solchem Willen zugrunde liegen muß.

Ich meine, die geistige Haltung, die verantwortliches Handeln für Freiheit erst möglich macht, ist Offenheit. Dies bedeutet heute vor allem, daß wir unsere Einstellung zu unseren Fehlern ändern müssen. Wir alle neigen dazu, unsere Fehler zu vertuschen, zu verbergen und zu verdrängen, obwohl wir doch am liebsten ohne sie auskämen. Das werden wir nie schaffen, aber wir können verstehen lernen, daß sie sich am leichtesten entschärfen lassen, wenn wir bereit sind, unsere Fehler als Quelle der Erkenntnis zu nutzen.

Man verstehe mich bitte nicht falsch: Ich meine weder bedenkenloses Herumprobieren noch jene clevere, oft medienwirksame Geste des Büßers, der seine Eitelkeit befriedigt, indem er sich geißelt. Es geht auch nicht um quasi religiöse, etwa pietistische Reinigungsrituale oder Aschermittwochspredigten. Das alles wäre nichts anderes als verordnete Bigotterie. Ich meine die simple Erkenntnis, daß es unmöglich ist, selbst bei größter Sorgfalt und Gewissenhaftigkeit keine Fehler zu machen.

Die gesamte Geschichte unserer Erkenntnisfortschritte beweist diesen Sachverhalt. Und was für den intellektuellen Habitus der Wissenschaft – mehr noch: unserer westlichen Kultur – konstitutiv ist, ist auch Grundlage von Demokratie. Die Chance zum Wechsel der Mehrheit und die Rechtsweggarantie beruhen auf der Zuversicht, daß wir damit unsere Fehler korrigieren können. Freilich sehen wir heute wohl deutlicher als in sogenannten normalen Zeiten, daß dies je mit konkretem Leben gefüllt werden muß.

Das ist beileibe keine Aussage, die sich nur an die Schulen und Schulpolitiker richtet, so wichtig das auch sein mag. Es geht um so viel demokratische Durchlüftung und Führung, daß Bereitschaft, auf Kritik zu hören, zum Leitbild alltäglichen Verhaltens werden kann. Die vielfach proklamierte Beliebigkeit des Denkens, die Wiederkehr der Magie inmitten unserer Großstädte, all diese – wie es Richard von Weizsäcker formuliert hat – »parochiale Beschäftigung mit uns selbst« ist, so will mir scheinen, eine typische Regression, weil sich der Gestus der Offenheit im öffentlichen Leben wohl seit der Mitte der siebziger Jahre auf dem Rückzug befindet. Wir müssen wieder zurückfinden zu der Erkenntnis, daß andere Menschen uns zur Entdeckung und Korrektur von Fehlern brauchen, und wir sie.

Dabei darf es niemals um pauschale Kritik gehen. Und die Kritik muß sachlich, das heißt unpersönlich sein.

Die wuchernde Verherrlichung des Subjektivismus, mit dem man »sich einbringt«, wie es in unserer Talk-Show- und Selbsterfahrungs-Industrie neuerdings heißt, bietet nur ein kulturelles Milieu für die, die am Rande stehen und mit den wirklichen Entscheidungen nichts zu tun haben sollen oder wollen. Selbsterfahrung als letztes Produkt einer Bewußtseinsmaschinerie, die dem Volk zum Brot die – höchst individualistischen – Spiele liefert, damit eine unverzichtbare Bedingung von Demokratie, nämlich die organisierte Zusammenfassung und Bündelung zu einem durchsetzungsfähigen Strom des Willens, verhindert werden kann, müssen wir durch eine erneuerte Kultur ersetzen, in der allein das sachlich überprüfbare Argument zählt.

Unser altes europäisches Erbe, das Feuer des Prometheus und die Klage Kassandras, ist unteilbar. Wir haben nur die Chance, im Geiste jenes großen Philosophen, dessen Methode des kritischen Rationalismus ich so schändlich plagiiert habe und immer wieder plagiieren werde, Auswege aus den von Menschenhand unbeabsichtigt erzeugten Gefahren zu suchen.

Die permanente Rekonstruktion der instrumentell-praktischen Vernunft bleibt also unser Schicksal. Der Weg führt immer von neuem von irrational gewordener Rationalität über die Denunziation der herrschenden Unvernunft zu einer noch mehr aufgeklärten und deshalb wieder, auf Zeit und vorübergehend, rationalen Rationalität. In Karl Poppers Vision der offenen Gesellschaft ist uns diese neuzeitliche Chance auf Freiheit und Würde beschrieben. Es liegt in unserer Verantwortung, sie zu nutzen.

Heldentum in unserer Zeit

Dem Gedenken an Hanns Martin Schleyer

Er ist für mich ein Mann,
dem der Adelsbegriff
eines Bürgers unserer Demokratie,
eines Citoyen, zusteht.

Ein jeder von uns neigt dazu, Erinnerung an Entsetzen und Empörung, an Angst und Trauer im Alltagsgeschehen zu verdrängen. Heute wühlen uns die Gefühle der damaligen Wochen wieder auf, wollen von der Kühle abgesetzten Nachdenkens unbehelligt bleiben.

Aber kann man solche Ereignisse und Erlebnisse überhaupt bewahren? Der Nebel gedämpfter Erinnerung legt sich allzu leicht, nicht nur für die Nachgeborenen, über die Vergangenheit. Und selbst die, die Hanns Martin Schleyer kannten, die ihn liebten, haben es schwer. Weil sie wußten, wer er war und wofür er wirkte, können sie die furchtbare Sinnlosigkeit jener Bosheit nicht vergessen, die ihn quälte und mordete. Ihr Urteil bedarf keiner Worte.

Doch sowenig das Recht jedes einzelnen Menschen auf sein Leben einer Begründung bedarf, sosehr sind wir verpflichtet, für Bedingungen zu sorgen, die jedem Menschen ein Leben in Würde ermöglichen. Dazu gehört, keine Angst vor Mördern haben zu müssen. Das zwingt uns, nach Worten zu suchen.

Deshalb will ich daran erinnern, daß das berufliche Wirken von Hanns Martin Schleyer nicht einfach der Weg eines begabten Mannes war, der in einer steilen Karriere Befriedigung fand. In unserem Unternehmen war er zu seiner Zeit der erste praktische Sozialpolitiker, der oberste Anwalt, wenn es galt, den technischen und ökonomischen Fortschritt in »Wohlstand für alle« umzusetzen.

Für ihn war diese Formel Ludwig Erhards nie eindimensional, gar nur materialistisch zu verstehen. Das Bildungswesen unseres Hauses, die bis heute beispielhaften sozialpädagogischen Internats-Lehrgänge für junge Mitarbeiter, die Wurzeln der späteren Berufsakademie Baden-Württemberg, das umfangreiche Wohnungsbauprogramm, die beständige Förderung von Vermögen durch Wohneigentum und Teilhabe am Produktivvermögen, die Förderung von Betriebssportgruppen – dies sind Wegmarkierungen seines Wirkens, die noch lange Bestand haben werden. Sie entsprechen der tiefen Überzeugung von Hanns Martin Schleyer, daß Wirtschaftsfreiheit Voraussetzung und Bedingung allgemeiner Bürgerfreiheit ist.

Wer ihn kannte wie wir, kannte seine weiche, seine menschliche Seite, die es unmöglich machte, ihn in das gängige Klischee vom Unternehmer, einsam und hart die Schwere der Entscheidung tragend, einzupressen. Seine Überzeugungskraft und seine Fähigkeit, Vertrauen zu geben und zu gewinnen, wurzelte im Respekt vor der Individualität des anderen. Darin lag für ihn die Substanz gemeinsam wahrzunehmender Verantwortung. Die Überzeugung, nicht der Befehl machten ihn zu einer Führungsgestalt, die auch im Konflikt anerkannt wurde.

Auf dieser Grundlage traf er sich als Unternehmer mit seinen Gegenübern in Betriebsrat und Gewerkschaft. Nicht in der Disziplin, gar Härte, die ihre Rolle Unternehmern wie Gewerkschaftern mitunter auferlegt, finden wir sein wirkliches Gesicht. Nein, die Fairneß in der Auseinandersetzung und der Wille, zum Kompromiß zu kommen, vor allem aber die Fähigkeit, ihn auch mit Weitsicht rechtzeitig anzusteuern und dann zu erreichen – das ist es, was ihn und Männer wie Willi Bleicher oder Otto Brenner zu Partnern werden ließ. Hanns Martin Schleyer wußte, daß Friede in der Gesellschaft organisiert werden, daß er gestiftet werden muß, wenn der unternehmerische Beitrag dazu verantwortlich genannt werden soll. Ich bin davon überzeugt, daß mit seiner Hilfe manche Brücke, die zwischen den Tarifpartnern abgebrochen wurde, heute noch oder wieder begehbar sein würde. Auch darum ist die politisch bemäntelte kriminelle Kaltherzigkeit seiner Mörder so völlig ohne Sinn.

War das Morden auch sinnlos, so gilt dies nicht für das Opfer, das ihm auferlegt und seiner Familie zugemutet wurde. Das mörderische Kalkül der Erpresser konnte durchkreuzt, die verrückte Hoffnung verbrannter Seelen zerbrochen werden.

Niemand konnte damals wissen, ob mit dieser schweren Entscheidung wirklich der erstrebte Erfolg eintreten würde. Tapferkeit ist ein viel zu billiges Wort dafür, wenn einer sich in solcher Lage entschließt, nicht um seinen Austausch zu flehen. Um so schwerer wiegen deshalb jene fünf Worte, die Hanns Martin Schleyer bereits in seinem ersten Brief und später in noch klarerer Form niedergeschrieben hat: »Das ist nicht meine Entscheidung.«

Niemand könnte in solcher Situation der Räson rechtsstaatlicher Demokratie eine größere Ehre erweisen. Er ist für mich ein Mann, dem der Adelsbegriff eines Bürgers unserer Demokratie, eines Citoyen, zusteht.

Ein sinnloser Mord und ein Opfer, das uns alle eindringlich in die Pflicht nimmt für diesen freiheitlich verfaßten deutschen Teilstaat: Da könnte man fragen, ob mehr Grund gedacht werden kann, auf einen Menschen stolz zu sein, der uns geschenkt war. Ich weiß keinen.

Und doch fällt der Gebrauch des Wortes Stolz unendlich schwer. Es ist nicht allein die Trauer, die mich stocken läßt. Schwerer wiegt die Scham vor einem Opfer, das angeboten und nach der Überzeugung der Verantwortlichen angenommen, notfalls auch auferlegt werden mußte. Vielleicht können wir darin eine Signatur unseres Zeitalters erkennen: Die Helden dieses Jahrhunderts erwachsen im und aus dem Leiden. Das aber bedeutet, daß wir sie nicht mehr auf entrückte Denkmalpodeste stellen und mit Fanfaren feiern können.

Wenn wir dem Opfer von Hanns Martin Schleyer die gebührende Ehre, nämlich durch praktisches Handeln, erweisen wollen, müssen wir dann nicht vor allem bedenken, daß die Demokratie ein verderbliches Gut ist? Nicht nur in extremen Lagen, schon in den kleinen Dingen des Alltags kann sie notleidend gemacht werden. Wir als Deutsche sollten noch wissen, wie schwer der Satz wiegen kann, daß die Geschichte für Fehler und

Verschulden nur selten Bewährung einräumt. Muß es uns deshalb nicht umtreiben, wenn unsere politische Klasse den aufklärerischen Wert der Polemik zu einem kalten machttechnischen Denken, oft genug mit Feindbildern unterlegt, verkommen läßt? Ich jedenfalls habe Angst, daß eine wachsende Zahl von Menschen einer zunehmenden Zahl von Mosaiksteinen gewahr wird, die sie zum Bild einer Republik der schmutzigen Hand zusammensetzen.

Das Trauma, daß Weimar scheiterte, muß uns bis heute verfolgen. Wer genau hinschaut, gerade in den betrieblichen Alltag, versteht, wieviel Vorsorge wir gegen die Wiederkehr der Schrecken der Vergangenheit treiben, manchmal mit Kosten, die ökonomisch bedenklich sind. Aber genau das – und weil Hanns Martin Schleyer dazu viele praktische Beiträge geleistet und sie mit dem Siegel seines Lebens beglaubigt hat – verpflichtet und berechtigt, wie ich glaube, zu der Frage, wie ernst es allen Verantwortlichen mit der nicht nur formalen Unversehrtheit unseres demokratischen Rechtsstaates ist.

In diesem Sinne gedenkt das Haus Daimler-Benz des Opfers, das Hanns Martin Schleyer und mit ihm Heinz Peter Marcisz, Reinhold Brändle, Roland Pieler und Helmut Ulmer für uns alle gebracht haben.

Die wirtschaftliche Selbstbehauptung Europas

Industriepolitik neu formuliert

Industriepolitik kann in marktwirtschaftlichem Rahmen nur dann zulässig sein, wenn vorübergehend etwas riskiert wird, was private Unternehmen zunächst noch nicht allein schaffen können.

I.

Das Thema suggeriert ein Problem, zumindest eine Herausforderung. Ich widerspreche dem nicht, aber wir sollten Augenmaß bewahren.

Das fängt damit an, daß wir – oberflächlich, wie wir manchmal sind – von Europa reden, obwohl Westeuropa gemeint ist. Dieser Teil des Projektes Europa allerdings bedeutet seit dem Ende des Zweiten Weltkrieges die Saga eines einzigen Erfolges. Beginnend mit den Zeiten von Jean Monnet, jenes ebenso visionären wie tatkräftigen Mannes, verzeichnen wir eine lange Kette von historisch bemerkenswerten Fortschritten. Der Westen Europas hat sich seitdem immer nur nach vorn entwickelt. Was wir dazwischen als Rückschritte wahrgenommen haben, waren in Wirklichkeit nur alltägliche Schwierigkeiten, schlimmstenfalls Verzögerungen oder Umwege. Heute befinden wir uns am Vorabend eines Vorhabens, das eine für europäische Verhältnisse vergleichbare Begeisterung erwecken kann wie das Apollo-Projekt von Präsident John F. Kennedy: Ich meine den einheitlichen europäischen Binnenmarkt.

Freilich scheinen wir das noch nicht überall bemerkt zu haben – vor allem nicht in der Bundesrepublik Deutschland. Das mag daran liegen, daß wir einmal mehr den Mangel an demokratisch legitimierten europäischen Institutionen zu spüren bekommen, die das Handeln der Europäer popularisieren könnten. Was trotzdem am Ende allein zählt, ist die Schubwirkung, die erreicht worden ist. Anders gesagt: Die Idee unserer Zeit ist Europa – und Victor Hugo hätte hinzugefügt: »Nichts ist stärker als eine Idee, deren Zeit gekommen ist.«

Das Programm des homogenen Binnenmarktes enthält zugleich eine konzeptionelle Antwort auf die alte Sorge, unser Kontinent verliere seine wirtschaftliche Bedeutung.

Im Vergleich zu den Vereinigten Staaten und Japan – aber auch zu anderen wirtschaftlichen Regionen wie China, Indien, Indonesien oder den vier kleinen Tigern Südkorea, Taiwan, Hongkong und Singapur – mag das nämlich auf den ersten Blick tatsächlich so aussehen. Aber gibt es nicht vergleichbare Sorgen bei den anderen?

Denken wir etwa an den Bestseller von Paul Kennedy, der in den Vereinigten Staaten lebhaft diskutiert wird. Seine These geht dahin, daß der Abstieg der Vereinigten Staaten vom Gipfel der Großmacht längst begonnen habe, weil ein übermäßiger Verteidigungshaushalt auf die Dauer die wirtschaftliche Kraft dieser großen Nation untergraben werde. Folgt man solcher Betrachtung, könnten die Handelsgesetze, die der amerikanische Kongreß beschlossen hat, in der Tat als Indiz für anhaltende strukturelle Schwächen in der amerikanischen Volkswirtschaft verstanden werden.

Wenn ich sage, daß sich Europa auch bei einem Erfolg des Projektes Binnenmarkt anstrengen muß, ist dies also nicht als Beschreibung einer drohenden generellen Dekadenz zu verstehen.

Wohl haben wir spezifische Probleme wie andere auch. Ich denke beispielsweise an die Anteilsverluste am Welthandel auf besonders wachstumsstarken Sektoren, an die zu große Abhängigkeit bei einzelnen Schlüsseltechnologien – etwa bei Speicherchips – oder an die teilweise erheblichen Effizienzschwächen bei europäischen Technologieprojekten.

Dem steht jedoch gegenüber, daß sich die globalen wirtschaftlichen Voraussetzungen nahezu überall in Westeuropa erheblich verbessert haben. Das Inflationsgefälle zwischen den Mitgliedsländern des Europäischen Währungssystems hat sich auf einem insgesamt niedrigeren Niveau verringert, die Arbeitskosten steigen eher mäßig, die Investitionsrenditen haben sich gebessert, die Dynamik von Strukturwandel und Wachstum hat sich teilweise erheblich beschleunigt.

Die Hoffnung ist also berechtigt, daß die allgemeine Belebung der Volkswirtschaften allmählich auch einzelne strukturelle Defizite auflösen wird. Das riesige strukturpolitische Programm, das mit den dreihundert Richtlinien für die Herstellung des Binnenmarktes in die Wege geleitet wird, trägt ganz sicher dazu bei.

Daß dennoch viel zu tun bleibt, lehrt nicht allein der Blick in die europäische Arbeitslosenstatistik. Eine weitere erhebliche Strukturverbesserung auf dem Arbeits-, Kapital- und Gütermarkt bleibt deswegen dringend geboten. Ich behaupte, daß nur derjenige eine echte Chance hat, wirtschaftspolitische Meinungsführerschaft in unserem Lande zu gewinnen, der eine zeitgemäße, also eine sachlich überzeugende Angebotspolitik vorstellen kann. Eine sozusagen selbstverständliche Zuordnung eines solchen Konzepts zu einer bestimmten Partei oder Richtung konnte ich dabei keinesfalls von vornherein ausmachen.

Der technologische, wirtschaftliche und soziale Wandel zwingt nämlich uns alle, die grundlegenden Veränderungen auf der mikroökonomischen Ebene zur Kenntnis zu nehmen. Individuelle Verhaltensweisen, institutionelle Regeln und staatliches Handeln greifen heute nicht mehr lückenlos ineinander. Das vermindert die ökonomische Effizienz.

Der Sachverständigenrat hat mit den wachstumspolitischen Bemerkungen in seinem Jahresgutachten insofern völlig recht: Es fehlt nicht an Geld, wohl aber an Investitionsperspektiven. Eine Strategie der Strukturanpassung muß deshalb die gesamtwirtschaftliche Stabilitätspolitik ergänzen. Dies wäre freilich ein eigenes ausgewachsenes Referat zu anderer Gelegenheit.

Insgesamt scheint es mir jedenfalls ganz unbestreitbar, daß ernsthafter europäischer Eifer gebietet, zugleich über nationale Hausaufgaben nachzudenken. Überspitzt gesagt, trifft es zu, daß alles, was für unser Land unter Marktbedingungen gut ist, auch gut ist für Europa. Die Stichworte, auf die es dabei ankommt, sind bekannt. Ich nenne nur einige Beispiele.

Erstens entsteht nur die Hälfte unserer nationalen Wertschöpfung unter Wettbewerbsbedingungen. *Zweitens* stellt die doppelte Belastung durch Vermögens- und Gewerbesteuer für die Unternehmen eine Last dar, die im Hinblick auf den Binnenmarkt zusätzlich brisant wird. *Drittens* sind die deutschen Arbeitskosten zu hoch. Das wäre auch so, wenn unsere Arbeitszeiten flexibler wären. Es hat jedenfalls keinen Sinn, sich mit Lohnstückkostenvergleichen reich zu rechnen.

Dabei handelt es sich nämlich um Durchschnittszahlen. Viele Unternehmen liegen weit darüber und müssen jene außereuropäischen Wettbewerber fürchten, die von einem homogenen und hoffentlich offenen Binnenmarkt zusätzlich angezogen werden. Schon jetzt verzeichnen wir einen steilen Anstieg der Brückenköpfe japanischer Unternehmen innerhalb der Europäischen Gemeinschaft.

Es gibt aber auch noch einen ganz anderen Grund, warum wir unsere eigene wirtschaftliche Basis stark genug halten müssen: Wir werden nämlich auch künftig den vielfältigen Neigungen unserer Partner in der Gemeinschaft zu widerstehen haben, den Abbau der Binnengrenzen mit einem Aufbau neuer Außengrenzen zu erkaufen.

Die Gefahr regionaler Blockbildung, die der amerikanische Handelsbeauftragte Yeutter fürchtet, ist in der Tat unübersehbar. Was es andererseits für uns bedeuten würde, wenn der Überschuß der EG im Handel mit den USA, der 1987 rund 30 Millarden US-Dollar betrug, allzu schnell eingeebnet wird, kann sich jeder selbst ausmalen, denn wir werden schon genug damit zu tun haben, die sektoralen Strukturverwerfungen, die uns hierzulande durch den Binnenmarkt bevorstehen, aufzufangen: Nicht nur insoweit müssen wir wohl die Sorgen, die das Baugewerbe, Teile des Handwerks, die Kreditwirtschaft, das Güterverkehrsgewerbe und viele mittelständische Unternehmen im Gewerbe- und Dienstleistungsbetrieb haben, konstruktiv aufnehmen.

Euphorie im allgemeinen, Skepsis im einzelnen: Ich weiß wohl, daß solche Aufzählungen gern als die typische Einstellung von Unternehmern verstanden werden, die den Hals einfach nicht voll kriegen können. Ich will also keinen Zweifel daran lassen, daß die wirtschaftliche Entwicklung der letzten Jahre unbestreitbar nicht schlecht war. Zu einem Teil beruht sie ganz sicher auch auf der Verbesserung der Angebotsbedingungen. Nichts spricht aus meiner Sicht dagegen, diesen Kurs fortzusetzen. Was speziell die Sozialdemokraten dazu beitragen und ergänzen könnten, hat Manfred Lahnstein vor diesem Kreis im September vorgetragen. Ich stimme ihm weitgehend zu, auch deshalb, weil eine rationale Wirtschaftspolitik im eigenen Haus zugleich europäisch nützlich ist.

II.

Auf der einen Seite das Engagement für den Binnenmarkt, eingeschlossen selbstverständlich das Drängen auf eine europäische Währung sowie eine unabhängige und stabilitätsverpflichtete europäische Zentralbank, auf der anderen Seite der Aufbau der nationalen Wirtschaftspolitik – das alles befreit allerdings noch nicht von der Frage, ob sich Westeuropa allein damit eine langfristig ausreichende wirtschaftliche Grundlage für Wohlstand, kulturelle Identität und politische Autonomie sichern kann.

Ich meine, die Antwort lautet, daß zu den strategischen Projekten europäischer Wirtschaftspolitik eine Konzertierung von wirtschaftlichen Ressourcen gehören muß. Die Formel, das solle über die Währungspolitik betrieben werden, ist natürlich völlig richtig. Und doch ist sie ebenso unvollständig wie die Einsicht in die Notwendigkeit, Forschungs- und Technologieprojekte, bei denen einzelne Staaten überfordert wären, zu bündeln. Zwingend hinzu kommen muß nämlich der Aufbau europäischer Unternehmensdimensionen.

Wie wir alle wissen, ist die Anzahl von Aktivitäten, die genau in diese Richtung zielen, längst nicht mehr zu überschauen. Das fängt mit der Überprüfung bisheriger Unternehmensstrategien an und reicht von verstärkten Exportanstrengungen über grenzüberschreitende Kooperationen bis zu Beteiligungen und Direktinvestitionen. Daß außereuropäische Unternehmen in gleicher Weise vorgehen, liegt auf der Hand.

Für die öffentliche, die politische Diskussion besonders attraktiv sind dabei offenbar vor allem sogenannte Elefantenhochzeiten. Viele Banken und Versicherungen bauen auf diesem Wege flächendeckende westeuropäische Geschäftsnetze auf und erweitern sich zu Allfinanz-Gesellschaften. Bedeutende Konzerne der Elektrotechnik arbeiten an Fusionen. Mehrere bedeutende Kraftfahrzeughersteller – ich spreche hier nicht von unserem Haus – haben ihre Tätigkeiten mit energischen Schritten auf die Gebiete Elektronik und Aerospace erweitert.

Viele dieser Vorgänge werden zugleich von ganz anderen Faktoren als nur von der Vorbereitung auf größere Märkte angetrieben. Globalisierung wird auch angestrebt, um von einzelnen Währungsräumen weniger abhängig zu werden. Und nicht geringere Bedeutung hat die enorme Diffusionswirkung, die inzwischen von den neuen ausgereiften Basistechnologien, vor allem der Mikroelektronik, ausgeht.

Es kommt also vieles zusammen, was Bewegung in die Unternehmenslandschaft gebracht hat. Natürlich ist das ein Prozeß, bei dem hie und da Herdentriebe nicht ganz auszuschließen sein werden. Um so weniger darf man sich im politischen Raum mit der natürlich im Grundsatz richtigen Feststellung begnügen, europäisierte Unternehmen würden zusätzlichen Druck erzeugen und damit die europäische Integration vorantreiben. Denn ich renne in diesem Kreis gewiß offene Türen ein, wenn ich darauf verweise, wie dringlich wir bereits heute die begleitende institutionelle Infrastruktur benötigen.

Wir brauchen ein europäisches Gesellschaftsrecht, aus meiner Sicht insbesondere für Aktiengesellschaften. Der Airbus etwa kann heute gar nicht in der erforderlichen Unternehmensstruktur geführt werden. Das hat Reibungsverluste zur Folge, die in die Milliarden gehen.

Die steuerliche Behandlung von Fusionen, von Spaltungen oder das Einbringen von Teilbetrieben, von Mutter- und Tochtergesellschaften ist nicht europakonform. Doppelbesteuerungsabkommen lösen die Probleme nicht mehr ausreichend.

Ordnungspolitisch ist eine europäische Fusionskontrolle überfällig. Der vorliegende Entwurf mischt allerdings auch nach meiner Auffassung wettbewerbs- und industriepolitische Kriterien auf eine völlig inakzeptable Weise.

III.

Damit bin ich bereits mitten in Problemkreisen, die aus meiner Sicht wichtige Komponenten einer neu zu formulierenden europäischen Industriepolitik sein sollten. Ich weiß wohl, welches Reizwort ich damit in den Mund nehme. Nur sollten wir uns auch hier vor teuren Lebenslügen hüten. Nicht allein Frankreich betreibt Industriepolitik, auch die Gemeinschaft und natürlich auch unsere Regierungen in Bund und Ländern. Die längst überfällige Bestandsaufnahme würde allerdings ganz sicher ergeben, daß das Ganze bisher allenfalls eine begrenzt vernünftige Veranstaltung war.

Ich rede dabei nicht allein von den Unsummen, die uns die Strukturkonservierung kostet. Man muß genauso auch die vielen Projekte sehen, die unter Mißachtung von wirtschaftlichen Maßstäben allein technologisch motiviert sind: Insbesondere möchte ich gerne einmal wissen, wie viele solcher Vorhaben nur deshalb weiter gefördert werden, weil der politische Mut zum Abbruch fehlt.

Industriepolitik welcher Art auch immer kann nämlich in marktwirtschaftlichem Rahmen nur dann zulässig sein, wenn vorübergehend etwas riskiert wird, was private Unternehmen zunächst noch nicht allein schaffen können. Also muß man auch bereit sein, Mißerfolge einzugestehen. In vielen Fällen kann man das übrigens am ehesten, wenn konkurrierende Unternehmen gefördert werden, weil sich nur so herausstellen kann, wer die bessere Lösung hat. Wie dem auch sei: Ich frage mich, ob wir bisher für industriepolitische Projekte überhaupt eine begleitende, politisch unabhängige und sachlich kompetente Erfolgskontrolle haben. Parlamente können das nicht leisten. Wer stellt also wirklich sicher, daß geförderte Unternehmen ab der Grenze zur Vermarktung in den Wettbewerb entlassen werden?

Fragen dieser Art könnte ich noch lange fortsetzen. Die Schlußfolgerung wäre immer gleich: Industriepolitik als definierter Ausnahmefall kann wohl nötig sein, aber nur dann, wenn rigoros ordnungspolitisch richtige Kriterien angewendet werden. Wir tun bisher eher das Gegenteil, vor allem aber reduzieren wir den richtigen konzeptionellen Ansatz allzu häufig auf nichts als Subventionen.

Ich will ein Beispiel dafür nennen, daß es in Zeiten grundlegender Umbrüche von Märkten und Technologien bei weitem vorteilhafter ist, im Umbau der öffentlichen Infrastruktur den Ansatz für das Entstehen neuer gewerblicher Produkte zu sehen. Nehmen wir das PROMETHEUS-Projekt. Hier kann durch eine informationstechnische Verknüpfung der Kraftfahrzeuge der Verkehrsfluß optimiert und vor allem von allen nennenswerten Unfallrisiken befreit werden. Die erforderliche Infrastruktur besteht aus einem Netz von Normen und Kommunikationswegen, das ganz Westeuropa umspannen muß. Wahrscheinlich kann beides nur in staatlicher Regie zustande gebracht werden. Das Projekt ist nahezu ein Musterbeispiel, was industriepolitisch begründete Projektförderung ausrichten kann, wenn sie von vornherein richtig angelegt ist.

Wenn also die marktwirtschaftlich unanfechtbaren Maßstäbe und Erfahrungen, die in den Veröffentlichungen der OECD zu finden sind, zur allgemeinen Richtschnur von Industriepolitik würden, wäre ein großer Fortschritt erreicht. Warum wir solchen Klärungsbedarf haben, will ich indirekt noch ein wenig deutlicher machen.

IV.

Wir stehen – ob wir es wahrhaben wollen oder nicht – in den nächsten Jahren vor der Notwendigkeit, im Bereich der Luft- und Raumfahrt grundlegende Strukturbereinigungen durchzuführen. Dafür gibt es mehrere Gründe:

Erstens verliert die noch weitgehend national segmentierte europäische Industrie international zunehmend ihre Wettbewerbsfähigkeit. Mit dem weiter steigenden Aufwandsvolumen einzelner Projekte können nur noch wenige große Unternehmensgruppen mithalten.

Zweitens gewinnen viele bisher noch nebeneinander her laufende Techniken eine gemeinsame Bedeutung für Luft- und Raumfahrt, und zwar sowohl im zivilen wie im militärischen Anwendungsbereich. Zugleich werden sie zu Schlüsseltechnologien mit grundlegender Bedeutung für zahlreiche andere industrielle Anwendungen, für die Leistungskraft nationaler Volkswirtschaften und damit für Qualität wie Niveau der Beschäftigung.

Zunächst muß man lernen, diese Techniken zu beherrschen. Das erfordert wiederum ausreichend große Unternehmen. Erst danach kann eine Diffusion auf breiter Front einsetzen. Über Zulieferbeziehungen allein ist dies nicht zu bewerkstelligen.

Drittens wird auf die Dauer nicht allein Frankreich die Westeuropäer zu einer technisch und industriell integrierten Verteidigung drängen.

Die Kosten der Systeme machen es schon heute zu einem zunehmend unbezahlbar werdenden Aberwitz, daß wir uns Doppel- und Dreifach-Entwicklungen, gar -Produktionen leisten. Spätestens in den nächsten Produktgenerationen kann niemand mehr, wie heute noch, drei westeuropäische Kampfflugzeuge oder zwei Panzerabwehrhubschrauber bezahlen. Das gleiche gilt übrigens für die drei Entwicklungsprojekte von 60- bis 70sitzigen Verkehrsflugzeugen, die wir heute betreiben.

Diese Beschaffungsanarchie kann nur durch eine wirklich europäische Verteidigungspolitik beendet werden. Dies setzt jedoch eine Verknüpfung zwischen gleichermaßen leistungsfähigen Unternehmen voraus, denn nur sie können entscheiden, wo etwas entwickelt und produziert werden kann: Der politische Entscheidungsprozeß wäre damit heillos überfordert.

Viertens und letztens wird die privatwirtschaftliche, politische und strategische Selbstbehauptung Westeuropas von der Fähigkeit abhängen, den Weltraum zu nutzen.

Darauf haben fünf renommierte und unabhängige außenpolitische Forschungsinstitute aus Frankreich, Italien, den Niederlanden, Großbritannien und unserem Land in einem gemeinsamen Bericht sehr eindrucksvoll hingewiesen. Die Kommission der Europäischen Gemeinschaft argumentiert nicht anders. Ich empfehle, den – milde gesagt – von Sachkunde wenig getrübten Beschluß der Fraktion der SPD im Deutschen Bundestag über die Weltraumfahrt, der Anfang März 1988 gefaßt wurde, einmal mit diesen Texten zu vergleichen.

Die Nutzung des Weltraums kann jedenfalls mit dem Bau eines Spacelab, das man auf einem amerikanischen Träger in den Orbit bringen läßt, in dem man nur höchst umstrittene Nutzungsrechte hat und das man nach dem ersten Flug an die USA fast verschenken muß, niemals erreicht werden. Der Aufbau einer eigenen Weltraumindustrie erfordert wiederum leistungsfähigere europäische Unternehmensstrukturen. Gerade darauf weist der erwähnte Forschungsbericht mit Nachdruck hin.

Ich behaupte, daß alle Kritiker an dem Vorhaben, eine für die Zukunft tragfähige und zur Partnerschaft in Westeuropa geeignete Grundlage für die deutsche Aerospace-Industrie zu schaffen, diese Zusammenhänge entweder nicht zur Kenntnis genommen haben oder von gleichwertigen Alternativen träumen, die es nicht gibt.

Für das Haus Daimler-Benz sieht das übrigens noch ein wenig anders aus. Wir sind davon überzeugt, auf diesem Gebiet auch dann wirtschaftlich erfolgreich arbeiten zu können, wenn wir international kooperieren, ohne über eine solche breite deutsche Grundlage zu verfügen. Allerdings müßten wir dann damit leben, daß womöglich wesentlich stärker im Ausland über deutsche Arbeitsplätze entschieden würde.

Deswegen wäre es ein gründlicher Irrtum, sollten einzelne Bundesländer meinen, wir seien bereit, um vordergründiger Bestandsgarantien willen auf die industrielle Führerschaft bei der Messerschmitt-Bölkow-Blohm GmbH auch nur teilweise zu verzichten. An programmierten Flops werden wir uns nicht beteiligen. Im übrigen sollte es wohl reichen, zu wissen, daß Schnitte, die bei einer Strukturbereinigung unvermeidlich werden könnten, mit größter Wahrscheinlichkeit aus dem zu erwartenden weit überdurchschnittlichen Wachstum kompensiert werden können, ganz abgesehen davon, daß das Haus Daimler-Benz für einen anständigen Umgang mit seinen Mitarbeitern nicht ganz unbekannt ist.

V.

Nun werden gegen dieses Vorhaben, das die Bundesregierung aus ihrer eigenen Interessenlage genau wie wir für zweckdienlich, ja für zwingend ansieht, im Kern drei Argumentationsketten vorgebracht. Es handelt sich um ordnungspolitische Einwände, um Kritik an der zur Diskussion stehenden Regelung für den Airbus und um die Behauptung, hier entstünde ein monumentaler Rüstungskonzern.

Erstens zur Ordnungspolitik.

Wir sind gewohnt, eine Verletzung des offenen und freien Wettbewerbs zu unterstellen, wenn ein Unternehmen einen zu großen Marktanteil hat. Das ist auch gut so. Dennoch bleibt es wahr, daß sich der Wettbewerb im Aerospace-Bereich in der Regel auf dem Weltmarkt, zumindest auf dem europäischen Markt abspielt. Dazu kommt der auch nicht neue Sachverhalt, daß entgegen dem modischen Gerede, große Unternehmen seien von Natur aus unangreifbar und träge, obligopolitischer Wettbewerb der härteste Wettbewerb überhaupt sein kann.

Ich will gar nicht bestreiten, daß sich sogar für Westeuropa einzelne Beschaffungsvorgänge ergeben könnten, die nur noch von einem Unternehmen dargestellt werden können. Der Verzicht auf Wettbewerb wäre dann der Preis, daß sich ein Kontinentzipfel Projekte leisten will oder muß, für die man nicht über die marktwirtschaftlich übliche Unternehmensstruktur verfügen kann.

Aber das wird allenfalls eine Ausnahme bleiben. Bis auf weiteres zählt, daß ein erheblicher Teil der Beschaffungen für die Bundeswehr international offen ausgeschrieben wird. Dieser Anteil soll weiter steigen, nicht zuletzt im Zeichen des Binnenmarktes. Wir sind jedenfalls sehr dafür, daß alle Anbieter der westlichen Verteidigungsgemeinschaft um alle Ausschreibungen von NATO-Staaten konkurrieren können.

Ein weiteres Bedenken richtet sich in diesem Zusammenhang gegen das Drohpotential, das bei solcher Größe ausgespielt werden könne, wenn man einen Beschaffungsauftrag nicht erhalte. Ich stelle mir schon das fassungslose Entsetzen der versammelten Bundesregierung vor, wenn wir mitteilen, daß wir wegen eines nicht erhaltenen Auftrages etwa für eine Seegrundmine das Omnibuswerk in Mannheim schließen. Kann man sich umgekehrt unser blödes Gesicht vorstellen, wenn die Antwort wäre: »Euer Wettbewerber brauchte den Auftrag, weil er davon zu 80 Prozent abhängt; laßt ihr euch mit euren 8 Prozent gefälligst etwas anderes zum Beschäftigungsausgleich einfallen«? Diejenigen, die alles von vornherein genau wissen, sollten vielleicht hie und da auch über solche Zusammenhänge ein wenig nachdenken!

Wir könnten dann möglicherweise zugleich überlegen, was eigentlich die Antriebsfedern von Wettbewerb sind. Ich möchte hier Joseph Schumpeter zitieren, daß »der fundamentale Antrieb, der die kapitalistische Maschine in Bewegung setzt und hält, von neuen Gütern, neuen Produktions- oder Transportmethoden, neuen Märkten oder neuen Formen der industriellen Organisation [kommt], welche die Unternehmung schafft. Es ist jedoch immer noch die Konkurrenz innerhalb eines starren Systems unveränderter Bedingungen – namentlich der Produktionsmethoden und der Formen der industriellen Organisation –, die praktisch alle Aufmerksamkeit monopolisiert. In der Wirklichkeit jedoch, im Unterschied zu den Lehrbüchern, zählt nicht diese Art von Konkurrenz, sondern die Konkurrenz der neuen Ware, der neuen Technik, der neuen Versorgungsquelle, des neuen Organisationstyps [z. B. der größtdimensionierten Unternehmungseinheit] – jene Konkurrenz, die über einen entscheidenden Kosten- oder Qualitätsvorteil gebietet, und die bestehenden Firmen nicht an den Profit- und Produktionsgrenzen, sondern in ihren Grundlagen, ihrem eigentlichen Lebensmark trifft. Diese Art der Konkurrenz ist viel wirkungsvoller als die andere, und sie ist so viel wichtiger, daß es verhältnismäßig gleichgültig wird, ob die Konkurrenz im gewöhnlichen Sinne mehr oder weniger rasch funktioniert; der mächtige Sauerteig, der auf lange Sicht die Preise herunterdrückt, ist auf jeden Fall aus anderem Stoff gemacht.

Es ist kaum nötig zu erwähnen, daß [diese] Konkurrenz nicht nur wirkt, wenn sie tatsächlich vorhanden, sondern auch, wenn sie nur eine allgegenwärtige Drohung ist. Sie nimmt in Zucht, bevor sie angreift. Der Geschäftsmann hat das Gefühl, sich in einer Konkurrenzsituation zu befinden, selbst wenn er allein auf seinem Gebiet ist oder selbst wenn er, obzwar nicht allein, doch solch eine Stellung einnimmt, daß kein Regierungsexperte eine wirksame Konkurrenz zwischen ihm und irgendwelchen andern Firmen auf dem gleichen oder einem benachbarten Gebiet entdeckt. In vielen Fällen, wenn auch nicht in allen, wird dies auf die Dauer ein Verhalten erzwingen, das sehr ähnlich dem der vollkommenen Konkurrenz ist.«

Diese Gedankenkette ist sehr alt. Sie stammt aus dem Jahr 1942. Sollte es nicht lohnen, einmal in der neueren empirischen Wettbewerbsliteratur zu suchen, ob die Überlegungen Schumpeters unverändert zutreffen? Meine industrielle Erfahrung jedenfalls bestätigt diesen Erforscher wirtschaftlicher Dynamik.

Damit will ich selbstverständlich in keiner Weise gegen die Prüfungen des Kartellamtes, sollte es dazu kommen, polemisieren. Natürlich muß geprüft werden, wie die Verhältnisse in den einzelnen Marktsegmenten aussehen. Um so mehr aber halte ich es für ziemlich albern, mit Zahlen zu hantieren wie ein Betrunkener, der sich an einer Laterne festhält. Welche Mathematik beweist eigentlich den qualitativen Sprung, wenn ein Unternehmen ohne MBB am Bruttosozialprodukt einen Wertschöpfungsanteil von 1,5 Prozent, mit MBB dagegen knapp 1,6 Prozent hat – und muß es wohl wirklich als ein ernsthafter Einwand angesehen werden, daß ein Unternehmen im internationalen Vergleich in die Gruppe der zehn oder zwanzig größten aufsteigt?

Ernst dagegen nehme ich allerdings die Frage, was geschieht, wenn ein solches Unternehmen in eine Existenzkrise gerät, denn natürlich gehört es in unserer politischen Ordnung längst zu den Realitäten, große Unternehmen nicht untergehen zu lassen, sondern sie im Notfall mit staatlicher Hilfe aufzufangen.

Bevor es bei einem Konzern wie Daimler-Benz dazu kommen kann, müßte allerdings eine ganze Kette von Verantwortlichen versagt haben. Die Geschäftsleitungen wie die Aufsichtsgremien müßten es versäumt haben, in einem unserer drei Unternehmensbereiche, die wir künftig getrennt führen wollen (also der Mercedes-Benz AG, der AEG-AG und der Deutschen Aerospace AG), anfallende Verluste ohne Konsequenzen zu lassen. Auf der Ebene der darüber angesiedelten Holdinggesellschaft halte ich es für in der Tat unvorstellbar, daß der dortige Vorstand auch nur die Chance bekäme, die Verluste einzelner Unternehmensbereiche zu verschieben oder Strukturprobleme zu verstecken und einfach weiterzumachen. Nein, der unausweichliche Weg wäre dann, den ungesunden Unternehmensbereich zu sanieren und dafür ausschließlich Konzerngeld in die Hand zu nehmen. Mißlingt ein solcher Versuch, wäre die nächste Konsequenz, daß der betreffende Unternehmensbereich oder Teile davon verkauft werden müssen. Ich kann mir jedenfalls keine ordentlich geführte Bank vorstellen, die sich bei der Kreditvergabe auf etwas anderes einließe, denn sie wüßte ja, daß genau diese Konsequenz von der Politik gefordert würde, wenn man es wagte, dort mit offener Hand anzuklopfen.

Insoweit habe ich großes Vertrauen, daß die beabsichtigte Konzernorganisation schon in sich eine Gewähr gegen den Gang zum Staat bietet. Ich gebe allerdings zu, daß es dabei ein Risiko geben mag: Die verantwortlichen Politiker müssen so sattelfest sein, daß sie sich nicht ins Bockshorn jagen lassen oder sich gar bei beginnenden Schwierigkeiten auf Subventionen oder dergleichen falsche Sinekuren einlassen. Vor dem Hintergrund des aufkommenden Europa bin ich vorbehaltlos zuversichtlich, daß das so sein wird.

Nun zu dem letzten Argument in diesem ordnungspolitischen Zusammenhang, der behaupteten Macht.

Wieviel Macht wir zur Zeit haben, kann jeder am Einbruch des Diesel-Absatzes ablesen. Diese Entwicklung geht im Kern auf ebenso leichtfertige wie sachlich unzutreffende Behauptungen einiger Politiker zurück, der Dieselmotor erzeuge ein Krebsrisiko. Selbst das Umweltbundesamt hat dem widersprochen. Daß wir selbst nun wirklich alles versucht haben, um uns zu wehren, darf man mir glauben. Ich sehe schon jetzt jeden Politiker vor uns zittern, der nach der erstrebten Beteiligung an MBB etwas sagt oder tut, was uns nicht gefällt. Was ist das eigentlich für ein Vertrauen in die Solidität unserer Demokratie, das in solchen Parolen zum Ausdruck kommt!

Zweitens zum Airbus.

Ich kann mich dabei kürzer fassen und auf das Jahresgutachten 1987/88 des Sachverständigenrats verweisen. Was dort als Ausstiegsweg aus den allerdings notwendigen Startsubventionen empfohlen wurde, wird jetzt versucht. Es ist schlankweg Unsinn, daß hier Verluste sozialisiert werden sollen, denn diese sind ohne Ausnahme bis zum heutigen Tage staatlich verursacht und in staatlicher Hand.

Wer sich die Situation ohne Vorurteil anschaut, wird erkennen, daß mit der schrittweisen Privatisierung des Wechselkursrisikos gerade das Gegenteil eines Präzedenzfalles geschaffen wird. Wir wollen den Airbus in die Gewinnzone führen, und dafür sind wir bereit, ohne jede öffentliche Absicherung alle anderen künftigen Risiken zu übernehmen, nämlich für Kosten, Preise, Mengen, Qualität, Liefertermine und Finanzierung. Daß wir dafür nach der Vorstellung einiger Beteiligten mit der Bereitschaft zahlen sollen, Gewinne aus dem Geschäft von MBB, das nicht zum Flugzeugbereich gehört, auf den Airbus zu übertragen, werde ich erst dann glauben, wenn ich es offiziell hören sollte, denn bis dahin muß ich es betriebswirtschaftlich wie bilanztechnisch als eine Erfindung umnebelter Geister verstehen.

Drittens zum Rüstungskonzern, der sogar ein militärisch-industrieller Komplex sein soll.

Ich schenke mir hier Zitate, genau wie sich die SPD seinerzeit mit vollem Recht dagegen gewehrt hat, daß sie in sogenannten Dokumentationen der geistigen Urheberschaft des Terrorismus geziehen wurde. Freilich habe ich auch nicht vergessen, daß in den Bekennerbriefen zu den Morden an Kurt Beckurts und Ernst Zimmermann immer wieder jener militärisch-industrielle Komplex als Begründung für die abscheulichen Attentate auftaucht.

Statt dessen möchte ich fragen dürfen, worin eigentlich die sachliche Begründung für die offensichtlich zumindest von einem Nachrichtenmagazin gemeinte Analogie zur Weimarer Republik liegen soll. Die Denkfigur lautet ja: großer Rüstungskonzern, Finanzier von Hitler, Vollstrecker seiner Aufrüstungspläne und so weiter. Steht demgegenüber nicht als eine zentrale Schlußfolgerung aus deutscher Geschichte im Artikel 26 des Grundgesetzes das Verbot, Angriffskriege vorzubereiten, stehen nicht – mehr noch – Zuwiderhandlungen unter Strafandrohung?

Wer das für einen Fetzen Papier hält, sei daran erinnert, daß nicht zuletzt aus dem gleichen Grund die Bundeswehr mit ihrem Führungsstab und ihrer Informationslogistik voll in die NATO integriert ist. Sie kann auch nicht die Spur eines deutschen Sonderwegs gehen, ohne augenblicklich erwischt zu werden. Vom Gewicht der öffentlichen Meinung, der verfassungsrechtlichen Absicherung der Meinungs- und Demonstrationsfreiheit sowie der Stärke des Deutschen Bundestags darf man in diesem Zusammenhang vielleicht gleichfalls mit einem gewissen Vertrauen sprechen.

Im Ausland, das die deutsche Geschichte doch nun wirklich nicht vergessen hat, findet man vielleicht genau deswegen ganz andere Bewertungen. So hat kürzlich *L'Express* die Aktivitäten von Daimler-Benz dahingehend kommentiert, die bisher unantastbaren Bedenken historischer Art gegen große deutsche Industrieunternehmen seien nicht mehr gültig, weil die Bundesrepublik Deutschland niemanden bedrohe und im Kreis der westlichen Demokratien ohne Argwohn angesehen werde.

Bleibt die Vorstellung, mit Lobbyismus für Beschaffungsvorhaben könne ein Unternehmen Aufrüstung erreichen und den Prozeß von Abrüstung stören. Lassen wir dahingestellt, welchen Einfluß unser Land auf diesen Prozeß, der zwischen den beiden Führungsmächten in Ost und West entschieden wird, wirklich hat. Wenn die Sorge tatsächlich ernst gemeint ist, sollten die Abgeordneten, die solches meinen, sich einmal den Verfahrensablauf von Beschaffungsvorhaben in Regierung und Parlament anschauen. Ich weiß nicht, ob es da etwas zu verbessern gibt. Aber ich habe entschieden etwas dagegen, eigene Hausaufgaben anderen zuzuschieben, gar noch im Anklageton.

Was schließlich die Behauptung angeht, die mögliche Kombination Daimler-Benz/MBB werde sich deshalb Abrüstungsschritten entgegenstellen, weil eine Umwidmung in zivile Produktion weniger lukrativ sei: Dazu reicht vielleicht der Hinweis auf volkswirtschaftliche Lehrbücher für Erstsemester und den dort geschilderten Kreislauf-, Struktur- und Wohlfahrtseffekt von solchen Ausgabeverlagerungen. Im übrigen wird Abrüstung uns nicht wie ein unvorhersehbares Unwetter ereilen. Also wird man vorausdenken und planen können. Wir trauen uns zu, rechtzeitig auf geeignete Ideen zu kommen. Ich denke, das muß nur jemandem erklärt werden, der Industrie noch nie von innen kennengelernt hat.

Alles in allem vermute ich angesichts solcher Kritik, die mich wirklich nicht überzeugt, daß hier nur eine alte antikapitalistische Vergangenheit, die sich zuletzt in Parolen gegen das Weltübel multinationale Konzerne austobte, erneut belebt wird.

VI.

Mein Ausgangspunkt war ein plastischer Anwendungsfall industriepolitischer Strategie in Westeuropa. Eigentlich wollte ich nicht viel mehr ausdrücken, als daß es manchmal die Mühe lohnen kann, sich auf den Hosenboden zu setzen und Hausaufgaben zu machen, damit man zum Streit über die richtigen Themen gelangen kann. Niemand hat für sich die Weisheit gepachtet. Auch streitbare Auseinandersetzungen können weiterhelfen. Denn auch ich bin ganz auf der Seite derer, die über allen erreichten Erfolgen nicht unsere anhaltenden Probleme und klärungsbedürftigen Themen verdrängen möchten. Neuhochdeutsch nennt man dergleichen politische Kultur.

Das erinnert mich allerdings an eine Mahnung von Kurt Schumacher, die Herbert Wehner gegen Ende seines aktiven politischen Lebens immer häufiger zitiert hat. Die drei Sätze lauten: »Die Demokratie beruht auf dem Prinzip der Gerechtigkeit und Ehrlichkeit. [Sie] ... kann nur leben, wenn die Menschen selbständig sind und den Willen zur Objektivität haben. Aber die technokratische und geradezu kriegswissenschaftliche Handhabung der politischen Mittel führt zum Gegenteil.«

Wirtschaft und Kunst – ein neuer Feudalismus?

Über modernes Mäzenatentum

Es ist der kritische Dialog um das gemeinsame Projekt der Vernunft, der in letzter Konsequenz die Förderung der Kunst durch Unternehmen rechtfertigt.

I.

Mit Zitaten zu glänzen macht sich angeblich immer gut. Wie wäre es mit diesem? »Die Pflicht zur Kultur jetzt der Industrie zu überlassen, also zu einem Mäzenatentum überzugehen, halte ich für äußerst gefährlich. Damit ist die Unabhängigkeit des Theaters bedroht. Das jetzt der Industrie zu überlassen – da kommt die amerikanische Verdummung auf uns zu, und in den Programmheften wimmelt es von Annoncen. Dadurch wird ein ganz massiver Druck auf das Theater ausgeübt, und die einzigen, die diese Unabhängigkeit des Theaters aufrechterhalten können, das sind die Gemeinden in ihrer pluralistischen Gestaltung. Sie können immer wieder garantieren: Ihr kriegt Subventionen, aber wir greifen nicht in eure Spielpläne ein, üben keine Zensur. Die Industrie ist gezwungen, Zensur auszuüben, durch Niveauansprüche. Man muß es doch sagen, ein Rüstungskonzern wie Benz kann doch kein kritisches Theater sponsern, das sozusagen mit der Rüstungsindustrie kritisch umgehen könnte. Man müßte sich seine Sponsoren immer nach den Themenkreisen aussuchen, das ist einfach lächerlich.«

In früheren Zeiten hätte man dann allerdings zur Vorsicht mahnen müssen, vor kirchlichen Würdenträgern etwa, vor Fürsten oder vor akademischen Autoritäten. Doch wenn wir schon dabei sind, uns auf diese neueren Bauchschmerzen von Kulturpäpsten einzulassen, die ja – wie jedermann weiß – völlig frei von persönlichen Interessen nur dem repressionsfreien Wohl der Allgemeinheit hingegeben sind, müssen wir dann nicht so ehrlich sein, zu fragen, ob womöglich die Freiheit der Kunst heutzutage noch viel umfassender gefährdet, wenn nicht gar beeinträchtigt sein könnte?

Was ist denn mit der Meinungsmacht der Medienkritiker? Wie verhält es sich denn mit der Einkaufsmacht der Museumsdirektoren? Und was soll man denn von der Handelsmacht der Galeristen halten?

Reicht der starke Arm der finsteren Mächte nicht vielleicht noch viel weiter? Der Musikmarkt: ein Tummelplatz der Schallplattenverlage, die natürlich schwarze Zahlen schreiben wollen? Die Sender: beamtengleiche Feuilleton-Redakteure auf der einen Seite, vom kritischen Auge proporzbewußter Rundfunkräte nur gelegentlich und dann sicher kaum sachkundig beaufsichtigt, auf der anderen Seite erfolgshungrige Mitarbeiter, die zum Kampf um die Einschaltquoten verdammt sind? Die Theater: hin- und hergerissen in den Strudeln zwischen Intendanten, die herdenhaft den gängigen Moden hinterherlaufen, und dem Abonnentenpublikum, das natürlich lieber dem Bettelstudenten zujubelt als auf Godot wartet?

Ich fürchte, pauschale Sorgen um die Freiheit der Kunst, wie sie in der erwähnten Bemerkung des Schauspieldirektors Jürgen Bosse zum Ausdruck kommen, bringen zwar demjenigen, der sie artikuliert, Ruhm und Ehre, uns aber nicht weiter. Mir vermitteln sie kaum mehr als die Allerweltserfahrung, daß Freiheit auch in einer nicht völlig erfolglosen Demokratie Tag für Tag neu errungen werden muß. Kunst, die gesellschaftlich nutzen will – und findet man diesen Impetus nicht sogar in den Demonstrationen der l'art pour l'art? – muß sich nun einmal, ob sie will oder nicht, auf Spannungsverhältnisse einlassen.

Nicht zuletzt deswegen halte ich es nicht für unziemlich, darüber nachzusinnen, ob sich unter der neuerlichen Konjunktur von unternehmerischem Sponsorentum vielleicht doch mehr Nutzen als Bedenkliches verbergen könnte.

II.

Für das Haus, für das ich arbeite, liegt ein solches Engagement viel näher, als manche vermuten mögen. Unsere Motivation geht aber auch tiefer. Um mit letzterem zu beginnen: Wer verkaufbare Kraftfahrzeuge bauen will, muß sich außer um die technischen Möglichkeiten und die politischen Erfordernisse seiner Zeit auch um die jeweils gültigen Kategorien der Ästhetik bemühen. Der Griff nach Rezeptbüchern reicht da nicht aus.

Oder nehmen wir unsere Labors und Fabriken: Sie müssen funktional und wirtschaftlich, kurzum nützlich sein – und doch werden wir in dem Gewirr aus Stahl, Beton und Glas ebenso wie in einzelnen Maschinen oft überraschende ästhetische Eigenschaften entdecken, wenn wir auch nur für einen Moment die gewohnte rein technische und wirtschaftliche Sichtweise in den Hintergrund treten lassen.

Vielleicht ist es auch insofern mehr als ein Zufall, daß die AEG inzwischen zu unserer Gruppe gehört. Unter der Ägide von Walther Rathenau und Peter Behrens wurde zum erstenmal der Begriff der Industriekultur geprägt. Sie sind die Erfinder dessen, was man heute neuhochdeutsch »Corporate Identity« nennt. Ihrer Arbeit ist der Ausspruch eines Mitarbeiters zu verdanken, daß ein Motor aussehen muß wie ein Geburtstagsgeschenk.

Es war der gleiche Peter Behrens, der früher als andere erkannt hat, daß durch das technisch vollendete Artefakt regelmäßig auch die darin geronnene menschliche Kreativität als die Schönheit des Nützlichen durchschimmert. Deswegen mag es bei glücklicher Fügung immer wieder gelingen, daß sich auch in mehr oder minder profanen Produkten Wille und Können auf nicht erklärbare Weise zu etwas Neuem verbinden. Bewußt zu machen, daß Kunst und Technik aus der gleichen Quelle schöpfen, kann für Menschen in ihrem Arbeitsalltag Identität bestätigen und Befriedigung hervorrufen. Sollte das nicht Grund genug sein, sich auf Kunst und Künstler einzulassen?

Dazu muß überhaupt nicht im Widerspruch stehen, daß es durchaus unmittelbare kommerzielle Motive für den unternehmerischen Umgang mit Kunst geben kann.

Natürlich soll auch geworben werden. Die Zusammenhänge, die dabei zu beachten sind, kann man in jedem Handbuch nachlesen. Man weiß dann sehr schnell, wie dumm jeder Versuch wäre, die Gestaltungsfreiheit von Künstlern einzuengen oder zu manipulieren. In aller Regel würde das nämlich nicht funktionieren, jedenfalls nicht in einer offenen Gesellschaft wie der unsrigen – und wie irreparabel kann der Schaden für das eigene Erscheinungsbild sein, wenn man dabei erwischt wird. Ganz so dumm oder borniert, wie mancher Kulturfunktionär sich das vorstellt, sind die Unternehmer nun auch wieder nicht.

Sie kennen vielleicht die Redewendung aus der Werbewirtschaft, die Hälfte der üblichen Ausgaben für Anzeigen sei hinausgeworfenes Geld – man wisse nur nicht, welche Hälfte das sei. Anders gesagt, mit den Instrumenten der Kosten-Nutzen-Messung steht es nach wie vor nicht besonders gut. Zwar gebe ich gern zu, daß ich persönlich den Rang von Gebrauchsgraphik sehr hoch einschätze – und doch habe ich noch keinen Künstler getroffen, der Anzeigen oder Plakate für die alleinigen Höhepunkte einer schönen Umwelt hält. Da kann es wohl nicht so ganz falsch sein, einen Teil der bisher dafür aufgewendeten Mittel für Kunstförderung einzusetzen und damit auf andere Weise imageprägend zu nutzen.

Zugleich wäre es ganz irreführend zu meinen, es gäbe nicht auch andere, ebenso gewichtige Motive, sich als Sponsor zu betätigen. Sie können das an den, wenn Sie so wollen, Grundsätzen erkennen, nach denen wir tätig werden und die – man höre und staune – in gleicher Weise für unsere Sportförderung gelten. Warum übrigens auch nicht, solange man sich davon fernhält, Sportler zur unbedingten Spitzenleistung und damit vielleicht ins Doping zu treiben, denn immerhin soll es Stimmen geben, die auch den Sport zur Kultur zählen?

Unser Haus bemüht sich, die vorgesehenen Mittel in gesellschaftspolitischer Verantwortung einzusetzen. Neben dem Verzicht auf freiheitsbeschränkende Bestrebungen oder auf medizinische Manipulation bedeutet das auch, Ausgabezwecke ausfindig zu machen, die neben dem erstrebten Vorteil für das Unternehmen zugleich Nutzen für die Gesellschaft haben. Erst wenn dies gelingt, hat Sponsorengeld seine volle innere Legitimation. Ich behaupte nicht, daß wir das selbstgesteckte Ziel ausnahmslos erreichen, aber die Anstrengung werden Sie mir hoffentlich abnehmen. Jedenfalls wäre ich durchaus neugierig, anstelle pauschaler Behauptungen einmal eine Detailbewertung und -kritik unserer Fördertätigkeit zu hören.

Ich habe jetzt den Mut, auszusprechen, daß wir uns vor diesem Hintergrund entschlossen haben, ganz gezielt das zu fördern, was wir für Spitzenleistungen halten. Das heißt freilich überhaupt nicht, daß wir uns etwa nur auf arrivierte Leistungsträger stürzen. Nein, hoffnungsverheißender Nachwuchs findet unsere volle Aufmerksamkeit.

Daß wir als international tätiges Unternehmen Kunst und Sport auch als Botschafter der Begegnung zwischen den Völkern einsetzen, bedarf sicher keiner eigenen Begründung. Dazu steht nicht im Widerspruch, daß wir Förderungsschwerpunkte im geographischen Umfeld der Konzernzentrale und unserer Werke setzen.

III.

Wen immer noch Sorgen um die Freiheit der Kunst plagen, sollte sich einmal vor Augen halten, welches finanzielle Gewicht diese Aufwendungen haben.

Auf dem Kunst- und Kultursektor sind in der Bundesrepublik Deutschland 680 000 Menschen beschäftigt, die ein Einkommen von 40 Milliarden DM erwirtschaften und pro Jahr rund 5 Milliarden DM investieren können. Dem steht nach einer Umfrage des Münchner Ifo-Instituts gegenüber, daß von 689 erfaßten Unternehmen zwei Fünftel Kunst und Kultur fördern, und zwar mit einem Gesamtbetrag von 45 Millionen Mark. Bund, Länder und Gemeinden geben demgegenüber Jahr um Jahr 8 Milliarden aus. Es scheint mir also unmittelbar überzeugend, daß die Wirtschaft kurz davor steht, den öffentlichen Händen die Position des Chefdirigenten abspenstig zu machen! Eine wahrhaft grauenerregende Vorstellung, die unsere Gralshüter hier umtreiben muß.

Vielleicht sollten wir aber über die wirtschaftliche Bedeutung der Kunst doch noch ein wenig ernsthafter nachdenken.

Nicht erst seit Lothar Späth, wohl aber von ihm intelligent eingesetzt, spielt die Kultur bei der öffentlichen Standortpolitik eine zunehmend wichtigere Rolle. Insoweit ist die vielleicht ein wenig überinterpretierte Entwicklung unseres Landes zu einer Dienstleistungs- und Freizeitgesellschaft in vollem Gange. Das kann man auch an der Zahl der im Kultursektor tätigen Unternehmen erkennen, die von 1982 bis 1986 um 28 Prozent angestiegen ist, bei einem Umsatzwachstum von sogar 32 Prozent. Künstlerische Großereignisse und Festivals erleben seit einiger Zeit einen regelrechten Boom, und jeder kennt den Andrang der Besucher in Theatern und Museen. Kunst ist, horribile dictu, zu einem Freizeitartikel geworden, der massenhaft konsumiert wird.

Abermals frage ich, ob bei solchen Marktverhältnissen tatsächlich die Rede davon sein kann, die nun wirklich marginalen Aktivitäten der Unternehmen würden uns einem neuen Feudalismus zutreiben. In der Schule habe ich einmal gelernt, daß Feudalismus auch eine Machtfrage ist, die nach ökonomischen Gewichtsverhältnissen und institutionell abgesicherten Spielregeln entschieden wird.

IV.

Natürlich kann man in diesem Zusammenhang auch noch von einer ganz anderen Seite her Einwendungen versuchen. Degeneriert Kunst, die den Freizeitbetrieb füttert, zwangsläufig zum Unterhaltungsramsch? Sind die Produkte der Künstler also, um eine Formulierung von Antoni Tàpies aufzunehmen, demnächst im Rang von »Modeschmuck oder von Abführmitteln für schlechte Gedanken« einzuordnen?

Nun habe ich auch einmal in der Schule gelernt, daß sich Kultur und Muße bedingen, und von der Universität habe ich die Erkenntnis mitgenommen, daß man viele Saatkörner in den Boden legen muß, um einige besonders schöne und kräftige

Pflanzen zu erhalten. Ich könnte es auch polemisch ausdrücken: Sind solche Einwendungen wirklich mehr als elitäre Arroganz, späte Nachgeburten des Ressentiments gegen die Massengesellschaft?

Nach welcher vermeintlich guten alten Zeit sehnt man sich da eigentlich zurück? Wo war denn der vom Erschauern ergriffene Rezipient von Kunst, als die Impressionisten zuerst versuchten auszustellen? Und gab es niemals eine Wiener Sezession?

Zweck der Kunst ist gewiß »die Entwicklung und Verfeinerung der menschlichen Seele«, wie das Wassily Kandinsky ausgedrückt hat. Aber die »rein klingenden Seelenvibrationen«, auf die es ihm ankam, darf man in der Begegnung mit der Avantgarde zunächst nur von einer kleinen Minderheit erwarten. Dergleichen Lernprozesse sollen im übrigen sogar den produzierenden Kollegen immer wieder schwergefallen sein.

Darf man da nicht gern zugeben, daß dergleichen krasse Fehlurteile auch Sponsoren unterlaufen können?

V.

Tàpies weist uns noch auf ein anderes Problem hin.

Was früher die Zensur war, so behauptet er, habe sich heute zu einer weichen, aber nicht minder infamen Strategie gewandelt. »Jetzt geht es darum, die Kunst zu fördern, und zwar so, daß gerade das Übermaß – [nämlich] die Proliferation und der Überfluß – die Stimme der Besten, die als wahre Führer der Gesellschaft gelten können, erstickt oder wenigstens dämpft.«

Ich weiß wahrhaftig nicht, woher dieser großartige spanische Künstler sein Apodiktum herleitet. Deswegen lasse ich einmal die längst widerlegte Anmaßung des platonischen Staates beiseite, die in diesem speziellen Fall mit dem Hintergrund der Franco-Diktatur zusammenhängen mag. Grundsätzlich scheint es mir immerhin, daß hier ein Problem angesprochen sein könnte, das uns unmittelbar in die Debatten über die Postmoderne führt.

Dabei bekenne ich gleich, daß ich bis heute mehr als unsicher bin, ob der Urgrund dieser Denkrichtung, nämlich die Kritik an der weltweiten Monotonie der Architektur des internationalen Nachkriegsstils, wirklich eine Übertragung auf die bildende Kunst zuläßt. Malerei und Bildhauerei lassen seit mindestens hundert Jahren nicht mehr das Muster erkennen, ihr jeweils aktuelles Paradigma müsse fortan auf alle Zeiten zum universalen Prinzip der Ästhetik werden. Bilder und Skulpturen der Moderne waren, nimmt man sie in der Summe, immer pluralistisch.

Seit Beginn der sich überlagernden Gleichzeitigkeit der Stile, die mit dem Impressionismus einsetzte und seitdem – lassen wir das Dunkel der faschistischen und kommunistischen Diktaturen einmal beiseite – das jetzt zu Ende gehende Jahrhundert geprägt hat, war – wie Wolfgang Welsch es formulierte – die »Diskontinuität der Geschmackskulturen« unser ständiger Begleiter. Darin schlug sich zum einen die Entzauberung der Welt als Folge von Naturwissenschaft und Technik nieder, nachdem der wissenschaftliche Geist die magischen, die unbegriffenen Bezüge in unserer Kultur zumindest in Frage gestellt, wenn nicht sogar weitgehend beseitigt hatte. Zugleich – aber was heißt zugleich: gab es nicht längst den sich von kalter Ratio unterscheidenden Vernunftbegriff der Aufklärung? – erwuchs die Erfahrung, daß sich das Leben in seiner Vielgestaltigkeit nicht auf bestimmte Formeln und Funktionen, schon aber gar nicht auf bestimmte »Stile« reduzieren ließ.

Nichts anderes ist übrigens der Hintergrund, warum heute wieder einmal darüber diskutiert wird, welche Kriterien eigentlich geeignet sein könnten, Kunst von Beliebigkeit zu unterscheiden. Wohl ist es wahr, daß Demokratie das Diktat von Werturteilen durch einzelne oder durch gesellschaftliche Gruppen verbietet. Und doch: ob das Diktum, alles sei Kunst, nicht doch ein wenig zu gefährlich ist, weil es so herrlich plausibel klingt? Trotz des vehementen Widerspruchs von Wieland Schmied scheint mir das zumindest eine Frage zu sein, die Günter Kunert, der Schriftsteller, wie Klaus Fußmann, der Maler, letzthin in der *Zeit* nicht ganz ohne Anlaß erneut zur Diskussion gestellt haben.

Sei dem wie es sei: Kunst hatte schon immer zum Inhalt, uns an die rational nicht erfaßbaren, mythischen Dimensionen unseres Daseins zu erinnern, die wir beherrschen lernen müssen, um vernunftfähig zu bleiben. War das als Vorahnung nicht seit langem in der bildenden Kunst formuliert, bevor wir auf anderen, umgangssprachlichen Ebenen in Erfahrung brachten, daß unsere technologische Rationalität keinen Ausschließlichkeitsanspruch erheben darf, ohne die Menschen in neuerliche unbegriffene Schrecken zu stoßen?

Seit einer Reihe von Jahren hat die philosophische Aufarbeitung begonnen, um die Vielfalt der uns Menschen möglichen Rationalitäten in der Einheit der Vernunft zu zügeln. Die Politik ist längst vor diese Notwendigkeit gestellt, weil sie spürt, daß totale Progressivität in der Irrationalität von Mythen enden kann. Auch die Industrie muß längst nicht mehr lernen, daß es unter der Oberfläche der offenkundigen Tatsachen noch andere Faktoren gibt, die sie in ihrem Handeln unterbringen muß, will sie nicht irgendwann an ihrem eigenen Erfolg zugrunde gehen.

Wenn es sich aber so verhält: könnte sich dann die oft räsonierte Kluft zwischen Wirtschaft und ästhetischer Erfahrungswelt nicht als ein bloß temporäres Mißverständnis herausstellen? Meinungsunterschiede, die es immer geben wird, würden dann genausowenig wie Lernprozesse, die zeitlich und inhaltlich nicht ganz gleichmäßig verlaufen, ein Verhältnis unüberbrückbarer Gegensätze oder gar von Feindschaft begründen. Im Gegenteil: Dann würde es um so mehr darauf ankommen, miteinander zu kommunizieren, wo nötig, auch miteinander zu ringen. Ich behaupte, daß es genau dieser kritische Dialog um das gemeinsame Projekt der Vernunft ist, der in letzter Konsequenz die Förderung der Kunst durch Unternehmen rechtfertigt.

Nach dem Übergang von der Vormoderne zur Pluralität der Moderne muß der Künstler also keineswegs zum vereinzelten Nomaden werden, der im Outback der Gesellschaft seinen Ideen nachgeht. Nein, die Gesellschaft ist ihrerseits darauf angewiesen, daß er keinen Anregungen außer seiner Kreativität folgt. Gerade deswegen allerdings wäre es umgekehrt schlimm, schöpferische Kunst, die eines der Lebenselexiere unserer Zeit ist, als Ornament einer verabsolutierten gesellschaftlichen oder politischen Utopie zu mißbrauchen.

VI.

Wer sich im Reich der Wirtschaft bewähren muß, kann aufgrund seiner Erfahrungen zu der gleichen Schlußfolgerung kommen. Genauso wird er dann die beschriebene Gemeinsamkeit für lebenswichtig halten.

Ein Grunderlebnis industrieller Arbeit besteht nämlich darin, daß wir über die Wirkungsmechanismen menschlichen Handelns eigentlich nicht viel wissen. Vor noch nicht allzulanger Zeit konnte man glauben, die Interdependenz von Lebensvorgängen ließe sich mit linearen Kausalitätsmodellen erfassen. Heute werden wir mit der Einsicht in die Komplexität von Kreislaufsystemen nicht etwa nur auf dem Gebiet des Umweltschutzes massiv konfrontiert. Wir müssen also forschen, um uns an die ständig in Veränderung befindliche Wirklichkeit neu anzunähern. Ökonomen beschreiben diese Notwendigkeit mit dem Begriff der Innovation.

Solche Innovation ist ein volkswirtschaftliches Leitbild, das einen ständig andauernden Prozeß beschreibt. Demgegenüber hielt jede der ästhetischen Modernen zunächst an ihrer Wahrheit fest und mußte in aller Regel von neuen Kräften regelrecht niedergekämpft werden. Bemächtigen sich gar wirtschaftliche Interessen einer ästhetischen Idee, wie im Fall der Bauhaus-Architektur, kann es geschehen, daß konzeptionelle Revisionen erheblich erschwert werden.

Die Geschichte hat allerdings immer wieder gezeigt, daß sich das Dogma der Orthodoxie nicht allzulange behaupten konnte. Die Propheten der Postmoderne bieten uns nun die philosophisch einherkommende Begründung, wir könnten niemals wieder hinter eine Welt, in der es viele Wahrheiten gibt, zurück.

Ich habe dazu vorhin schon in anderem Zusammenhang etwas eher Zweifelndes gesagt. Jedenfalls bleibt es eine offene

Frage, ob wir wirklich hoffen dürfen, künftig werde die ästhetische Infragestellung von Ästhetik, die sich durchgesetzt hat und zur herrschenden Alltagsästhetik geworden ist, leichterfallen. Mir scheint, das liegt im Dunkel der Epochen vor uns, und das ist auch gut so. Die Unentbehrlichkeit von Kunst aber sollten wir jetzt auf eine radikalere Weise denn je erlernt haben.

Abgesehen von allem anderen gibt uns nämlich Kunst die Chance, den Fortschritt experimentell in Frage zu stellen, ohne dafür hohe gesellschaftliche Kosten entrichten zu müssen. Komplexe Industriegesellschaften würden solches wohl nicht vertragen, begänne man mit dem Experiment der Umgestaltung sogleich im Reich der Realitäten.

Ob der Künstler für diese Funktion Distanz braucht oder Nähe, ob er im subjektiven Elfenbeinturm hausen muß, als einsamer Wanderer seine Experimente unternimmt oder angebunden im Auftrag arbeitet, kann nicht allgemein entschieden werden. Es ist auch nicht maßgeblich. Entscheidend ist, daß der Künstler Wirkung hat, und damit, wie vermittelt auch immer, seine ganz persönliche Verantwortung.

Der Förderer von Kunst, wenn er denn wirklich sie meint und nicht billiges Dekor, Eitelkeit, Repräsentation oder Ähnliches, steht vor der gleichen Frage. Er muß versuchen, aus der Fülle der ästhetischen Produktion und Ansätze die neuen Qualitäten herauszufinden. Ob uns dabei Erfolg beschieden ist, können wir erst nachträglich wissen. Auf das Wagnis der offenen Auseinandersetzung mit der Pluralität der Stile müssen wir uns einlassen – und auch dies setzt unabdingbar den Dialog mit den Künstlern voraus.

Dabei räume ich ein, daß Kunstverständnis bei Unternehmern oft genug genauso gering ausgebildet ist wie technisches und wirtschaftliches Einfühlungsvermögen bei Künstlern. Eine wechselseitige Anklage hilft jedoch nicht weiter. Man muß aufeinander zugehen. Nur indem ich mit dem Fremden spreche, erlerne ich seine Sprache. Sonst bleibt es bei der launigen Bemerkung, die Wolf Jobst Siedler einmal nach einem peinlichen Versuch der Annäherung zwischen Berliner Politikern und Künstlern machte: Er sagte, er verstehe nicht, weshalb

Politiker immer wollten, daß die Künstler sie lieben und die Künstler wollten, daß die Politiker sie lieben, anstatt daß sie mit respektvoller Mißachtung miteinander umgehen.

Der Wunsch nach dem gerechten Umgang mit dem Unbekannten ist, wenn ich es richtig verstanden habe, der wirklich ernstzunehmende Kern der postmodernen Utopie. In der Anschauung der begrenzten und nicht miteinander versöhnbaren Wahrheiten, die sich in den Gestaltungen etwa des Expressionismus, des Konstruktivismus, des Surrealismus oder des Kultischen gegenüberstehen, hat uns die bildende Kunst schon lange vor der Blässe des philosophischen Gedankens die sinnliche Anschauung geschenkt.

Auf die falsche Sehnsucht, eines Tages die eine, die alles überwindende Wahrheit der Nachmoderne geschenkt zu bekommen, sollten wir also künftig nicht mehr setzen. Hinter das Verdikt von Jean-François Lyotard vom »Trug der Ganzheit« können wir nicht mehr zurück – wir sollten daher auch nicht davon träumen.

VII.

Warum habe ich so weit ausgeholt?

Heute müssen wir wegen der Dichte des Medieninteresses und der internationalen Verflechtungen wohl nicht mehr fürchten, daß Avantgardisten unbeachtet bleiben. In jedem Fall scheint mir, daß die Ergänzung der in unserem Land insgesamt reichen Förderung von Kunst und Kultur durch Sponsoren die Chance vergrößert, falschen Verabsolutierungen die Grundlage zu entziehen, mit anderen Worten: das Schicksal, wie es Vincent van Gogh widerfuhr, für die Gegenwart noch unwahrscheinlicher zu machen. Der Wettbewerb, der zwischen den Unternehmen auch auf diesem Gebiet stattfindet, bietet dafür zusätzliche Gewähr.

Freilich sollten die Förderer wie die Geförderten klug genug sein, sich nicht zu stark voneinander abhängig zu machen. Gemischte Finanzierungsquellen sind die beste Gewähr für

Unabhängigkeit und geistige Freiheit. Kunstförderung wird immer dann vernünftig sein, wenn sie eine Form findet, die Vielfalt erleichtert und anregt.

Zum Schluß möchte ich noch einige wenige Worte über konkrete Projekte, wenn schon nicht über die gesamte Kultur-, so doch wenigstens über die Kunstförderung unseres Hauses sagen. Dabei müßte ich allerdings nochmals erwähnen, was ohnehin aus den Medien bekannt ist: Das Cars-Projekt von Andy Warhol, die Zeitlos-Ausstellung in Berlin, die Uecker-Präsentation in Moskau, der von Max Bill gestaltete Platz vor unserem neuen Verwaltungsgebäude in Möhringen, die Installation von Walter de Maria oder der Beitrag zur dauerhaften Sicherung der Bestände im Busch-Reisinger-Museum an der Harvard-Universität.

Mehr als vermessen wäre es, wollte ich behaupten, wir hätten schon ein bis in alle Einzelheiten ausgefeiltes Konzept. Auch wir sind Lernende, allerdings mit der Bereitschaft zum Experiment. Daß dabei unser größtes Dilemma das Geld ist, von dem wir zudem nie vergessen dürfen, daß es mit dem Kapital unserer Aktionäre und dem Einsatz unserer Belegschaft erarbeitet worden ist, können Sie mir trotz der Meldungen über unsere Ertragskraft glauben. Ich darf und will hier also keine Erwartungen wecken, die niemand befriedigen könnte.

Manchmal träume ich allerdings, daß es schön wäre, wenn heute ein neuer Wassily Kandinsky käme. Weil der Erste Weltkrieg den Freund Franz Marc hinwegriß, gelang es nicht mehr, den Nachfolgeband zum »Blauen Reiter« zu schaffen. Darin wollte er die Kräfte von Wissenschaftlern und Künstlern vereinigen, um der gemeinsamen Wurzel beider Disziplinen nachzuspüren.

Könnte dies nicht auch heute – in einer Zeit von Umbrüchen, die vielfältige neue Interdisziplinaritäten verlangen – ein Projekt sein, das sich als Vorkehrung gegen den Alp-»Traum der Vernunft« jenes großen Einsichtigen und Visionärs, Francisco Goya, vortrefflich eignen würde?

VIII.

Wenn ich hier Gedanken ausgebreitet habe, die teilweise vielleicht sehr persönlich gefärbt sind, so bitte ich, mir das nachzusehen; das kann wohl auch nicht anders sein. Ohnehin wird man in der Beschäftigung mit Kunst nie das Gefühl los, mit dem Teelöffel aus einem Ozean zu schöpfen. Ich will es deshalb bei der Bemerkung belassen, daß man hoffentlich die Mühe erkennen konnte, Verbindlichkeit und Stimmigkeit ins eigene Handeln zu bringen. Wenn es mir dabei gelungen sein sollte, den Verdacht des Feudalismus an einigen Eckpunkten auszuräumen, wäre ich froh. Jürgen Flimm und seine Mitdisputanten jedenfalls können sicher sein, daß Banquos Geist ihre Träume nicht stören wird.

Haben Unternehmen ein politisches Mandat?

Von Einfluß und Mitverantwortung

Die Tatsache, daß Unternehmen natürlich eine politische Rolle spielen, darf nicht zu dem Fehlschluß führen, sie dürften sich staatlicher oder parastaatlicher Funktionen bemächtigen . . .

I.

Jeder weiß, daß dumme Fragen es manchmal in sich haben. Das besagt natürlich nicht, daß man nicht doch Fragen stellen kann, die in der Tat völlig blödsinnig sind. Das gewählte Thema könnte dazu zählen, weil die Beweislage eindeutig genug scheint.

Nehmen wir, willkürlich herausgegriffen, die Ausgabe der *Zeit* vom 30. Juni 1989. Da finden sich ein Dutzend Artikel, die das Haus Daimler-Benz unmittelbar angehen könnten. Einige Beispiele will ich nennen.

Berichte über die Vorgänge in China, Polen und Ungarn provozieren Gedanken über eigene Aktivitäten in diesen Ländern. Wie sollen wir uns dort zukünftig verhalten?

Beim europäischen Gipfeltreffen in Madrid konnte ein Teilerfolg in Richtung auf eine einheitliche Währung erreicht werden. Natürlich verfolgen viele bei uns, nicht allein die Finanzexperten, dieses Geschehen mit aufmerksamem Interesse – wie alles andere auch, was mit der europäischen Integration zusammenhängt. Müssen wir uns in überschaubarer Zukunft auf eine in weiten Teilen neue Finanzierungspolitik im Konzern einrichten?

Marion Gräfin Dönhoff, die das dortige Geschehen seit vielen

Jahren mit Sachkunde und Verve begleitet, analysiert die Entspannung an den Grenzen von Südafrika und schlußfolgert, dies rechtfertige zusammen mit dem angekündigten Rücktritt des Staatspräsidenten Botha die Hoffnung auf innenpolitische Fortschritte. Ist das nun ein einigermaßen verläßlicher Lichtblick, daß sich unser so oft kritisiertes Festhalten am Engagement in Südafrika doch schließlich als gerechtfertigt erweisen wird?

Dann, nach einem Bericht über die Schwierigkeiten von Aussiedlern, bei uns Fuß zu fassen, zwei Beiträge über die Auseinandersetzungen um die Republikaner. Was folgt aus alledem für unsere Personalarbeit?

Anschließend eine Anzeigenseite von Daimler-Benz aus Anlaß unserer Aktionärsversammlung. Als Überschrift haben wir ein Zitat von John F. Kennedy gewählt: »Es gibt keinen Fortschritt, wenn die Menschen kein Vertrauen in die Zukunft haben.« Ist ein solches Motto in unserem aktuellen Umfeld eine schlechte Wahl?

Es folgen die Seiten der Wirtschaftsredaktion, diesmal aufgemacht mit einer Reportage über den industriepolitischen Wettlauf zwischen den USA und Japan bei der Herstellung von Chips. Könnte nicht vielleicht die Diskussion über einen solchen Fragenkomplex hierzulande noch immer allzusehr mit bleichwangigen Ideologien belastet sein?

Drei Seiten weiter ein Bericht, Elektronikschrott aus Computern sei eine gefährliche Ware, und die beste Recycling-Technik sei bisher in der DDR realisiert worden – durch westliche Unternehmen. Haben wir es mit unserer gewiß richtigen Bedenklichkeit hie und da schon so weit gebracht, daß man lieber gleich ins Ausland geht?

In einem langen Beitrag wird sodann anhand des VEBA-Vertrages mit der Cogema dargelegt, daß sich die Bundesregierung von der Wirtschaft die Energiepolitik diktieren lasse, weil sie kein eigenes Konzept habe. Soll ich ein Lied davon singen, welche Kritik ein Unternehmen auf sich zieht, das gegebene Rahmenbedingungen nutzt, um gemäß den eigenen Interessen zu handeln?

Und schließlich ein Interview mit dem Präsidenten des

Umweltbundesamtes über die Luftbelastung durch den Autoverkehr. Natürlich ist mit dem Katalysator allenfalls eine Teillösung erreicht. Aber die Parolen für Tempolimits lassen erneut eine irreführende Verengung der Debatte fürchten. Sollen wir eine umfassendere Aussage vorbereiten, welche verkehrstechnologischen Konzepte nun endlich Aufmerksamkeit verdienen sollten?

II.

Ich breche hier meine Aufzählung ab. Alle meine Fragestellungen scheinen zwingend zu belegen, daß Unternehmen selbstverständlich ein politisches Mandat haben, weil eben letztlich alles politisch ist.

Im genau umgekehrten Sinn gibt es auch noch ein anderes Argument dafür, daß ich ein völlig unnötiges Thema behandle. Bekanntlich ist die Überzeugung sehr weit verbreitet, wonach unmittelbares politisches Engagement von Unternehmen grundsätzlich zu unterbleiben habe, weil Wirtschaften unter Wettbewerbsbedingungen das volkswirtschaftliche Wohl von sich aus optimal fördere. Und ich weiß nicht, ob Erzählungen tatsächlich nur gut erfunden sind, wonach diese Modelltheorie über das allseitig segensreiche Wirken der unsichtbaren Hand an den Hochschulen immer noch mit Hingabe gelehrt und ohne Einschränkung geglaubt werde.

Wie solcherlei Blauäugigkeit mit unserer heutigen Wirklichkeit vereinbart werden könnte, würde freilich einer eigenen Begründung bedürfen. Recht einsichtig erscheint mir nämlich, daß der Markt allein etwa das Schuldenproblem der Entwicklungsländer, die zur Zeit einen beträchtlichen Netto-Kapitaltransfer an die Industrieländer tätigen müssen, nicht lösen kann. Ebensowenig liegen bisher überzeugende Ideen vor, wie es möglich sein soll, den Umweltgütern marktmäßige Knappheitspreise zuzuordnen. Die Beispiele ließen sich fortsetzen.

Unbestreitbar scheint mir, daß die Lösung derartiger Probleme auch wirtschaftlich-technisches Handeln verlangt. Damit richten sich die Fragen und Hoffnungen der Bürgerinnen und

Bürger eines Landes auf die Unternehmen, einerlei, ob diese aktuell tatsächlich etwas tun können oder nicht. Sie mögen vielleicht versuchen, die ihnen zugeschriebene politische Rolle zu ignorieren – aber sie haben sie doch. Die Frage bleibt, ob dies zwangsläufig dazu führen muß, den Unternehmen ein politisches Mandat zuzuerkennen.

Ich meine, daß politische Mandate von demokratischen Institutionen ausgeübt werden. Ihnen obliegen das Gewaltmonopol, die Gesetzgebungskompetenz und die Vollmacht, die für das Wirtschaften wesentlichen Rahmendaten zu bestimmen. Demgegenüber will ich behaupten und zu belegen versuchen, daß Unternehmen wie alle Handelnden zwar eine politische Verantwortung haben, der sie nicht ausweichen können, daß aber eine solche Verantwortung kein Mandat im üblichen Sinne des Wortes beinhaltet.

Dabei weiß ich wohl, daß politischer Einfluß, etwa kraft Sachkunde, nicht unbedingt politische Zuständigkeit voraussetzt. Aber in Grauzonen gibt es meist keine Patentantworten. Ich habe jedenfalls keine, und vielleicht wäre das auch ein anderes Thema, das ein gesondertes Referat erforderte. Deswegen will ich mich heute auf einige Hinweise beschränken, die vielleicht zu eigenen Schlußfolgerungen anregen.

III.

Was ist die Grundlage dafür, daß unternehmerisches Handeln überhaupt eine politische Dimension hat?

In einem dynamischen Umfeld gebührt der Vorsorge für den langfristigen Unternehmenserfolg zwangsläufig der erste Rang vor allen anderen. Die Bereitstellung von Mitteln für Forschungszwecke, das Management der Entwicklungsprogramme und die Konzeption struktureller Anpassungsprozesse sind dafür die wichtigsten Instrumente. Das aber bedeutet, daß Unternehmensführung dazu aufgerufen ist, Ziele zu setzen und sie nach Maßgabe des sich wandelnden Unternehmensumfeldes zu verändern. Ohne einen wachen Sinn für die politische Entwicklung im allgemeinen wie auch im besonderen kann man solche Arbeit nicht erfolgreich leisten.

Damit befindet man sich durchaus in einer Situation, die sich von der eines jeden Staatsbürgers kaum grundsätzlich unterscheidet: Die alltägliche politische Aufmerksamkeit richtet sich auf ungelöste neue oder überkommene alte Probleme, und natürlich bedeutet staatsbürgerliche Teilhabe, dabei die eigenen Handlungsmöglichkeiten im Blick zu haben. Wer solches in unternehmerischer Verantwortung tut, erfüllt zugleich eine unersetzliche Bedingung für den eigenen wirtschaftlichen Erfolg.

Das gilt jedenfalls uneingeschränkt für Unternehmen, die dank ihrer Größe besondere, vielleicht sogar weltwirtschaftliche Verantwortung tragen und bei denen die Funktion von Eigentümer und Manager getrennt ist. Sie dürfen sich nicht einfach auf den Standpunkt stellen, ihr Schicksal sei etwa nur für die jeweils lebenden Eigentümer wichtig. Großunternehmen müssen so geführt werden, daß sie Generationen überleben können.

Es wäre also schlicht verantwortungslos, ihr volkswirtschaftliches Gewicht innerhalb einzelner Branchen oder in bestimmten Regionen zu übersehen und bei ihrer Führung jene kurzen Lebenszyklen zu unterstellen, die etwa für den Aufstieg und Fall einzelner Produkte typisch sind. Insoweit kann es für mich nicht den geringsten Zweifel geben, daß große Unternehmen eine politische Qualität haben, der sich die Geschäftsführung nicht entziehen kann.

Nicht anders hätte der Archetyp des Unternehmers, der unbeeinflußt vom Geschehen ringsum seinen Erfolg erkämpft und sich durchzusetzen versteht, auch in jedem mittelständischen Familienunternehmen schon aus rein wirtschaftlichen Gründen einen höchst gefährdeten Platz. Es würde bereits bei einer so banalen Frage schlicht scheitern, wie er etwa den Dieselmotor gegenüber einer kritischen und bisweilen ungerechten Öffentlichkeit wirksam verteidigen kann. Anders gesagt: Unternehmen mögen einmal frühkapitalistische Ausgeburten gewesen sein. In einem funktionierenden demokratischen Staat sind sie ein probates Mittel, mit dem eine Gesellschaft ihre Wertvorstellungen über wirtschaftliches Handeln zu realisieren versucht.

Natürlich spielt sich dies alles im Wettbewerb ab, und eben der sorgt dafür, daß auch langfristige Kalküle wirksam werden können. Die landläufige Meinung, der Markt sei sozial blind und strategisch äußerst kurzsichtig, stimmt eben nicht unterschiedslos. Eigentlich wird damit regelmäßig nur eine Situation beschrieben, in der die Rahmendaten nicht mehr ausreichen, um einen politisch, volkswirtschaftlich oder moralisch optimalen Output zu gewährleisten. Solange eine gewisse Zahl von Eigentümern und Managern ihren Wettbewerbsvorteil mit Strategien sucht, die zugleich dem langfristigen Überleben des Unternehmens dienen, sorgt ansonsten der Marktmechanismus dafür, daß sich die Masse der Unternehmen in gleicher Weise ausrichtet.

IV.

Dafür gibt es zahllose Beispiele. Ich nenne einige, die einem im Zusammenhang mit unserem Haus leicht einfallen können.

Aus heutiger Sicht scheint es für diejenigen, die sich nicht auskennen, eine ganz naheliegende Feststellung, daß die Politik den Automobilherstellern Beine machen mußte, bevor diese sich bereit fanden, über umweltfreundlichere Automobile nachzudenken. In Wirklichkeit fing die Entwicklung der Abgastechnik bei Daimler-Benz schon 1969 an. Damals hatte die allgemeine Debatte über Umweltprobleme nun wirklich kaum begonnen. Kann man die Ingenieure tadeln, daß ihnen nicht noch früher ihr spezifischer Beitrag zur Entschärfung der Umweltbelastung eingefallen ist?

Der Öko-Lavamat der AEG hat einen großartigen Erfolg. Folgte man den gängigen Erfahrungen, so wäre er niemals auf den Markt gebracht worden, denn er ist wesentlich teurer als vergleichbare Produkte ohne dessen ökologische Qualitäten. Man mußte also schon von der Bereitschaft der Menschen, für mehr Umweltschutz materielle Opfer zu bringen, überzeugt sein, um die Investition für ein derartiges Produkt zu riskieren.

Das Eureka-Forschungsprogramm PROMETHEUS – in Langform heißt das: **Pro**gra**m**me for a **E**uropean **T**raffic with **H**ighest **E**fficiency and **U**nprecedented **S**afety – hat sich aus einer visionären Zusammenschau der vor uns liegenden Verkehrsprobleme mit den neuen technischen Möglichkeiten ergeben. Wie beim Katalysator handelt es sich um eine frühe Antwort darauf, daß wir mit der herkömmlichen Automobil- und Verkehrstechnik das anhaltende Wachstum des Verkehrs bald nicht mehr ertragen könnten. Erste konkrete Stichworte wie Abstandswarngeräte, Verkehrsleitsysteme oder neuartige Konzepte für den öffentlichen Personenverkehr sind bekannt. Unternehmen, die sich auf solche aufwendigen Vorleistungen einlassen, könnten das nicht tun, wenn sie kein Vertrauen in die staatlichen Instanzen hätten. Diese müssen nämlich im Bereich der Infrastruktur oder der Gesetzgebung Anpassungen vornehmen, sobald die technische Entwicklung ein realisierungsfähiges Stadium erreicht hat.

Eine durchaus vergleichbare Aufgabe, die eigene Unternehmensstruktur zu verändern, ergibt sich aus der heute vielleicht wirklich schon absehbaren Entwicklung der Abrüstungsvorhaben zwischen Ost und West. In den Vereinigten Staaten werden gerade jetzt wegen der ersten und wahrlich nicht weltbewegenden Einsparungen im Verteidigungsetat in einigen Unternehmen Massenentlassungen vorgenommen. Solche Verfahren passen bisher Gott sei Dank nicht zu den Gepflogenheiten unseres Landes. Die Antwort auf die Frage, warum das so ist, liegt ganz einfach darin, daß es die Unternehmen hierzulande in aller Regel verstanden haben, sich rechtzeitig auf Strukturwandel einzustellen.

Ich schließe unsere zur Diskussion stehende Beteiligung an der Messerschmitt-Bölkow-Blohm GmbH durchaus ein. Wir konzentrieren nämlich entgegen der landläufigen Fama unsere Anstrengungen keineswegs darauf, ein wachsender Rüstungskonzern zu werden. Nein, wir sind davon überzeugt, daß wir aus technologischen Gründen zentrale Bereiche moderner Verteidigungstechnik brauchen, wenn wir weltweit in die oberste Liga der Luft- und Raumfahrt aufsteigen wollen, aber wir sind ebenso sicher, daß dem die Zielsetzung der schrittweisen Konversion militärischer in zivile Produktionskapazitäten in keiner Weise entgegensteht.

Schließlich kann sich Verantwortung auch in der Bereitschaft niederschlagen, die Folgen des eigenen Handelns selbst noch dann zu tragen, wenn man gar nicht mehr unmittelbar haftbar gemacht werden kann. Ich denke an die Entscheidung im Hause Daimler-Benz, für die ehemaligen Zwangsarbeiter einen namhaften Betrag bereitzustellen. Natürlich kann man sich nicht freikaufen, und erlittenes Leid läßt sich durch Geld nicht ausgleichen. Aber wenigstens für Zwecke der Gesundheitsversorgung und Rehabilitation haben wir mit Hilfe sachkundiger Institutionen wie dem Roten Kreuz und dem Maximilian-Kolbe-Werk geeignete Wege gefunden; während zur Mahnung für die folgenden Generationen eine Plastik vor unserem Museum in Untertürkheim dient.

V.

Was besagen diese Beispiele?

Ich denke, sie zeigen, daß die politische Funktion von Unternehmen nicht darin bestehen kann, im Meinungskampf bei beliebigen Themen eine Rolle zu spielen. Ihre politische Verantwortung muß letztlich und hauptsächlich in dem Umgang mit den Mitarbeitern und in ihrem Produktangebot realisiert werden. Wo immer praktisches Handeln möglich ist, geht es um das Tun und nicht um das Kommentieren der Zeitläufte.

Politische Verantwortungsbereitschaft schließt allerdings schwere Fehleinschätzungen keineswegs aus. Unternehmen sind fehlbar. Das gilt freilich genauso für die Öffentlichkeit: Auch sie hat die Wahrheit nicht für sich gepachtet.

Auf die ungerechte Kritik, die zu einer schweren Rufschädigung für den Dieselmotor gegen alle energie- und umweltpolitische Vernunft geführt hat, habe ich bereits hingewiesen. Es mag noch gewichtigere Beispiele geben.

So bin ich davon überzeugt, daß wir im Rahmen der sich abzeichnenden intensiven Debatte über die Veränderung unseres Klimas noch sehr viel mehr als bisher ungerechte Kritik an Unternehmen erleben werden. Das heißt nicht, daß sie alle miteinander reine Westen haben. Aber es ist eben tatsächlich eine schwierige Frage, ob man über alles reden soll, was man bei sich zu entwickeln versucht, denn immerhin können daraus entscheidende Wettbewerbsvorsprünge entstehen, die frühzeitige Geschwätzigkeit verbieten.

Wenn kürzlich die Zeitschrift *Business Week* in diesem Zusammenhang befand, Geschäftsleute seien für ihre Unpopularität von morgen schlecht vorbereitet, so ist also damit ein durchaus komplizierter Sachverhalt beschrieben. Im Kern handelt es sich darum, daß die Unternehmen sehr viel mehr als bisher der Öffentlichkeit zu besseren Einsichten in die Natur ihres Handelns verhelfen müssen. Wer nicht weiß, daß er sich bei der Lösung neu auftauchender Probleme auf die Bereitschaft und Fähigkeit der Unternehmen zu verantwortlichem Handeln verlassen kann, der wird auch kein Vertrauen haben.

VI.

Selbst wenn alle diese Voraussetzungen vorliegen, kann die politische Glaubwürdigkeit von Unternehmen trotzdem vor schwere Probleme gestellt werden. Rückstände oder Versäumnisse können ihnen nämlich auch dann ursächlich zugerechnet werden, wenn sie ganz woanders entstanden sind.

Es gab Versuche, deutsche Banken, darunter die in öffentlicher Hand befindliche Kreditanstalt für Wiederaufbau, daran zu hindern, den vorgesehenen Export von einigen Tornado-Flugzeugen nach Jordanien zu finanzieren. Diejenigen, die diese Versuche unternahmen, gehörten derselben Partei an wie diejenigen, die im Bundessicherheitsrat über die Exportgenehmigung für diese Flugzeuge positiv befunden hatten.

Ich halte es für ebenso legitim wie notwendig, daß man derartig gespaltene Zungen nagelt und nicht in falscher Vornehmheit darauf hofft, solche schrägen Situationen würden schon ohne dauerhaften Schaden für die Glaubwürdigkeit von Unternehmen vorübergehen.

Sehr viel schwieriger scheint die Situation für die Unternehmen, wenn ein wirklicher externer Problemstau entstanden ist. Dann gibt es nämlich zumindest drei Grenzen, die das Handeln im Einzelfall empfindlich einschränken können.

Erstens können die Unternehmen auch insofern nicht immer alle Zusammenhänge öffentlich darlegen. Sie müssen ihre eigenen Interessen im Wettbewerb beachten. Derartige Zurückhaltung ist legitim, kann aber gegen Angriffe wehrlos machen. Dagegen gibt es nur die Möglichkeit, sich an der öffentlichen Auseinandersetzung zu beteiligen und Kritik mit Gegenkritik zu beantworten. Daß dann in der Regel eher allgemein und damit polemisch argumentiert wird, sollte verständlich sein.

Zweitens kann eine unzureichende Kapazität des Staates zu eigenständigem Handeln zwingen. Den Tarifparteien ist genau aus diesem Grunde ihre Aufgabe ausdrücklich zugewiesen. Aber auch bewährte Einrichtungen können an die Grenzen ihrer Leistungsfähigkeit gelangen. Ich denke dabei an die Auseinandersetzungen über die Arbeitszeitorganisation.

Hinter der Kontroverse über die Wochenendarbeit steht ja nicht weniger als die Frage, ob wir es uns auf Dauer leisten können, immer teurer werdende Sachanlagen ausnahmslos nur im Maße der menschlichen Arbeitszeit zu nutzen. Beim Dienstleistungsabend geht es letztlich um die Frage, ob unsere Gesellschaft familien- und frauenfreundlicher werden kann. Solche Grundsatzfragen überfordern die Tarifparteien, solange der gesetzliche Rahmen unverändert bleibt. Die erforderliche flexiblere Organisation der Arbeitszeiten kann jedenfalls nicht in jedem einzelnen Unternehmen ausgekämpft werden.

Zugleich behaupte ich, daß die Diskussionsvorgaben, die uns manche Politiker auf diesem Feld beschert haben, keineswegs hilfreich waren, die tatsächlichen Probleme zu diskutieren.

Was soll es wohl nutzen, über Monate mit Hingebung Kontroversen über eine undifferenzierte Ausweitung der Sonntagsarbeit zu führen, wenn die Industrie selbst einigermaßen unüberhörbar mitteilt, dazu bestehe gar kein Bedarf? Die Folge ist jedenfalls, daß die Unternehmen mit dem Risiko eines schlechten Rufs wegen Forderungen leben müssen, die sie gar nicht erhoben haben. Dazu kommt, daß sie nicht immer warten können, bis sich schiefe Debattenverläufe wieder eingerenkt haben. Wie schnell ist dann ein Unternehmer in den Ruch des profitgierigen Kapitalisten gebracht, der aus zwingenden Wettbewerbsgründen einen Teil seiner Fertigung in ein Land verlagert, das ihm für seine Bedürfnisse die richtigen Bedingungen bietet!

Drittens kann es geschehen, daß allgemeine Wertvorstellungen mit staatlichem Handeln in Konflikt geraten. Dies ist der eigentlich schwierige Fall für das politische Verhalten von Unternehmen. Dabei habe ich eine Reihe durchaus unterschiedlicher Fallsituationen im Auge.

Grundsätzlich mag die Entscheidung, ob man sich an die offizielle Politik anpassen oder gegen sie handeln will, leichtfallen, wenn man etwa die Möglichkeit hatte, der Judenpolitik der Nationalsozialisten wenigstens punktuell Widerstand entgegenzusetzen. So hat das Haus Daimler-Benz damals einzelne Mitarbeiter auf Auslandspositionen versetzen und ihnen das Leben retten können. Ich will damit natürlich nicht suggerieren, eigentlich seien wir heimliche Teilhaber des Widerstands gewesen, wie er sich etwa am 20. Juli 1944 manifestierte. Das wäre schon deshalb falsch, weil man ein Unternehmen nicht dazu nutzen kann, einen Regierungsumsturz herbeizuführen: Hier endet politische Mitverantwortung. Spätere Mithaftung für die Folgen einer Diktatur schließt das übrigens, wie wir erfahren haben, nicht aus.

Ein weiteres Beispiel betrifft den Export sensitiver Güter ins Ausland. Wie wir aus der Entwicklung der chemischen Waffen wissen, kann man heute sogenannte binäre Kampfstoffe aus harmlosen Ausgangsmaterialien herstellen. Deshalb kann es Situationen geben, in denen keine ausreichende gesetzliche Normierung vorliegt, ein Export also zulässig wäre. Um so mehr muß jeweils auf eigene Rechnung geprüft werden, ob eine restriktive Entscheidung erforderlich ist. Die Gesamtumstände eines Liefergeschäfts könnten nämlich durchaus – auch das zeigt die Erfahrung – rechtzeitige Vermutungen nahelegen, daß man dabei ist, sich zum Helfer einer Politik zu machen, deren Wertvorstellungen im völligen Gegensatz zu denen des eigenen Mutterlandes stehen.

VII.

Bei allen diesen Beispielen geht es im Kern um die schwierige Frage nach den richtigen Verhaltensnormen an der Schnittstelle zwischen Staat und Unternehmen.

Im Routinefall verfügen wir über eingespielte Instrumente, um die Zielkonflikte aufzulösen, die dabei entstehen können. Das gesamte Verbandswesen dient nicht zuletzt auch dem Zweck, einen systematischen Austausch von Tatsachen und Informationen sicherzustellen, um schließlich sachkundig entscheiden zu können. Darüber hinaus sind die Unternehmen in aller Regel darin geübt, politischen oder administrativen Entscheidungsträgern ihre Informationen und ihren Sachverstand zur Verfügung zu stellen.

Insgesamt mögen wir also für den Normalfall genügend Möglichkeiten haben, damit die Unternehmen ihre politische Mitverantwortung wahrnehmen können. Wo es schwierig wird, wie in den geschilderten Fällen, hilft jedoch allein die Bereitschaft zum Dialog.

Nur so können Staat und Öffentlichkeit ihre Wertungen in Kenntnis der relevanten Zusammenhänge vornehmen. Auch insoweit kann also nur von der Pflicht zur politischen Verantwortung die Rede sein. Information muß grundsätzlich als Bringschuld verstanden werden, ohne daß das Holschulden Dritter ausschließt.

Das führt uns zu den Mechanismen des Meinungsbildungsprozesses.

Hier liegt der eigentliche Ursprung für jene Ansprüche, mit denen sich die Unternehmen oft sehr schwertun. Es geht um die meist indirekten Erwartungen, die im Zusammenhang mit handfesten Kontroversen über politische Auffassungen vorgetragen werden. Die Unternehmen sollen dabei entweder für die eigene Position eingesetzt, also instrumentalisiert werden, oder es handelt sich um simple politische Opportunitätsüberlegungen. Lassen Sie mich auch dafür Beispiele anführen.

Die seit einigen Jahren anhaltenden Kontroversen in unseren Hauptversammlungen über unser Engagement in Südafrika haben nie einen Meinungsunterschied darüber zutage gefördert, daß Apartheid so schnell wie möglich verschwinden muß. Das hat an der teilweisen Schärfe der Auseinandersetzung nichts geändert.

Unsere Kritiker halten ein Verhalten für erforderlich, das letztlich darauf hinausläuft, sich aus jeder wirtschaftlichen Betätigung in Südafrika zurückzuziehen. Demgegenüber vertreten wir die Meinung, das Land brauche einen friedlichen Weg zur Überwindung der Apartheid, der nur zu haben sei, wenn die politische Auseinandersetzung nicht durch zusätzliche wirtschaftliche Probleme erschwert wird.

Zu Beginn der siebziger Jahre – ein weiteres Beispiel – entstanden im Zuge der Entspannungspolitik eine Reihe von wirtschaftlichen Blütenträumen. Sie hatten zunächst ausschließlich politischen Ursprung. Warum auch sollte man nicht schon damals über riesige Industrialisierungsprojekte etwa für Lastkraftwagen sprechen?

Vielleicht erweist sich irgendwann die Erfahrung, daß man wirtschaftliche Entwicklung immer nur schrittweise und nicht in Sprüngen haben kann, als der übliche Skeptizismus der Kaufleute. Tatsächlich jedoch standen die Unternehmen, die damals zur Verwirklichung solcher Projekte aufgefordert wurden, vor sehr erheblichen Problemen. Natürlich waren sie daran interessiert, die angeblichen Chancen zusätzlichen wirtschaftlichen Austauschs auszuloten. Zugleich aber gerieten sie in die Peinlichkeit, illusionäre Projekte so elegant beerdigen zu müssen, daß auf keiner Seite Verärgerung zurückblieb.

Solche Arbeit kann über einen längeren Zeitraum durchaus erhebliche Kapazitäten binden, die für andere Zwecke dringlich gebraucht werden. Zum Schluß steht man dann womöglich als ängstlicher Geldsack da, der nicht bereit ist, unternehmerische

Risiken einzugehen, obwohl es in Wirklichkeit nur darum geht, politische Verantwortung auf einfache Art an andere abzuschieben.

Ein drittes Beispiel: Wer den Export militärischer Güter aus Gewissensgründen ablehnt, handelt sicherlich konsequent, wenn er für sein Anliegen auch außerhalb des parlamentarischen Raums eintritt. Wir erleben es jedenfalls seit einigen Jahren, daß Unternehmen auch dann wegen ihrer Exporte angegriffen werden, wenn Gesetzeslage und Verwaltungspraxis über jeden Zweifel erhaben sind. Letztlich beinhaltet das die Forderung, die Unternehmen sollten sich nicht nur gegen ihre eigenen wirtschaftlichen Interessen stellen, sondern zu ihrem Nachteil auf die Nutzung von Regelungen verzichten, die demokratisch zustande gekommen sind.

Diese Beispiele zeigen, daß der Streit über das richtige Handeln sehr verschiedene Gründe haben kann.

Manchmal sind es individual-ethisch respektable Überzeugungen, um deren allgemeine Durchsetzung gerungen wird. Rudolf Bahros ebenso freundliche wie nachdrückliche Einladung, den Weg der Industrialisierung zugunsten einer familiär oder dörflich organisierten Gesellschaft zu verlassen, um so den Globus vor seiner ökologischen Gefährdung zu retten, gehört in diese Kategorie.

Andere versuchen, politische Verantwortung vom Staat, wo sie hingehört, auf Unternehmen zu verlagern. Meinungsunterschiede über Wirkungsmechanismen wirtschaftlichen Handelns kommen hinzu.

Wieder andere suchen nach Ersatzhebeln, wenn sie etwa bei Wahlen oder in den großen Parteien keine Chance sehen, ihren Willen durchzusetzen.

Verantwortungsbewußte Unternehmensführung muß sich in solchen Situationen in der Tat politisch verhalten. Das kann in dem einen Fall bedeuten, die Unüberbrückbarkeit von Meinungen zu konstatieren und in aller Freundlichkeit zur Tagesordnung überzugehen. In einem anderen Fall wird der massive Einsatz der eigenen Argumentationskraft geboten sein, um unzutreffende und das Unternehmen schädigende Behauptungen zu bekämpfen. In wieder anderer Konstellation wird sich geduldiges Informieren und Argumentieren auszahlen. Und selbstverständlich geschieht es auch, daß man von seinen Kritikern lernt.

VIII.

Ich will derartige Situationen nicht beklagen. Nein, das alles ist nur eine Beschreibung demokratischer Normalität. Dazu gehört, daß wir immer wieder neu lernen müssen, unterschiedliche Meinungen zu ertragen – und damit auch den Versuch, daß andere meine Meinung ändern wollen, indem sie mich in Bedrängnis bringen.

Wer Unternehmen als Teil der Gesellschaft und insoweit als eine »gesellschaftliche Veranstaltung« begreift, wie Heinz Dürr das zu Recht beschreibt, kann damit keine grundsätzlichen Schwierigkeiten haben. Unternehmen sind dem Markt, den Gesetzen und der Konvention unterworfen.

Alle diese Fakten werden im Prozeß der demokratischen Meinungsbildung Tag für Tag ein kleines Stück verändert. Wichtig ist nur eine Einsicht. Die Tatsache, daß Unternehmen natürlich eine politische Rolle spielen, darf nicht zu dem Fehlschluß führen, sie dürften sich staatlicher oder parastaatlicher Funktionen bemächtigen oder – umgekehrt – diese sich aufzwingen lassen. Wer das tut oder geschehen läßt, überschreitet eine Grenze, die unbedingt verteidigt werden muß: Unternehmen dürfen nicht zum Staat im Staate werden.

Unterordnung unter die staatliche Prärogative kann auch bedeuten, daß Unternehmen sich dem Beschluß einer demokratischen Mehrheit, das eigene Land zu verteidigen, nicht entziehen dürfen. Kritik an solcher Bereitschaft ist nahezu selbstverständlich zu erwarten. Aber sie muß ausgehalten werden, denn es ist nun einmal eine der ureigenen Zuständigkeiten der Politik, darüber zu befinden, ob staatliche oder ob privatwirtschaftlich organisierte Unternehmen die erforderliche Verteidigungstechnik zur Verfügung stellen sollen.

Allerdings gibt es Gewissensfragen, bei denen politische Mitverantwortung für das allgemeine Wohl solchen Erwägungen nicht unterliegt. Wo immer es um grundlegende humanitäre Probleme geht, müssen nicht nur einzelne Personen, sondern auch Organisationen die Freiheit der eigenen Entscheidung haben. Zur Produktion von ABC-Waffen etwa darf nach meiner Überzeugung niemand gezwungen werden. Ein demokratischer Staat, der dies dennoch will, müßte versuchen, durch eigene unternehmerische Betätigung die Menschen zu finden, die bereit sind, für solche Zwecke zu arbeiten.

IX.

Ich habe nun sicherlich viel zu lange über ein Thema räsoniert, dessen vielfältige Schattierungen in der Öffentlichkeit nicht immer leicht zu unterscheiden sind. Warum das so ist, könnte vielleicht auch noch einen anderen Grund haben.

Mir fallen Studien aus der Sozialforschung ein. So gibt es eine renommierte Untersuchung über die unterschiedlichen Lebenswelten, in die sich unsere Bevölkerung angeblich aufteilt. Ob solche Unterscheidungen methodisch wirklich unanfechtbar sind, lasse ich dahingestellt. Ein wichtiger Teilbefund ist davon unabhängig und in unserem Zusammenhang bemerkenswert: Es hat sich gezeigt, daß in allen Gruppen ein ungestillter politischer Bedarf existiert.

Die einen halten die Verhältnisse nicht für änderungsfähig und fordern deshalb, man solle sein Bewußtsein ändern. Andere halten die Politiker für unfähig und sehen im Konsum das einzig erreichbare Lebensglück. Eine Gruppe ist der Auffassung, jeder müsse sich engagieren, eine andere neigt eher dazu, allem, auch dem Übel, etwas Positives abzugewinnen. Manche suchen nach neuen Sinnstrukturen und beklagen die Entsolidarisierung unserer Gesellschaft. Schließlich gibt es welche, die von Pessimismus, Resignation und Umweltängsten getrieben werden, die wachsende Kluft zwischen arm und reich beklagen und für sich selbst nur kleine Fluchten in kleine Engagements sehen.

Wie gesagt, solche Gruppenaufteilungen müssen nicht der

Sozialwissenschaft letzter Weisheitsschluß sein. Doch eines scheint mir unübersehbar. Die Menschen wollen auch in ihrer alltäglichen Arbeit eine Vorstellung davon erkennen, wohin wir wollen und was wir dafür tun müssen. Kann es da verwundern, daß auf der Suche nach Vision auch Unternehmen zum Gegenstand anspruchsvoller und mitunter fehlgeleiteter Erwartungen werden?

Eine Aussage, die in eine ähnliche Richtung geht, wird Herbert Henzler, dem Chef der deutschen McKinsey-Organisation, zugeschrieben. Er soll geäußert haben, wir hätten zur Zeit ein generelles Politikversagen und deshalb müßten die Unternehmen durch ihr eigenes Handeln Beiträge zum Zusammenwachsen der Volkswirtschaften leisten. Die praktische Schlußfolgerung teile ich, die Begründung scheint mir einen Denkfehler zu enthalten.

Es ist eine Tatsache, daß in einer demokratischen Gesellschaft nur sehr begrenzte Möglichkeiten bestehen, Funktionsdefizite einzelner Subsysteme durch das Handeln anderer Subsysteme auszugleichen. Die Unternehmen können nur Partner im gesellschaftlichen Diskurs sein, mehr nicht.

Dabei müssen sie nicht nur Kritik ertragen, es ist durchaus legitim, wenn sie auch ihrerseits Kritik üben. Gut begründet sollte sie allerdings sein und nicht von jenem besserwisserischen Ton angeblicher Praxisnähe getragen sein, den man an allen Stammtischen findet. Mehr kann man oft nicht leisten, mehr muß auch nicht sein. Jedenfalls halte ich es für abwegig, vom Kritiker auch gleich noch die Lösung des Problems, das er beschreibt, zu verlangen.

X.

Unser Haus unternimmt seit einiger Zeit den Versuch, sich als Partner eines solchen politisch-gesellschaftlichen Dialogs zu verstehen. Dafür haben wir unsere Tore vielen Gesprächspartnern geöffnet, für die wir uns eine lange Zeit vielleicht zu fein dünkten.

In der Konsequenz mag das Maß der Kritik, das uns entgegengebracht wird, sogar größer geworden sein. Wir sind bereit, diesen Preis zu zahlen, weil er uns nur scheinbar teuer zu stehen kommt. Was wir gewinnen, ist ein verbessertes Gespür für die Aufgaben, denen wir uns auf die Dauer ohnehin nicht entziehen können. Und unsere Kritiker gewinnen hoffentlich jene vertiefte Kenntnis von wirtschaftlichen Zusammenhängen, über deren Fehlen allzuoft mit gutem Recht geklagt wird.

Derartige Entwicklungen kann man in verschiedensten Abstufungen in vielen Unternehmen beobachten. Es könnte sein, daß wir uns auch insoweit auf dem Weg der Demokratisierung, den die Autoren unseres Grundgesetzes im Auge hatten, weiter voranbewegen. In dem Maße, wie uns das gelingt, werden Diskussionen über unzumutbare politische Ansinnen an die Adresse der Unternehmen abnehmen.

Das hätte den angenehmen Effekt, daß sich von mir künftig niemand mehr eine Antwort auf eine scheinbar dumme Frage anhören müßte.

Unternehmen haben kein politisches Mandat, und sie dürfen sich dazu auch dann nicht drängen lassen, wenn die Forderungen, die ihnen gestellt werden, ihrem eigenen Interesse entsprechen. Wohl aber haben sie Einfluß, nicht nur auf die Volkswirtschaft, auch auf die Gesellschaft als Ganzes. Das mag meinethalben Macht nennen, wer an diesem oft mißverstandenen und mißbrauchten Begriff hängt. In jedem Fall haben sie Mitverantwortung – und daran dürfen sie jederzeit erinnert werden.

Alternde Bevölkerung – schrumpfende Wirtschaft?

Von den Folgen demographischer Veränderungen

Gegenwärtig deutet nichts darauf hin,
daß unsere Gesellschaft vorbereitet ist,
sich rasch und entschlossen
auf den bevorstehenden Strukturwandel
vorzubereiten.

I.

Zwischen 1958 und 1968 wurden in der Bundesrepublik auf 1000 Einwohner pro Jahr durchschnittlich 17 Kinder geboren. In der nächsten Dekade, von 1968 bis 1978, waren es noch 9. Die Nettoreproduktionsrate, die bei einem Wert von 1 zu einer langfristig konstanten Bevölkerung führt, sank von 1,19 im Jahr 1966 auf heute rund 0,65 ab. Unter Status-quo-Bedingungen müßte die Bevölkerung der Bundesrepublik im Jahr 2040 also auf 45,3 Millionen gesunken sein.

Alle sind von diesem Strukturwandel im Altersaufbau erfaßt, Unternehmen wie private Haushalte, der Staat, Bundespost und Bundesbahn, der Exportsektor, die Wettbewerbsfähigkeit der Wirtschaft genauso wie die Leistungsfähigkeit der Banken oder des Ausbildungssystems.

In wachsendem Umfang werden Vermögensbestände zwischen den Generationen neu verteilt. Das Volumen der Erbschaften wird allmählich erheblich zunehmen. Daraus ergeben sich wachsende Transaktionen von Gebäuden, Aktien oder anderen Vermögensgegenständen am Markt. Ein besonderes Problem entsteht im Bereich der kleinen und mittelständischen Unternehmen: Es wird zunehmend an Nachfolgern für die ältere Unternehmergeneration fehlen.

Gleichzeitig muß sich die allmähliche Altersverschiebung bei den Erwerbstätigen zwangsläufig auf eine Fülle von Faktoren auswirken. Über die Investitionstätigkeit, die Produktivitätsentwicklung und die sektorale Anpassungsfähigkeit sind Folgen für die Wettbewerbsfähigkeit der gesamten Wirtschaft zu erwarten.

Die Konsequenzen der Geburtenwelle waren schon bisher in allen Lebensbereichen zu spüren. Nach den Kindergärten, Schulen, Hochschulen, Jugendgefängnissen, Fußballstadien, nach den Fahrschullehrern, Lehrlingsausbildern und Universitätsprofessoren werden langfristig die Ärzte und die Pflegeberufe erreicht. Nach dem Mietwohnungsmarkt und Arbeitsmarkt wird in den neunziger Jahren der Markt für Eigenheime erfaßt. Nach Diskotheken und Squash-Centern sind Golfplätze und Stadttheater von der altersspezifischen Nachfragewelle betroffen. Insgesamt erstrecken sich die Anpassungen entsprechend der Lebenserwartung über 70 bis 80 Jahre.

Anders gesagt: Die Geburtenwelle und der anschließende langanhaltende Abfall der Geburtenraten sind ein historisches Ereignis, das hinter uns liegt. Den Folgen können wir nicht mehr ausweichen, sondern nur noch darüber nachdenken, zwischen welchen Möglichkeiten zum Handeln wir für die Zukunft wählen können.

Man könnte meinen, wir hätten das alles bisher recht gut bewältigt, also werde es auch in Zukunft so weitergehen. Diese Meinung trügt, denn die erste Hälfte der Anpassungen war mit hoher Wahrscheinlichkeit für Staat und Wirtschaft weit einfacher als die, die noch vor uns liegt. Ich nenne dafür drei Beispiele:

Erstens wird ein großer Teil der Ausbildungs- und Erziehungskosten von den Eltern finanziert, während die Lebenshaltungskosten der älteren Generationen weitgehend aus öffentlichen Transfersystemen zu bestreiten sind.

Zweitens bringt zwar eine Verjüngung der Arbeitskräfte, wie wir sie seit Beginn der achtziger Jahre erleben, zunächst automatisch Vorteile mit sich, aber längerfristig wird das steigende Durchschnittsalter voraussichtlich die Mobilität verringern.

Das könnte bei bestimmten technischen Qualifikationen und auf neuen Berufsfeldern zu Engpässen führen.

Drittens hat sich der politische Entscheidungsprozeß unter dem Eindruck ihrer ständigen Beitragsprobleme vor allem auf die Sozialversicherung konzentriert. Doch der Rentenberg der Sozialversicherung ist nur einer von vier »Transferbergen«, deren strukturelle Besonderheiten eine spezifische Betrachtung erfordern. Man muß den »Pensionsberg« des Staates für die im öffentlichen Sektor Beschäftigten ebenso analysieren wie den »Rentenberg« der Privatwirtschaft, der aus den in den Bilanzen ständig anwachsenden Rückstellungen, die manche von uns heute noch mehr oder minder als Eigenkapital verstehen, eines Tages einen erheblichen Transferstrom werden läßt. Schließlich muß ich Ihnen nicht darlegen, daß es auch noch den »Leistungsberg« der Lebensversicherungen gibt.

Kein Bereich bleibt von den Folgen größerer demographischer Veränderungen verschont. Wirtschaft und Gesellschaft werden unter solchen Bedingungen gleichsam umgeknetet.

Das alles scheint mir Grund genug, auch als Unternehmer über ein solches Thema in seinen volkswirtschaftlichen Zusammenhängen nachzudenken.

II.

Die politische Diskussion über die Langfristfolgen einer älter werdenden und schrumpfenden Bevölkerung fällt schwer, weil die Auswirkungen nur für den Analytiker, für handfeste Anschauung hingegen in näherer Zukunft allenfalls stückweise erkennbar werden.

Erschwerend kommt noch hinzu, daß wir in den nächsten zehn bis fünzehn Jahren, was die Altersschichtung angeht, vor einer täuschend spannungsfreien Periode stehen.

Die hohe Zahl der Berufsanfänger wird noch auf längere Zeit im privaten Wirtschaftssektor eine Verjüngung der Arbeitskräfte bewirken. Möglicherweise wird das eine Erhöhung der Mobilität nach sich ziehen und damit die Fähigkeit stärken, erforderlichen Strukturwechsel zu bewältigen. Ein anderer wichtiger Gesichtspunkt kommt hinzu.

Ich kenne zwar keine ökonomische Theorie, die einen strengen Zusammenhang zwischen dem Durchschnittsalter der Erwerbstätigen auf der einen und der Wettbewerbsfähigkeit einer Wirtschaft auf der anderen Seite herstellt. Überzeugend nachgewiesen ist jedoch der Zusammenhang zwischen Ausbildungsstand und wirtschaftlicher Leistungsfähigkeit. Deshalb muß man schon ein ausgesprochener Pessimist sein, um für die neunziger Jahre keine positiven Impulse für die wirtschaftliche Entwicklung zu erwarten, denn noch niemals zuvor hat es eine so intensiv ausgebildete junge Erwerbsbevölkerung gegeben.

Die Verjüngung der Arbeitskräfte und die steigende Erwerbsquote der Frauen werden gleichzeitig dazu führen, daß die berufstätige Bevölkerung insgesamt wächst. Die öffentlichen Leistungen, insbesondere die Renten- und Transferzahlungen, werden sich damit auf eine deutlich größere Zahl von Erwerbstätigen verteilen.

Alles in allem kann man wohl insofern zu Recht auf die »Goldenen Neunziger« hoffen. Nach der Jahrtausendwende könnten sich allerdings allmählich recht bemerkenswerte Verschiebungen ergeben. Sie sind bekannt und vielfach erörtert, so daß ich mich auf wenige Hinweise beschränken kann.

Ich erwähnte schon, wie stark die Gesamtbevölkerung der Bundesrepublik Deutschland ohne länger anhaltende und erhebliche Einwanderung bis zur Mitte des nächsten Jahrhunderts zurückgehen würde. Gleichzeitig würde die Zahl der Erwerbspersonen, selbst wenn man eine erhebliche Steigerung der Erwerbsquoten und eine Steigerung der Lebensarbeitszeit unterstellt, deutlich schrumpfen.

Der Anteil der Gesamtbevölkerung über 65 Jahre würde sich von 15,5 Prozent im Jahr 1980 auf 25,8 Prozent im Jahr 2030 erhöhen. Dabei würden zunächst die jungen Alten, nämlich die Sechzig- bis Siebzigjährigen zahlenmäßig stark zunehmen. Anschließend käme es zu einem raschen Anstieg der Zahl der über Fünfundsiebzig- und Achtzigjährigen, also der ganz Alten, die auf Unterstützung durch Familie und Gesellschaft besonders angewiesen sind.

Die politische Diskussion hat sich bisher in einer für mich merkwürdigen Verengung auf das Problem der wachsenden Sozialversicherungslasten konzentriert. Im Ergebnis wurden Einsparungsregeln vereinbart: Die Sozialversicherungsrenten werden künftig nur noch mit den Zuwachsraten des Nettoeinkommens der Erwerbstätigen steigen, während in anderen Bereichen Ansprüche gekürzt wurden. Dabei wurde in der Öffentlichkeit weitgehend übersehen, daß die Auswirkungen der veränderten Altersschichtung und Bevölkerungsschrumpfung im Staatssektor sowohl früher als auch dramatischer eintreten werden als im privaten Sektor.

Von 1955 bis 1980 hat sich die Zahl der öffentlichen Bediensteten von 2,5 Millionen auf 4,2 Millionen erhöht, so daß etwa ab 1995 eine wahrhafte Pensionierungswelle einsetzen wird. Damit nehmen die Pensionszahlungen vor allem in den Bundesländern mit ihren vielen Lehrern und Polizisten sehr rasch zu. Bliebe die Zahl der aktiv Bediensteten konstant, müßten unter Status-quo-Bedingungen die gesamten Personalausgaben der öffentlichen Hände massiv ansteigen, nämlich innerhalb von vierzig Jahren auf etwa 55 Prozent der Steuereinnahmen; bezogen auf das Bruttosozialprodukt wären das 20 Prozent. Diese stark vereinfachte Argumentation kann man übrigens sehr viel ausführlicher und differenzierter bei Konrad Littmann nachlesen.

Angesichts solcher Verschiebungen kann es nur erstaunen, wie immer wieder das Heil für die Sanierung der Rentenversicherung in wachsenden Bundeszuschüssen gesehen werden kann. Der Staat wird Mühe genug haben, die eigenen Pensionsverpflichtungen zu erfüllen. Selbst wenn in den neunziger Jahren die Zahl der öffentlichen Bediensteten allmählich schrumpfen sollte, kann sich das erst nach einer Frist von dreißig bis vierzig Jahren auf die Pensionslasten auswirken. Will der Staat handlungsfähig bleiben, werden also offensichtlich drastische Änderungen unausweichlich.

In der Diskussion um die langfristige Sicherung der Rentenfinanzierung wurden bisher auch noch andere Themen eher stiefmütterlich behandelt.

So wird meist außer acht gelassen, daß die Pflegeleistungen, die aus Transfersystemen finanziert werden müssen, bei zunehmenden Anteilen alter Menschen ebenfalls sprunghaft steigen. Gegenwärtig können noch rund 80 Prozent dieser Leistungen in den Familien erbracht werden. Mit langfristig steigender Erwerbsquote der Frauen schrumpft, ökonomisch gesprochen, die Pflegekapazität der Familien, während der Bedarf aufgrund der wachsenden Zahl alter Menschen sprunghaft ansteigt. Klar sein dürfte aber wohl, daß es kaum möglich sein wird, neben dem wachsenden Transfervolumen für Renten, Pensionen und die Krankenversicherung ein noch rascher wachsendes zusätzliches Transfersystem für Pflegeleistungen aufzubauen.

Auch dies scheint mir ein Beispiel dafür, daß wir falsch beraten sind, solche Themen allein auf der Ebene der wirtschafts- und finanzpolitischen Technik zu diskutieren. Wir müssen auch darüber nachdenken, wie man Verhaltensänderungen anregen und erleichtern kann. Das will ich an einigen Zusammenhängen des Arbeitsmarktes verständlich machen.

III.

Beim Anstieg des Durchschnittsalters der Erwerbstätigen wird es erhebliche zeitliche Verschiebungen zwischen dem öffentlichen und dem privaten Sektor geben.

Das Durchschnittsalter der öffentlich Bediensteten nimmt aufgrund der geringen Neueinstellung im vorausgegangenen Jahrzehnt bereits in den neunziger Jahren zu. Das ist jetzt schon in den Schulen oder bei der Polizei erkennbar, wo es nach den Jahren stürmischer Expansion in den siebziger und frühen achtziger Jahren jetzt fast zu einem Einstellungsstop kommen mußte. In der Konsequenz kann man jüngere Lehrer unter 35 Jahren heute schon fast mit der Lupe suchen. Ähnliches gilt für andere Bereiche, etwa für die Bauverwaltungen oder Teile der allgemeinen Verwaltung.

Im Gegensatz dazu wird die private Wirtschaft in den nächsten Jahren noch eine weitere Verjüngung ihrer Beschäftigten erleben.

Damit gerät der Staat in eine schwierige Vorreiterrolle. In den letzten dreißig Jahren der Beschäftigungsexpansion konnte Umstrukturierung durch jeweils unterschiedliche Zuwachsraten erreicht werden. In Zukunft kommt es dagegen darauf an, Umstrukturierungen bei schrumpfender Beschäftigung zu erreichen. Der Staat muß also als erster demonstrieren, wie die Folgen eines allmählich steigenden Durchschnittsalters bei den Beschäftigten bewältigt werden können, während sich parallel dazu der Bedarf nach öffentlichen Leistungen in seiner inhaltlichen Struktur erheblich verschiebt.

Die Widerstände gegen solche Umstrukturierungen werden – das ahnen auch diejenigen, die es noch nicht unmittelbar erfahren haben, sehr deutlich – erheblich zunehmen. Während im privaten Sektor ein Rückgang der Nachfrage zu Gewinneinbußen führt und in der Folge fast automatisch einen Kapazitätsabbau verursacht, fehlen im öffentlichen Sektor ähnliche Marktmechanismen. Geschieht nichts, ist die Tendenz absehbar, im Rahmen gegebener Stellen- und Haushaltspläne die Intensität der Bearbeitung von Einzelfällen zu steigern. Dies wäre um so weniger erstaunlich, als die Qualität der öffentlichen Leistungen in vielen Verwaltungsbereichen nur schwer zu definieren ist, ein marktbedingter Rationalisierungszwang also kaum besteht.

Gegen solche eingefahrenen Verhaltensweisen wird man nur ankommen, wenn durch Parlamentsbeschlüsse ganzen Verwaltungen Produktivitätssteigerungen als Norm auferlegt werden. Auch der gezielte Abbau von staatlichen Aufgaben kann ergänzend hinzukommen. In der Umkehrung hieße das, daß über längere Fristen Personalreduzierungen vorausgeplant werden müssen.

Solche Produktivitätssteigerungen und Personaleinsparungen sind inbesondere in den Bereichen der Informationsverarbeitung, also in der allgemeinen Verwaltung, möglich. Hoher Produktivitätsfortschritt in staatlichen Verwaltungen wird eine Finanzierungsquelle für Humandienste werden müssen. Wer auf Dauer einen finanzierbaren Sozialstaat will, muß auch einen effizienten Staat wollen, der in seinen Verwaltungen jede Rationalisierungsmöglichkeit moderner Technologie ausschöpft.

Natürlich stehen den Belastungen aus der sich ändernden Altersstruktur auch Entlastungen gegenüber, etwa im Bereich der Ausbildung. Allerdings habe ich den Eindruck, daß insofern vielfach zu schematisch argumentiert wird. Zwar sinkt die Zahl der Jugendlichen, die ausgebildet werden müssen, aber der Ausbildungsbedarf von Wirtschaft und Staat geht kaum zurück. Das Bildungsjahr eines Umschülers oder ein Fortbildungsjahr ist jedoch sehr viel teurer als die Erstausbildung von Jugendlichen, die noch kein hohes Einkommen erzielen und auch noch keine hohe Produktivität erreicht haben. Von daher werden die Entlastungen im Bildungsbereich kleiner ausfallen als vielfach angenommen.

Aus der Sicht der Privatwirtschaft haben alle diese Veränderungen natürlich erhebliche Bedeutung. Staatliche Leistungen sind im volkswirtschaftlichen Kreislauf vielfach Zwischenprodukte für die privaten Unternehmen. Anders gesagt: Unternehmen sind nicht nur aus sich selbst heraus, aufgrund ihrer eigenen Leistungen, wettbewerbsfähig. Sie sind eingebettet in ein System öffentlicher und privater Leistungen, in vernetzte Organisationen, sind Teil eines arbeitsteiligen Systems, in denen die eigene Leistungsfähigkeit jeweils auch abhängt von komplementären öffentlichen Produkten. Konkret: Wenn bei stagnierender bis schrumpfender Bevölkerung fast automatisch staatliche Leistungen aufwendiger und unproduktiver werden sollten, müßte dies durch höhere steuerliche Belastungen auch die Wettbewerbsfähigkeit des privaten Sektors entscheidend berühren.

Die politische Diskussion geht demgegenüber offenbar stillschweigend von der Prämisse aus, daß der Anstieg des Durchschnittsalters die Belastbarkeit der Wirtschaft, der Arbeitnehmer und der privaten Haushalte kaum oder gar nicht beeinträchtigt. Dabei wird auf Staatsquoten von über 50 Prozent verwiesen, die in Ländern wie Schweden angeblich ohne negative Folgen für die wirtschaftliche Entwicklung und den Arbeitsmarkt zur Selbstverständlichkeit geworden seien.

Mir scheint demgegenüber, daß wir uns stärker als bisher vergegenwärtigen müssen, wie wirtschaftliche Entwicklung, wie der Prozeß der Innovationen, der Neugründung von Unternehmen, wie der Strukturwandel, nicht zuletzt die Umschichtung aus industriellen Bereichen in Dienstleistungsberufe, unter den Bedingungen schrumpfender Bevölkerung und wachsenden Durchschnittsalters bewältigt werden können.

Dabei belegt alle bisherige Erfahrung, daß die räumliche Mobilität mit wachsendem Durchschnittsalter zurückgeht. Das bedeutet, daß regionaler Strukturwandel erschwert wird, weil Kapital und Arbeitsplätze noch mehr als heute zu den Menschen wandern müssen. Zugleich führt die Veränderung der Altersstruktur zu einer Verlangsamung des »Nachschubs« an Wissen. Dies kann Innovationen erschweren, den Transfer von technischem Wissen verlangsamen und damit die Produktivitätsentwicklung lähmen.

IV.

Diese sehr groben und schematischen Aussagen über Folgen für die Gesamtwirtschaft möchte ich etwas spezifizieren, und zwar am Beispiel regionaler Entwicklung.

Für die Region Stuttgart haben Wissenschaftler Szenarien bis zum Jahr 2040 errechnet. Unter der Annahme einer konstanten Geburtenrate und langfristig nicht zunehmender Einwanderung würde nach diesen Rechnungen die Gesamtbevölkerung im Großraum Mittlerer Neckar von 2,4 Millionen auf 1,6 Millionen sinken; in Stuttgart selbst würde der Anteil der Ausländer von 20 Prozent im Jahr 1980 auf 60 Prozent ansteigen.

Dabei muß man sich freilich vergegenwärtigen, daß dann ein großer Teil dieser Ausländer über deutsche Schulabschlüsse verfügen oder hier geboren sein wird. Damit käme es wohl unausweichlich zu einer allmählich immer unwirklicheren Situation. Würde nämlich die Zahl der Einbürgerungen nicht zugleich drastisch steigen, wären bald Kernstädte wie Stuttgart oder München in ihrer Mehrheit von Ausländern bewohnt. Stärker als die Bevölkerung würde also die politische Basis schrumpfen und eine Minderheit der Bevölkerung mit deutscher Staatsbürgerschaft die politischen Geschicke dieser Städte bestimmen.

Die Ausdünnung der Bevölkerung verursacht nach der Logik dieser Prognosen eine erhebliche Verschiebung der Arbeitsplätze. Die Produktion an Standorten, in denen heute noch Tausende von Beschäftigten jeden Morgen große Verkehrsprobleme hervorrufen, würde sich auflockern. Für die Fertigung stünden immer weniger Menschen zur Verfügung. Automaten müßten die Arbeitsplätze der Menschen buchstäblich übernehmen. Gleichzeitig würde die Beschäftigung vor allem in den sogenannten Humandiensten wachsen, während die großen Verwaltungskomplexe, in denen Masseninformationen verarbeitet werden, ebenfalls an Beschäftigung verlieren würden.

Dies führt zu einer räumlich sehr viel weniger konzentrierten Verteilung der Arbeitsplätze, zu anderen Verkehrsströmen. Bei insgesamt schrumpfender Beschäftigung würden die öffentlichen Nahverkehrssysteme in noch größere Defizite geraten, als das heute der Fall ist. Ebenso würden sich auch räumliche Versorgungsnetze wie Einzelhandelsgeschäfte oder Krankenhäuser ausdünnen, und sehr viel mehr als heute würden ambulante Dienste notwendig.

In ländlichen Gebieten würden die räumlichen Ausdünnungsprozesse noch rascher voranschreiten. Zweitwohnungen werden billig zu haben sein. Um so aufwendiger wird es dagegen, die Infrastruktur zu erhalten, denn in weiten Landstrichen dient sie dann einer stark schrumpfenden Bevölkerung.

Es wird Sie nicht wundern, daß ich vor diesem Hintergrund kein Verständnis für jene kurzatmigen Populisten habe, die Umweltprobleme am liebsten dadurch lösen möchten, daß sie die Kraftfahrzeugindustrie zertrampeln. Wir werden diese Verkehrsinfrastruktur in Zukunft noch sehr viel nötiger haben als heute.

V.

Unsere Analyse zeigt: Bereits unter der Oberfläche der Schönwetterperiode in den neunziger Jahren beginnen drastische Verschiebungen der globalen volkswirtschaftlichen Aggregate. Welche Folgerungen sind deshalb zu diskutieren?

Ich nenne einige herausgegriffene Beispiele, die sich aus dem Gesagten unmittelbar ergeben.

1. Da der Wissensnachschub bei sinkender Zahl der neu ausgebildeten Erwerbstätigen allmählich knapper wird, muß Wissen sehr viel mehr als heute durch Umschulung und Fortbildung erneuert werden. Das setzt wahrscheinlich erheblich verkürzte Erstausbildungszeiten voraus, um die volkswirtschaftlichen Kosten der Gesamtausbildung nicht unerträglich steigen zu lassen.

2. Neben der Lernbereitschaft müßte auch die räumliche Mobilitätsbereitschaft angeregt werden, weil die natürliche Mobilität junger Erwerbstätiger ausfällt.

3. Im Staatssektor müssen neben den Rationalisierungen rasche Strukturveränderungen und Personalumschichtungen vorgenommen werden, weil sich die Anforderungsprofile verschieben.

4. Auch in der Privatwirtschaft wird Strukturwandel nicht verlangsamt, denn die Knappheit an gut ausgebildeten Arbeitskräften wird dazu führen, daß weniger leistungsstarke Branchen relativ rasch an Wettbewerbsfähigkeit verlieren und ausscheiden müssen. Die leistungsstarken Branchen werden international jedoch nur mithalten können, wenn sie ausreichend qualifizierte Arbeitskräfte anwerben können.

All diese Aufgaben sind lange vorherzusehen. Deshalb haben wir eine Chance, uns darauf vorzubereiten und einzustellen. Insoweit scheinen die Anpassungslasten grundsätzlich tragbar, die Anpassungsprobleme lösbar.

Doch die Erfahrungen der letzten zehn bis fünfzehn Jahre haben gezeigt, daß die bisher viel kleineren Anpassungserfordernisse der Geburtenwelle trotz allen Mühens der Politik nicht bewältigt wurden. Auf die steigende Nachfrage nach Arbeitsplätzen reagierte das Angebot nur verzögert und zu schwach. Arbeitslosigkeit war die Folge. Es kam zu Spannungen in den Wohnungsmärkten, zur Überfüllung von Hochschulen.

Gegenwärtig deutet nichts darauf hin, daß unsere Gesellschaft vorbereitet ist, sich rasch und entschlossen auf den bevorstehenden Strukturwandel vorzubereiten. Deshalb komme ich zu weiteren Schlußfolgerungen.

5. Zuerst sollten wir die günstige Periode der neunziger Jahre nutzen, um Puffer für die späteren Anpassungen aufzubauen. Hohe Priorität müssen dabei die Modernisierung des Staats und die Modernisierung des Bildungssektors haben, um dort Produktivitäts- und Flexibilitätsreserven auszuschöpfen.

Das bedeutet zum Beispiel, daß wir darüber sprechen müssen, ob es nicht auch für den einzelnen Beschäftigten im Staatssektor reizvoll sein kann, einmal den Beruf zu wechseln. Warum soll es einen Lehrer nicht reizen, sich zum Steuerbeamten umschulen zu lassen? Und warum sollte ein Polizist nicht irgendwann lieber die Besucher in öffentlichen Schwimmbädern betreuen wollen?

Jedenfalls muß die Mobilität zwischen den verschiedenen Staatssektoren deutlich zunehmen, wenn vermieden werden soll, daß der »Ersatzbedarf« in bestimmten Sektoren in fünfzehn oder zwanzig Jahren zu einem sprunghaften Anstieg des Ausbildungsbedarfs führt, der dann schon rein technisch gar nicht mehr bewältigt werden kann.

6. Eine realwirtschaftliche Vorsorge für die bevorstehenden Verschiebungen der Altersstruktur kann darin bestehen, daß schon in den neunziger Jahren die Spartätigkeit verstärkt angeregt wird, um auch langfristigen Kapitalexport in Drittländer hervorzurufen. Auf diese Weise wird Auslandsvermögen aufgebaut, das dann in einer Phase, in der die Anforderungen an Staat und Wirtschaft steigen, zur Verfügung steht. Ein solcher Weg schiene mir sinnvoller als noch so gerechte Formalklempnerei in Transfersystemen, bei denen nur Ansprüche hin- und hergeschoben werden.

7. Es wäre eine weitere wichtige realwirtschaftliche Vorsorge, wenn wir uns entschließen könnten, die Staatsschuld in

den neunziger Jahren abzubauen. Durch eine frühzeitige Rückführung von Zins- und Tilgungsleistungen würden nämlich in den kommenden Jahren Spielräume für die wachsenden Transfervolumina entstehen.

8. Als spezielle Form der Vorsorge können auch erhöhte Umweltschutzinvestitionen dienen. Sie würden sicherstellen, daß Investitionen und Verhaltensanpassungen schon jetzt vorgenommen werden, damit sie nicht mit Anpassungslasten aus der demographischen Entwicklung zusammenfallen.

VI.

Schließlich habe ich eine andere Anpassungsmöglichkeit bisher bewußt ausgespart. Es ist die politisch so dogmatisch und emotional diskutierte Frage der Einwanderung.

In der Bundesrepublik leben etwa 4,4 Millionen Ausländer. Davon sind 2,3 Millionen erwerbstätig. Die meisten von ihnen halten sich schon länger als zehn Jahre bei uns auf. Für viele Kinder wurde deutsch zur neuen Muttersprache. Sie besuchten deutsche Schulen, schreiben und lesen deutsch. Die Heimat ihrer Eltern wird für sie zu einem Ferienland mit besonderer Bedeutung, in das sie als hier Aufgewachsene kaum jemals zurückkehren wollen. Damit wächst in der Bundesrepublik die Zahl der Menschen, die nur noch der Papierform nach Ausländer sind.

Vor dem Schritt der Einbürgerung schrecken allerdings viele dieser »Paßausländer« zurück, weil sie mit der gedankenlosen oder absichtsvollen Nomenklatur »Gastarbeiter« schon rein sprachlich auf Distanz gehalten werden.

Es scheint mir an der Zeit, daß wir endlich anfangen, über diesen Einwanderungsvorgang vorurteilsloser zu diskutieren. Dabei sollten wir uns von der augenblicklich bei manchen populären Stimmungsmache nicht beirren lassen. Verstehen, was da tatsächlich vor sich geht, sollten wir aber schon.

Jüngere Frauen und Männer machen heute als Zwanzig- oder Dreißigjährige ihrem Zorn über die Gesellschaft, ihrer Ohnmacht gegenüber komplexen Problemen oder über verwirrende politische Debatten durch Wutstimmen für extreme Parteien Luft. Die gleichen Mitbürger werden fünfzig oder sechzig Jahre später zu einem Teil pflegebedürftig geworden sein und sich glücklich schätzen, wenn sie von philippinischen oder taiwanesischen Krankenschwestern betreut werden, anstatt zum Opfer eines Abfütterungs- und Versorgungssystems zu werden, durch das die Eiseskälte durchrationalisierter Sparsamkeit weht.

Mit Dogmatismus und chauvinistischen Attitüden schaden wir uns langfristig selbst. Vielmehr sind wir aus ureigenem Interesse an halbwegs ausbalancierten Arbeitsmärkten gut beraten, es zu einer Zuwanderung kommen zu lassen.

Dabei müssen wir sehen, daß die Freizügigkeit für Arbeitnehmer, die der europäische Binnenmarkt irgendwann erbringen wird, unser Problem kaum lösen kann. In der gesamten OECD verzeichnen wir nämlich eine ähnliche demographische Tendenz wie bei uns. Ganz anders verläuft dagegen die Entwicklung in Teilen Osteuropas. In Polen sind die Geburtenraten nach wie vor hoch. Die Bevölkerung wächst in ähnlicher Weise in Rumänien und Bulgarien. Auch ohne nähere Spekulationen über die Chancen von Glasnost und Perestrojka kann man folgern, daß hier langfristig ein erhebliches Wanderungspotential entsteht.

Insoweit kann man gar nicht erstaunt sein, wenn das Institut der Deutschen Wirtschaft in einer Studie, über die man am Wochenende in den Zeitungen lesen konnte, die Zuwanderung von Aussiedlern rundum positiv bewertet. Nach einer kurzen Anfangsphase, in der die Kosten für die Eingliederung die volkswirtschaftlichen Nutzeneffekte übersteigen, ist die Relation überaus positiv. Die wirtschaftlichen und gesellschaftlichen Entlastungen durch Zuwanderer haben enorme Größenordnungen. Wir sollten deshalb nüchterne Rechner bleiben und uns von der Vorhersage, daß bei einem Anhalten der heute gegebenen politischen Bedingungen innerhalb der nächsten elf Jahre bis zu zwei Millionen Aussiedler zu erwarten sind, nicht erschrekken lassen.

Ohnehin sollten wir aufhören, bei Langfristrechnungen zwischen deutscher Bevölkerung und Ausländern zu unterscheiden. Ich wiederhole: für mich wird es immer absurder, Menschen, die zum Teil seit dreißig Jahren hier leben, mit denen gleichzusetzen, die erst vor drei oder fünf Jahren zugewandert sind.

Abgesehen von diesen Interpretationsproblemen hat meine bisherige Argumentation hoffentlich gezeigt, daß wir nicht die Wahl haben, *ob* wir Anpassungslasten auf uns nehmen wollen oder nicht. Wir können freilich noch darüber entscheiden, in welcher Form und Zusammensetzung diese Anpassungen bewältigt werden.

Dabei gilt: Je weniger Zuwanderung von außen wir zulassen, desto radikaler müssen die Verhaltensänderungen bei den hier schon lebenden Menschen sein. Zuwanderung entlastet nahezu automatisch Engpaßbereiche des Arbeitsmarktes, etwa im Pflegesektor oder im Reparaturhandwerk oder bei den einfachen Dienstleistungen. Kommt es zu keiner Zuwanderung, müssen Deutsche diese Dienstleistungen übernehmen, und zwar in einer Periode rasch sinkender Zahl der Erwerbspersonen. Das bedeutet, daß in der verschärften Konkurrenz um gut ausgebildete Arbeitskräfte die Preise für diese Leistungen steigen würden.

Wir sind also gut beraten, bereits jetzt den richtigen Mittelweg zu suchen. Je genauer man dabei auf die einzelnen Problembereiche schaut, desto besser werden die Entscheidungen sein. Dafür bietet das Hochschulwesen ein, wie ich finde, anschauliches Beispiel.

Warum soll nach 2000, wenn die Zahl der deutschen Studenten zurückgeht, die Zahl ausländischer Studenten nicht anwachsen? Nach aller Erfahrung werden viele dieser Studenten nach dem Examen nicht mehr in ihre Heimatländer zurückkehren, weil sie wegen der zunehmenden Knappheit dann hier attraktive Angebote erhalten. In einigen Hochschulen der USA ist diese Entwicklung gegenwärtig schon zu beobachten. Im Wachstumsdorado Silicon Valley sind 25 Prozent aller Ingenieure Chinesen. Zu einem großen Teil handelt es sich um ehemalige Studenten aus Asien, die nach dem Studium in den USA geblieben sind.

Ich kann mir kaum vorstellen, wie bei einem Rückgang der Absolventenzahlen sowie bei steigendem Ersatzbedarf im Staatssektor unsere Forschungs- und Entwicklungsabteilungen ausreichend Personal finden können, wenn wir eine solche Zuwanderung, die sich weitgehend von selbst einstellen würde, unterbinden würden. Läßt man sie nicht zu, entsteht automatisch ein Druck zur Verlagerung in Länder mit relativen Ausbildungsüberschüssen. Es hat gar keinen Sinn, dem entgegenzuhalten, das seien nur marginale Effekte. Auch große Wirkungen fangen klein und meist schleichend an, und in einem Umfeld, das von Alterungsprozessen, verlangsamtem Produktivitätswachstum und stagnierender Wissensinnovation gekennzeichnet ist, können solche Verlagerungen zum Auslöser für zusätzliche Abwanderungen von Produktionskapazitäten werden.

VII.

Mein Fazit ist denkbar einfach: Die Folgen der absehbaren Verschiebung in der Altersstruktur der arbeitsfähigen Bevölkerung sind bisher bei weitem nicht ausreichend durchdacht.

Dabei müssen wir eingestehen, daß wir über keinerlei historische Erfahrungen verfügen. Auch die Wissenschaft stößt hier teilweise an Grenzen ihrer Prognosefähigkeit. Es geht darüber hinaus um ein grundsätzliches politisches Aufarbeiten des Themas.

Wenig Sinn wird es dabei haben, dogmatische Positionen zu beziehen. Wir haben uns durch die Geburtenentwicklung der letzten dreißig bis vierzig Jahre unausweichliche Handlungszwänge zugezogen, die wir bewältigen müssen, wenn nicht große Opfer und soziale Probleme entstehen sollen. Es geht darum, die gesamten Belastungen aus diesen Veränderungen möglichst niedrig zu halten. Eine Öffnung der Grenzen für unbegrenzte Einwanderung ist gewiß kein Patentrezept. Läßt man sie aber im richtigen Maße zu, kann allein dies auf Dauer die Anpassungslasten erheblich vermindern und bewirken, daß unerträgliche Folgen des Geburtenrückgangs vermieden werden.

Die Stabilität unserer Demokratie und des Wählerverhaltens fangen damit an, daß wir ein ausreichendes Maß an längerfristiger, grundsätzlicher und vor allem intellektuell redlicher Konzeption haben. Sollten das nicht gerade jene politisch Verantwortlichen begreifen, die heute zum Teil fassungslos vor Eruptionen eines Irrationalismus stehen, den sie sich zu einem Teil vielleicht doch selbst zuzurechnen haben?

Ich meine jedenfalls: für sich genommen, sind Prognosen nichts, unser Handeln ist entscheidend.

Ein Leben aus einem Guß

Dank an Herbert Lucy

Heute wissen wir alle, daß Arbeitskonflikte gleichberechtigt gelöst werden müssen. Wir sind Wirtschaftsdemokraten geworden.

In den letzten Tagen habe ich oft überlegt, wie ich wohl heute die üblichen Lobpreisungen vermeiden könnte, mit denen der Jubilar bei Anlässen wie diesem überschüttet zu werden pflegt. Wer Herbert Lucy kennt, muß nämlich ganz gewiß versuchen, eine Wertschätzung auszudrücken, die sich von falschen Tönen freihält.

Bei diesem Nachsinnen ging mir immer wieder eine Zeile durch den Kopf, die aus einem Lied stammt. Es intoniert mit einfachen Worten, mit leichter Wehmut, hie und da vielleicht etwas zu laut, aber immer mit großer Wärme die Melodie menschlichen Lebens, auch die Nöte, die den einzelnen auf seinem Weg anrühren und Standhaftigkeit verlangen. Der kleine Text handelt vom privaten Leben, das sich mitunter in Stürmen zu behaupten und manchmal um Anerkennung unter den Menschen zu bangen hat. Unausgesprochen will der Sänger um Toleranz für den einzelnen werben und ihn selbst mit Mut beflügeln.

Privates Leben? Das Bild, das die meisten unter uns von Herbert Lucy haben, zeigt nur den öffentlichen Teil seines Lebens – und doch offenbart der Blick auf seine Biographie, daß es eine solche Trennungslinie nicht geben muß. Wer ihn näher kennt, weiß von den höchst persönlichen Antriebskräften, die seinem Wirken jenen Ernst und jenen Nachdruck verliehen haben, ohne die große Lebensleistungen nicht zu erreichen sind.

Seit er 1944, vor über 45 Jahren, bei Benz in Mannheim angefangen hat, ist er, wie viele andere, denen die Gesellschaft ihre Herkunft mit schlechteren Startchancen vergalt, in die einzige Verantwortungsbahn hineingewachsen, die begabten Arbeiterkindern offenstand. Er wurde Vertrauensmann und bald auch Betriebsrat. Später folgte die Ergänzung der gewerkschaftlichen durch die politische Arbeit.

Was aus diesem Engagement erwuchs, ist bekannt. Ich will es hier nicht noch einmal aufzählen. Es gibt auch einen sehr viel besseren Maßstab, um zu ermessen, daß Herbert Lucy ungewöhnlich viel zustande gebracht hat. Die Nachricht, er wolle von Bord gehen, hat sprachlos gemacht. Spätestens da haben sehr, sehr viele erspürt, welche Lücke er hinterlassen wird. Daß er sein Haus überzeugend bestellt hat, spricht nicht dagegen.

Herbert Lucy hat sich eine große Feier und große Worte verbeten. Dabei weiß ich wohl, daß es nicht einfach die Bescheidenheit dieses Mannes ist, die ihn dazu gebracht hat. Nein, er würde wohl immer hinzusetzen wollen, daß das, was wir jetzt würdigen und mit einem Wort des Dankes besiegeln möchten, zusammen mit anderen zustande gebracht worden war. Das trifft zwar zu, stellt aber eben nicht den entscheidenden Teil der Wahrheit dar.

Betriebsräte in so herausgehobener Verantwortung tragen eine besondere Last. Wie überall kann es vorkommen, daß sie durch glückliche Fügungen in ihre Ämter gelangen. Aber zu großen Leistungen kommen sie nicht durch günstige Umstände, schon gar nicht, wenn ihnen das Ruder in so langer Zeit immer wieder neu anvertraut wurde. Es ist immer eine ganz persönliche Leistung, wenn man in ihrem Wirken Handschrift, Stil und Kraft erkennen kann. Die Lebensleistung von Herbert Lucy hat prägend gewirkt. Darum ist es etwas ganz anderes als die oft strapazierte Ritualhöflichkeit, die uns heute zusammenführt.

Ich überbringe den Dank und die Glückwünsche von Aufsichtsrat und Vorstand der Daimler-Benz AG wie auch der Mercedes-Benz AG. Dieser Dank ist mit keiner Einschränkung durchmischt. Herbert Lucy hat sich nicht nur um unsere Arbeitnehmer, er hat sich um unser ganzes Unternehmen verdient gemacht.

Versucht man, eine Leitlinie aufzuspüren, die das Wirken dieses Mannes kennzeichnet, dann ist es wohl sein Blick für das Ganze – und der Mut, diese Verantwortung gegenüber jedermann geltend zu machen.

Natürlich handelte er als Vertreter von Interessen. Das schließt Härte ein, wo es ihm die Sache gebot oder die Entwicklung einer strittigen Angelegenheit aufnötigte. Aber sein Handeln zeigte, daß die Rolle, die uns allen in den jeweiligen Funktionen aufgetragen ist, im Dienste von Werten stehen muß, die höher sind als Egoismen. Das kann man mit gefestigter innerer Überzeugung nur, wenn man sich erarbeitet oder erlebt hat, was die Menschen brauchen.

Herbert Lucy hat das im Kreis seiner Arbeitskollegen aufgenommen. Er hat nie vergessen, woher er kam und für wen er beauftragt war. Das hat ihn so glaubwürdig gemacht. Und ich denke, das spüren auch alle diejenigen, die nicht unmittelbar miterleben konnten, um was es jeweils konkret ging.

Seine Verwurzelung in den praktischen Bedürfnissen der Menschen hat ihn nach handfesten Ergebnissen suchen lassen. Er wußte, daß man am Schluß die Übereinstimmung aller braucht. Die Leistung, die darin lag, eine konfliktträchtige Angelegenheit über alle Klippen zum guten Ende zu bringen, wurde, wie Menschen nun einmal sind, nicht immer gleich anerkannt. Und doch liegt darin ein hervorragender Beitrag zu einer historischen Entwicklung.

Vor 98 Jahren taten sich die Arbeiter auf dem Ersten Allgemeinen Deutschen Metallarbeiterkongreß zusammen. Es waren Menschen, die dafür kämpften, daß aus Bürgern zweiter Klasse und Arbeitern ohne wirkliche Rechte gleichberechtigte Wirtschafts- und Staatsbürger werden sollten. Ziemlich genau ein Drittel dieser Zeit, nämlich 33 Jahre, hat Herbert Lucy diesen Weg mitgestaltet.

Heute wissen wir alle, daß Arbeitskonflikte gleichberechtigt gelöst werden müssen. Wir sind Wirtschaftsdemokraten geworden. Die Chance, die uns das Grundgesetz der Bundesrepublik Deutschland in seinem Sozialstaatsparagraphen und mit der Koalitionsfreiheit geboten hat, ist genutzt worden. Und ich kann es nicht einfach seinem Naturell zuschreiben, daß Herbert Lucy genau jenen Typ des Arbeitnehmervertreters verkörpert, der dafür benötigt wurde.

Immer wieder war es nämlich für ihn unabdingbar, in harter Arbeit jene Sachkompetenz zu erwerben, ohne die man allenfalls Zufallstreffer landen kann. Herbert Lucy hat sich dieser Disziplin unterzogen. Zugleich wußte er, daß die Kuh nur Milch gibt, wenn man sie füttert. In einem oft nicht einfachen Überzeugungsprozeß hat er es regelmäßig verstanden, auch dieser Erkenntnis Geltung zu verschaffen. In der Summe seines Wirkens hat er also an der unternehmerischen Gestaltung des Hauses Daimler-Benz maßgeblich Anteil.

Bei solcher Arbeit gerät man regelmäßig in unübersichtliche Situationen, die mehr erfordern als kristallklar rationale Argumente. Ohne Glaubwürdigkeit und Vertrauen läßt sich nichts ausrichten. Herbert Lucy verfügt über dieses Kapital, weil er seiner Herkunft und sich selbst treu geblieben ist. Es war jene für ihn so charakteristische Mischung aus Bodenständigkeit, handfest praktischem Engagement, zäher Arbeit und »Mannemmer« Schlitzohrigkeit, die ihn zu einem Glücksfall für seine Betriebsratskollegen und das Unternehmen werden ließ.

Darum kann Herbert Lucy sich ganz persönlich jenen Satz zuschreiben, den Bundespräsident Richard von Weizsäcker anläßlich der Eröffnung des letzten Gewerkschaftstages der IG Metall vor knapp einem Monat in Berlin ausgesprochen hat. Er lautet: »Ohne den entscheidenden Beitrag der Arbeitnehmer und ihrer Organisationen wäre die Bundesrepublik Deutschland nicht zu jenem Land voll anziehender Kraft geworden, als das sie heute überall in der Welt gilt.«

Manch einer wird sich fragen, ob hier wieder einmal die Bewunderung des intellektuell-abstrakten Strategen für einen Macher durchbricht. Jenseits solcher beliebten Medienklischees sieht die Wirklichkeit ganz anders aus. Hier ist einer, der es verstanden hat, mit Perspektive praktisch zu handeln, der wußte und weiß, daß jeglicher Pragmatismus nur daraus seine anhaltende Kraft beziehen kann. Darum hat mich das praktische Engagement, dem sich Herbert Lucy etwa auf dem Sektor des

Wohnungsbaus mit einem Rieseninteresse gewidmet hat, mit so großer Hochachtung erfüllt. Nicht zuletzt aus solchen Aktivitäten werden hohe Ansprüche glaubwürdig, und deswegen würden übrigens manch einem unserer politischen Überflieger solche Erfahrungen ganz gut zu Gesicht stehen.

Herbert Lucy hatte einen hohen Anspruch. Die Vision der Wirtschaftsdemokratie, das Verlangen, die Dinge mit handfestem Erfolg menschlich zu gestalten, hat ihn bewegt und manchmal getrieben. Man durchlebt nicht ohne Folgen für sich selbst, wenn im eigenen Unternehmen 2000 Kollegen entlassen werden müssen, weil es keine Aufträge gibt, wie das 1966 hier im Mannheimer Werk der Fall war. Und könnte es nicht sein, daß diese Triebkraft eines Arbeitnehmervertreters sich in nichts von der Überzeugung unterscheidet, man müsse für das anvertraute Unternehmen weit voraus vorsorgen, um fundamentalen Gefahren der Zukunft zu entgehen?

Wie auch immer: Wer so handelt, sucht kein einfaches Leben. Und ich scheue mich nicht, ganz persönlich hinzuzufügen, daß es Menschen wie Herbert Lucy waren, die es mir in bestimmten Situationen leichter gemacht haben, in diesem Unternehmen frei durchzuatmen. Die Art, wie er mir in einer persönlichen Stunde über die Quälerei von Zwangsarbeitern berichtet hat, die er in seiner ersten Lehrlingszeit beobachten mußte, gehört für mich unvergeßlich dazu.

Ein Leben aus einem Guß – ich denke, es ist keine unzulässige Legendenbildung, wenn mir diese Kurzformel im Zusammenhang mit Herbert Lucy einfällt. Vielleicht verstehen Sie nun, warum mir die vorhin erwähnte Zeile so oft durch den Kopf ging, die zugleich Fazit und Ermunterung ausspricht. Sie lautet: So leb' Dein Leben.

Bewährung vor der Geschichte

Was vom 9. November 1989 ausgeht

Die Überzeugung, nun könne grundsätzlich nichts mehr mißlingen, mag sich durchaus als Fehleinschätzung herausstellen.

I.

Wer könnte sich in diesen Wochen des Ansturms der Gefühle erwehren? Sie müssen jeden Deutschen überfallen, der die entscheidenden Stationen unserer letzten eineinhalb Jahrhunderte als das aufgenommen hat, was sie im Kern sind: eine Kette von oft in übermächtiger Tragik erstickten, oft aber auch mißlungenen Versuchen, nationale Einheit, demokratische Freiheit und soziale Gerechtigkeit in außerpolitischer Stabilität zu erringen und sie miteinander zu verbinden. Diesem gequälten Land, das schwere Schuld auf sich lud und dem manches angetan wurde, scheint nun der Morgen eines Tages zu winken, an dem sich die besten Hoffnungen jener 150 Jahre erfüllen.

Es ist ja doch viel, viel mehr als nur die elementare Freude, sich frei bewegen und sich wiedersehen zu dürfen. Von Frieden und Freiheit konnte in Deutschland zu oft und zu lange nur sehnsüchtig geträumt werden. Wer wollte da die überströmende Glückseligkeit der Wochen seit der unvergeßlichen Nacht des 9. November 1989 nicht von ganzem Herzen mitempfinden?

Und doch ist die Zeit der Prüfungen noch lange nicht vorbei. Erneut stehen wir vor der Frage, ob wir uns den Überschwang des Aufbruchs in eine neue Ära bewahren und zugleich den harten Tatsachen mit nüchternem Verstand gerecht werden können. Werden wir es diesmal zustande bringen, das Ende jener Geschichte, die mit der gleichermaßen begeisternden wie deprimierenden Revolution des Jahres 1848 begann, endlich mit einer geglückten Quintessenz der Lehren, die wir durchmachen mußten, zu krönen?

Wer zu einem Zeitpunkt, in dem die Phase der totalitären Mißgeburten unseres Jahrhunderts unumkehrbar beendet scheint, so fragt, muß freilich seine Sorgen begründen.

II.

Betrachten wir zunächst die Lage der Deutschen Demokratischen Republik. Ist es ganz ausgeschlossen, daß sich die bereits in vollem Gang befindliche Flucht in die Sachwerte aus Furcht vor einem Währungsschnitt weiter verschärft? Ist es undenkbar, daß sich eine kaum noch kontrollierbare Grauzone von Devisentransfers und grenzüberschreitenden Arbeitsverhältnissen bildet? Könnte beides zusammen nicht dazu führen, daß die Bevölkerung nicht mehr ausreichend mit dem Nötigsten versorgt werden kann? Wer kann dann ausschließen, daß sich die Einschätzung festfrißt, in der DDR stehe der wirtschaftliche Zusammenbruch bevor oder zumindest liege eine Besserung völlig im Dunkel?

Ist es in einer solchen Konstellation völlig unvorstellbar, daß die Menschen in der DDR, die der entscheidende Träger der Veränderung waren und bleiben müssen, in die Mühle jener übermächtigen Mechanismen gerissen werden, die nach dem ersten Siegestaumel bislang für alle Revolutionen charakteristisch waren? Mit welchen Reaktionen müßte man wohl rechnen, wenn eine Kaskade sich häufender Schwierigkeiten außer der Forderung nach sofortiger Vereinigung mit dem anderen Teil Deutschlands einen sprunghaft anschwellenden Massenexodus in den westlichen Teil Berlins und das Bundesgebiet erzeugen würde?

Auf der anderen Seite die Entwicklung in der Sowjetunion. Wer kann sicher sein, daß sich der atemberaubende Mut des sowjetischen Generalsekretärs auch dann noch durchhalten läßt, wenn die wirtschaftlichen Reformversuche auf längere Zeit und nicht etwa nur für den kommenden Winter zu schweren Versorgungskrisen führen sollten? Wer will es dann für ausgeschlossen erklären, daß es einen abermaligen dramatischen Kurswechsel geben könnte? Hat nicht Michail Gorbatschow selbst gewarnt, wenn er scheitere, werde ihm ein Marschall folgen? Kennen wir nicht aus der Geschichte zahllose Beispiele dafür, daß Fraktionskämpfe um die innenpolitische Herrschaft in außenpolitische Abenteuer umschlagen können?

Würde eine veränderte sowjetische Führung den Verlust des eigenen militärischen und politischen Glacis tatenlos hinnehmen? Wer will seine Hand dafür ins Feuer legen, daß die vielen hunderttausend sowjetischer Soldaten wirklich nie mehr gegen den Volkswillen eingesetzt werden? Und wäre es wirklich ganz und gar unvorstellbar, daß man sich wegen Widerständen in der eigenen Truppe veranlaßt glauben könnte, den westlichen Mächten zu signalisieren, der letzte Ernst des eigenen Machtanspruchs gründe sich immer noch auf ein einsatzfähiges nukleares Arsenal?

III.

Gibt es solche Szenarien, die jeder rationalen Einschätzung der realen Gegebenheiten zu widersprechen scheinen? Erfüllt die Wirklichkeit jenseits des brüchig gewordenen Eisernen Vorhangs nicht tatsächlich das Kriterium Lenins, eine Situation sei revolutionär, wenn die da unten nicht mehr wollen und die da oben nicht mehr können?

Der Satz stimmt schon. Aber wahr bleibt auch, daß Geschichte immer nach vorne offen ist. Die Überzeugung, nun könne grundsätzlich nichts mehr mißlingen, mag sich durchaus als Fehleinschätzung herausstellen. Nein, weder die DDR noch Ungarn, Polen, die ČSSR und Bulgarien und schon gar nicht die Sowjetunion selbst befinden sich in einer prästabilierten revolutionären Harmonie, in der die Regierenden, komme was da wolle, dem Willen des Volkes zu folgen gezwungen sind.

Wir alle müssen deshalb mit der äußersten Klarheit und Klugheit, derer wir fähig sind, erkennen, worin unser eigener Einfluß auf den Gang der Ereignisse, worin unsere Verantwortung besteht. Das gilt für jede und jeden, für alle politischen Instanzen in Ost und West, für die Medien, für die Unternehmen, für die Menschen auf den Straßen in Leipzig und anderswo, es gilt für alle. Dies ist keine Zeit für Vabanquespieler.

Gerade darum wäre es so kostbar, wenn die Parteien in Bonn die Kraft zu einem breiten Grundkonsens aufbringen und durchhalten könnten. Ebensoviel wird davon abhängen, daß in Ost-Berlin eine Koalition der Vernünftigen gelingt. Nur auf diesem Fundament können gemeinsame Beiträge zu einer stabilen Entwicklung erreicht werden, die Ministerpäsident Modrow mit seinem Wort von der »Vertragsgemeinschaft« im Auge gehabt haben mag.

Hoffentlich begreifen wir dabei alle, daß es sinnlos wäre, nur mit dem Finger auf andere zu zeigen. Es darf keine Rolle spielen, ob hartgesottene SED-Funktionäre westliche Unternehmer nicht mögen oder ob die Bürger in Dresden mit den Apparatschiks ihrer Stadt nichts mehr zu tun haben wollen. So schwer das auf dem Hintergrund des Geschehenen auch sein mag: Es muß Grenzen der Gegnerschaft geben, mehr noch, Bereitschaft zur Aussöhnung. Die Menschen, die am 9. Oktober in Leipzig in Kenntnis der Gefahren für ihr eigenes Leben auf die Straßen gingen, haben das nicht wegen ein paar Bananen getan.

IV.

Mut und Bereitschaft zur Verantwortung schließt harte Kritik an Fehlern oder die Ahndung von Verfehlungen nicht aus. Im Gegenteil, die Wucht der freiheitlichen Gesinnung muß erhalten bleiben. Gerade deshalb halte ich es für zwingend, rechtzeitig und offen darüber zu sprechen, wo vielleicht schon jezt Keime von neuem Unheil entstehen könnten.

Mich macht es hellhörig, wenn ich von Bürgern der DDR höre, es sei unverständlich, warum die neue Regierung überwiegend nur Erklärungen ihres guten Willens abgebe. Zwar könne man die wirtschaftliche Lage sicherlich nicht von einem Tag auf den anderen stabilisieren, aber den Erwartungen der Menschen könne man doch wohl mit ein paar handfesten Entscheidungen entgegenkommen. Warum, so höre ich fragen, tut man nicht wenigstens das bißchen, was sofort getan werden kann?

Wäre es denn mehr als eine Legalisierung des faktischen Verhaltens, wenn beim Handel mit Agrarartikeln die Preisbindung aufgehoben und damit die gängigen Schwarzmarktpreise als Ausdruck der realen Knappheitsverhältnisse offiziell zugelassen würden? Warum nicht auch den freien Handel mit Immobilien zulassen, wo doch jeder weiß, daß dort längst die gleichen Preismechanismen wirken? Und warum nicht für die viel zu wenigen privaten Handwerksbetriebe Gewerbefreiheit zulassen? Warum nicht ergänzend als erstes Signal den absurden Spitzensteuersatz für Selbständige von 90 Prozent drastisch senken? Ebenso bedürfe es, so höre ich weiter, nur eines Federstrichs, um das Verbot der Vermietung privaten Wohnraums aufzuheben, damit durch Fremdenverkehr Devisen verdient werden können. Warum nicht auch den Kaufkraftüberhang durch Privatisierung staatlichen Immobilienvermögens abzubauen beginnen und damit zugleich Initiativen freisetzen, die wenigstens den Verfall der Wohnung oder des Hauses, das man bewohnt, aufhalten könnten?

Ich will keine unerbetenen Ratschläge geben. Aber es muß erlaubt sein, darauf aufmerksam zu machen, daß es sehr wohl möglich wäre, Vertrauen auf und Selbstvertrauen in die eigenen Kräfte zu schaffen. Dies ist ein Teil der praktischen Verantwortung, über die wir mit allem Freimut sprechen müssen.

Als unternehmerisch tätiger Praktiker füge ich einen anderen Gesichtspunkt hinzu. Ist es denn wirklich so schwierig, die paar erforderlichen Beschlüsse – notfalls durch eine Vorabverfügung oder ein Vorschaltgesetz – zu fassen, um ausländischen und bundesrepublikanischen Unternehmen, die mit DDR-Betrieben Kooperationen eingehen und dafür investieren wollen, Investitionsschutz zu garantieren und zuzusichern, daß Gewinne aus ihrem Investment transferiert werden dürfen? Will wirklich irgend jemand ernsthaft etwas anderes erwarten, als daß die westlichen Unternehmen solche Gewinne auf lange Zeit ganz überwiegend wieder am Ort ihrer Investition anlegen würden? Wer kann denn heute noch der ideologischen Klamotte anhängen, private Unternehmen seien auf kurzfristige Profitmaximierung versessen und sonst gar nichts?

Damit hängt ein weiterer Denkfehler zusammen. Unter dem Eindruck der Devisen- und Warenschmuggeleien muß natürlich ebenso ernsthaft wie dringlich überlegt werden, wie sich die Währung stabilisieren und auf Dauer konsolidieren läßt. Aber daraus oder aus irgend etwas anderem darf man doch nicht den Schluß ziehen, ein Ausverkauf der DDR stehe bevor. Umgekehrt muß verstanden werden, daß eine Wirtschaft, die bisher von den Weltmärkten abgeschottet war, durch keinen Gott, keinen Kaiser noch Tribun überlebensfähig gemacht werden kann, wenn sie nicht bereit ist, sich in die internationale Arbeitsteilung einzufügen.

Niemand auf der Welt ist imstande, alles selbst herzustellen, was heute für eine moderne Volkswirtschaft unentbehrlich ist. Das können nicht einmal mehr solche Riesen wie die USA oder Japan. Wollte man derartige Zerrbilder zum Maßstab erheben: wie ausverkauft wäre dann die Bundesrepublik, obwohl doch der wirtschaftliche Gewinn, den alle – Arbeitnehmer, Steuerbehörden und Unternehmen – aus der Ansiedlung ausländischer Unternehmen ziehen, hierzulande nun wahrlich reich genug ist.

Je schneller und umfassender sich die DDR für internationales Privatkapital öffnet, desto besser. Genau dann wird sie alles andere als nur Hinterhof, Billiglohnprovinz oder verlängerte Werkbank der Bundesrepublik Deutschland werden. Es ist keine Auslieferung an den übermächtigen Westen, wenn man sich über Joint Ventures und andere Beteiligungsformen auf die Weltmärkte begibt. Die Unternehmen der Bundesrepublik Deutschland würden für solche Projekte Schlange stehen. Das Resultat wäre ein rascher Anstieg der realen Löhne. Horst Siebert, der Präsident des Instituts für Weltwirtschaft an der Universität Kiel, hat völlig recht: »Wenn das Kapital über die Grenzen wandert, können die Menschen in der Heimat bleiben.«

Manche mögen befürchten, daß endgültige ökologische Verwüstung oder kulturelle Überfremdung der Preis für solche ökonomische Kühnheit wäre. Wir müssen solche Ängste ernst nehmen. Den Mut zum Handeln sollten sie den Verantwortlichen nicht verstellen, denn jeder hierzulande weiß, daß es wirksame Lösungen gibt, um jegliches Ausschlagen in unerwünschte Extreme zu verhindern.

V.

Ich möchte dafür werben, daß die Bürgerinnen und Bürger der DDR einschließlich ihrer Regierung erkennen: Sie können aus ihrer wahrlich nicht beneidenswerten Lage nicht nur etwas machen, sondern sie haben durchaus Chancen für eine gute wirtschaftliche Entwicklung. Wenn sie bei sich die Voraussetzungen dafür schaffen, daß die westlichen Länder und mit ihnen die Bundesrepublik unter Druck kommen, so schnell wie möglich mit unterstützenden Sofortmaßnahmen zu beginnen, dann werden von einem Tag zum anderen jene mehr als albernen Diskussionen darüber aufhören, ob es etwa eine sinnvolle Hilfe darstellen könnte, Südfrüchte über einen entsprechenden Kreditrahmen in die Regale der DDR zu bringen.

Niemand würde sich dann in der Bundesrepublik der moralischen Frage entziehen können, was er beizutragen bereit ist. Jedes unserer Unternehmen würde verachtet und jede politische Kraft weggefegt, wollten sie sich solchem Drang entziehen oder gar widersetzten.

Natürlich würde das hinlänglich bekannte und in jeder Hinsicht erprobte Instrumentarium zur Förderung von wirtschaftlicher Betätigung unserer Unternehmen nicht über Nacht zu sensationellen Ergebnissen in der DDR führen. Aber unsere Unternehmen, die in Kooperationsgespräche eintreten, könnten dann ihre Erfahrungen sehr viel gezielter ausbreiten. Es würde schlagartig selbstverständlich, sich vom Direktor bis zum Meister zusammenzusetzen und über das Know-how zu sprechen, das man bei den neuen Technologien, der Arbeitsorganisation, der Betriebswirtschaft oder dem Marketing braucht, damit ein modernes Unternehmen im weltweiten Wettbewerb bestehen kann.

Im übrigen brauchen wir nicht nur an kommerzielle Projekte im engeren Sinne zu denken. Ich könnte mir ohne weiteres die Errichtung einer deutschen Kulturstiftung vorstellen, deren Aufgabe es wäre, städtebauliche Substanz so zu retten, daß viele dies zum Vorbild für nachahmende Initiativen nehmen.

VI.

Alles das sind reale Möglichkeiten, um einem Umschlagen der deutschen Revolution des Jahres 1989 in gefährliche Bahnen entgegenzuwirken. Revolutionen haben ihr eigenes Tempo. Wer es mißachtet, wird überrollt und kann die Früchte des anfänglichen Erfolgs nicht sichern. Darum muß – ich sage es noch einmal – schnell gehandelt werden. Nur so kann Vertrauen wachsen, daß die Probleme lösbar sind.

Freilich müssen wir dabei nüchtern bleiben, dürfen wir nicht falschen Träumen nachhängen. Jeder Vergleich mit dem der Legende nach einem schlagartigen Stimmungsumschwung im Gefolge der Erhardschen Währungsreform wäre schlichtweg unzulässig. Die dafür erforderlichen Voraussetzungen liegen im Augenblick ganz einfach nicht vor. Damit schließe ich nicht aus, daß die Währungsprobleme der DDR entschlossen und wohl eher radikal als schrittweise angepackt werden müssen. Aber die Hoffnung, auf diesem Weg für die nächsten Monate politische Stabilität zu erreichen, wäre mit größter Wahrscheinlichkeit trügerisch.

Bei alledem würde es natürlich eine unverzeihliche Unterlassungssünde bedeuten, jetzt ausschließlich über kurzfristige Maßnahmen zu sprechen.

Jedes Güterangebot ist ein Koppelprodukt aus privatwirtschaftlicher Leistung und öffentlicher Infrastruktur. Eine total veraltete oder heruntergewirtschaftete Infrastruktur macht moderne unternehmerische Leistungen unmöglich. Man mißverstehe es nicht als Arroganz eines Kapitalisten, wenn ich in aller Deutlichkeit darauf hinweise, daß die DDR auf diesem Gebiet einen Nachholbedarf hat, den sie allein aus sich heraus nicht einmal in Jahrzehnten befriedigen könnte. Eine Volkswirtschaft von 16,5 Millionen Menschen kann sich nicht am eigenen Zopf aus dem Sumpf ziehen, indem sie sich in die internationale Arbeitsteilung einbringt, zugleich aber aus eigener Kraft die Infrastruktur erarbeiten muß, die wiederum Voraussetzung für ein erfolgreiches Bestehen in einer solchen Arbeitsteilung ist.

Ob wir bereit sind, dieses Grundproblem gemeinsam zu lösen, wird eine entscheidende Frage an die moralische Reife der Deutschen und ihrer westlichen Partner sein. Es wäre ein verderblicher Stolz, solche Hilfe nicht in Anspruch zu nehmen, und es wäre ein unentschuldbarer Egoismus, wollte die westliche Gemeinschaft, vor allen anderen natürlich die Bundesrepublik, sich dagegen sperren, die erforderlichen erheblichen Aufwendungen mitzutragen. Noch schlimmer wäre es freilich, stünden nackte Ideologien oder gar dreiste Anschlußmentalität hinter solcher Verweigerung.

Das wäre übrigens nicht nur eine fundamentale politische, sondern auch eine fundamentale wirtschaftliche Dummheit. Der Wachstumseffekt, der sich bei uns selbst aus solcher Hilfsbereitschaft ergeben würde, würde nämlich spätestens mittelfristig die zunächst erforderlichen öffentlichen Mittel überkompensieren. Für uns stellt sich also technisch nur die Frage der Zwischenfinanzierung einer Investition, deren wirtschaftlicher Ertrag völlig sicher ist.

VII.

Es mag sein, daß manche den Appell zu einer derartigen wirtschaftlichen Strategie als einen Trick verstehen wollten, Fakten zu schaffen, damit zum Schluß die Wiedervereinigung unausweichlich wird. Dabei geht es um etwas ganz anderes.

Allein eine durchschlagende wirtschaftliche Verbesserung

kann in der Ära nach der Konfrontation der Blocksysteme Stabilität produzieren. Allerdings gehört zu dieser Stabilität unabdingbar dazu, daß eine wirtschaftliche Verbesserung in der DDR auch die Option auf ein gleichberechtigtes Zusammenwachsen der Deutschen öffnet.

Doch meine Gedanken zielen weit darüber hinaus auf die Überzeugung, daß man das bestehende internationale Sicherheitssystem sinnvoll, stabil und entsprechend den Vorstellungen der Menschen nur durch eine internationale Wirtschaftsstrategie weiterentwickeln kann. Wir sollten uns deshalb für eine schrittweise Erweiterung der Europäischen Gemeinschaft nach Osten und zugleich für die beschleunigte Einführung einer einheitlichen Währung der Zwölf einsetzen.

Aus dem Geltungsbereich einer Währung kann man keine außenpolitischen Ausbrüche bewerkstelligen. Das wird für alle jene wichtig sein, die sicher sein wollen, daß der Weg des deutschen Zusammenwachsens für die Bundesrepublik Deutschland, aber vielleicht auch für die DDR niemals in eine Chance zu Alleingängen oder Sondertouren einmünden kann.

Aus dem Netz von Vorteilen, die eine erweiterte Europäische Gemeinschaft einbringen würde, steigt man gleichfalls nicht aus, ohne sich selbst schwer zu schaden. Das wird wiederum für alle diejenigen wichtig sein, die den innenpolitischen Reformprozeß in der Sowjetunion durch ein wirtschaftlich prosperierendes Glacis an ihrer Westgrenze gestützt und abgesichert wissen möchten.

Wer hinzuschauen versteht, findet genau diesen Ansatz in der 10-Punkte-Erklärung des Bundeskanzlers vom 28. November 1989. Ich meine, wir alle wären gut beraten, in dieser Hinsicht einen Schulterschluß zu versuchen, der Parteienwettbewerb allein dort zuläßt, wo es um noch bessere Ideen in die gleiche Richtung geht. Die Anerkennung, daß die polnische Westgrenze unverrückbar ist, gehört für mich dazu.

Noch einfacher gesagt: Wir brauchen jetzt eine Sicherheitspolitik im ökonomischen Bereich. Sie läuft zwar in wesentlichen Teilen auf eine Europäisierung der Ostpolitik hinaus, darf allerdings um keinen Preis mit einer Schwächung der gewachsenen

Bindungen in der westlichen Welt einhergehen. Sowohl politisch als auch wirtschaftlich gilt das in ganz besonderem Maße für die transatlantische Partnerschaft.

In dieser Stadt bedarf ein solcher Hinweis keiner eigenen Beweisführung. Hier weiß jeder Mensch guten Willens, daß es ohne das Engagement der Vereinigten Staaten nicht jene Stabilität gegeben hätte, die uns die Chance auf endgültige Überwindung des Kalten Krieges und auf die Wiedergewinnung der Freiheit gegeben hat. Wir werden das niemals vergessen.

Das allein berechtigt mit Blick auf vielleich jetzt noch stärker werdende Stimmungen im amerikanischen Kongreß zu dem Wunsch und der Hoffnung, daß unsere Freunde auch weiterhin ihre eigenen Interessen bedenken mögen. Dann wird es nicht mehr des Appells an ihre Verantwortung bedürfen, daß sie auch in Zukunft eine unentbehrliche Rolle in Europa wahrzunehmen haben, die die Bereitschaft zu weiterer materieller Hilfe einschließt.

VIII.

»Die Wirtschaft ist unser Schicksal«, hat Walther Rathenau gesagt, als er über die Sicherung von Demokratie und internationaler Sicherheit nachdachte. Er wußte, welches Unheil über uns hereinbrechen würde, wenn man sich der Verblendung hingibt, nicht dem kühlen Verstand zu folgen, sondern aufgewühlten Emotionen erliegt oder auch nur ein falsches Tempo anschlägt. Der Mord an diesem unvergeßlichen Mann ist bis heute ein schreckliches Symbol für die Alpträume, die sich in unserem Jahrhundert mit dem deutschen Namen verbinden.

In genau der gleichen Weise hat Alfred Herrhausen sein Denken und Handeln einem deutschen Vaterland in einer menschenwürdigen Staatenfamilie gewidmet. Der Mord an ihm atmet den gleichen Pesthauch abgrundtief fanatischen Hasses und verblendeter Menschenverachtung. Seinem Andenken sind meine heutigen Bemerkungen gewidmet.

Wir dürfen nicht weichen, wenn wir endlich einmal deutsche Geschichte im guten Sinne vollenden wollen. Wenn uns das gemeinsam gelingen sollte, dann werden die Völker und Regierungen um uns herum auch bereit sein, in der Mitte Europas eine stabile Ordnung zu tragen, die zu einer Quelle der Wohlfahrt für alle wird. Diese Chance hat uns das Schicksal jetzt gegeben. Ich hoffe, wir Deutsche in Ost und West nehmen sie wahr.

Die deutsche Wirtschaft vor neuen Herausforderungen

Nach dem Ende der Konfrontation zwischen den Blöcken

Die Geschichte ist auch jetzt
nach vorn offen.
Sie gibt kein Pardon,
wenn die Handlungserfordernisse
einer Zeit verschlafen
oder verweigert werden.

I.

Unternehmer sind Nüchternheit gewohnt. Heute kann sich niemand von uns der Gefühle erwehren, die sich aus der Entwicklung im Osten unseres Kontinents und im östlichen Teil unseres Vaterlands ergeben. Wir leben und arbeiten in Zeiten, in denen die Identität von beruflicher Aufgabe und staatsbürgerlicher Verantwortung handfeste Gestalt gewonnen hat.

Dabei sind die Hamburger sicherlich die allerletzten, die noch zu begreifen hätten, daß wir Deutschen jeglichen provinziellen oder nationalen Verengungen widerstehen müssen. Am Tor zur Welt und in der Heimat Helmut Schmidts muß niemand für die Einsicht werben, daß es kein Volk auf der Erde gibt, das so sehr wie wir darauf angewiesen ist, die eigenen Belange in die Stabilitätserfordernisse der internationalen Ordnung einzufügen.

Noch nie in den letzten eineinhalb Jahrhunderten durften die Deutschen so klar in dem Bewußtsein leben, daß es möglich werden müßte, die eigenen Angelegenheiten endlich einmal im Einklang mit der Vernunft ordnen zu können. Deswegen war auch die gemeinsame Verantwortung deutscher Demokraten noch nie in der Nachkriegszeit größer als jetzt. Das schließt den

Willen und die Fähigkeit ein, eigene Interessen zurückzustellen. Ich verhehle meine Sorge nicht, daß dieser Auftrag unserer Geschichte den aktuellen Akteuren auf der politischen Bühne vielleicht nicht immer ausreichend vor Augen steht.

Denn natürlich werden sich unsere augenblicklichen Emotionen in den Monaten und Jahren, die vor uns liegen, täglich durch verantwortliches Handeln bewähren müssen. Geduld, Beharrlichkeit und Augenmaß sind nicht umsonst wichtige Schlüsselworte der politischen Diskussion. Die Geschichte ist auch jetzt nach vorn offen. Sie gibt kein Pardon, wenn die Handlungserfordernisse einer Zeit verschlafen oder verweigert werden. »Wer zu spät kommt, den bestraft das Leben« – das ist wahr, und es gilt im Zeitalter globaler Gefährdungen der Menschheit ohne Einschränkung.

Eingelöst werden kann diese Verantwortung nur praktisch. Gewiß, unter revolutionären Umständen regiert der Augenblick. Die Zeit drängt. Doch das enthebt uns alle nicht der Aufgabe, den Kräften des Neubeginns dauerhafte Bahnen zu schaffen. Dafür braucht man eine konzeptionelle oder, wenn man so will, eine strategische Ausrichtung des eigenen Handelns.

II.

Ich will und muß mich hier auf die Gesichtspunkte konzentrieren, die wirtschaftlicher Art sind. Und ich halte das auch für durchaus zweckdienlich, denn vielfach ist noch nicht genau genug erkannt worden, welche fundamentale Bedeutung dem strategischen Gerüst des Wirtschaftens zukommt. Bevor ich dazu komme, möchte ich jedoch noch einige wenige Anmerkungen zur augenblicklichen politischen und wirtschaftlichen Situation in der Deutschen Demokratischen Republik voranschicken.

Zunächst einmal ist an allen Ecken und Enden unübersehbar, welche Anstrengung es erfordert, den eigenen Kopf von den Verbarrikadierungen zu befreien, die ein vier Jahrzehnte währendes Regime aufgebaut und verbissen verteidigt hat. Gemessen daran entwickeln sich das Denken und Handeln mit einer erstaunlichen Schnelligkeit.

Das schließt in keiner Weise aus, daß es unverbesserliche Betonköpfe gibt, die auf ihre Chance warten. Auch solche, die sich zum nächsten Schritt nur aus Opportunitätsmotiven treiben lassen, gibt es zur Genüge. Dennoch ist unübersehbar, daß von denjenigen, auf die es ankommt, übereinstimmend verstanden ist, daß nur ein System der sozialen Marktwirtschaft tragfähige Grundlagen für freiheitliche Demokratie und Sicherung eines menschenwürdigen Lebens in internationaler Arbeitsteiligkeit bereitstellen kann.

Trotzdem müssen wir den politischen Rahmen sehen, in dem sich die gesamte Entwicklung abspielt.

Es ist ja leicht dahingesagt, Ereignisse wie die Stürmung der Stasi-Zentrale machten deutlich, wie explosiv die Lage sei. Als Analyse einer revolutionären Situation ist das eine Banalität. Entscheidend bleibt allein, ob es gelingen kann, dem Durchbruch des 9. November ein stabiles Bett zu schaffen, also unberechenbaren gewaltsamen Eruptionen oder anderen Rückschlägen die Voraussetzungen zu entziehen.

Aus der Vorgeschichte, die es aus vielerlei Gründen nicht zuließ, daß in der DDR Persönlichkeiten wie Lech Walesa oder Vaclav Havel Statur und Autorität gewinnen konnten, ist eine Konstellation entstanden, in der die Kräfte des Übergangs ganz zwangsläufig zunächst aus den Reihen der Machthaber, gegen die sich die Revolution richtete, kommen mußten. Sie stehen jetzt nicht allein vor der Aufgabe, mit einem Apparat und einer zumindest im Hintergrund um ihre Macht ringenden SED fertig zu werden. Vielmehr müssen sie auch in jeder Sekunde damit rechnen, daß sich gar nicht vorhersehbare kritische Entwicklungen gegen sie selbst richten.

In einer solchen kritischen Situation braucht Kraft zum eigenen Handeln eine Legitimation, die nur aus einem überzeugenden und weithin verstandenen Bruch mit denen, die für die Vergangenheit verantwortlich sind, erwachsen kann. Wodurch und wie man sich in diesen strategischen Vorteil versetzen kann, weiß ich nicht. Genausowenig ahne ich, wann der richtige Zeitpunkt gekommen sein könnte, obwohl sicher vieles dafür spricht, daß man mit Zuwarten nur zusätzliche gefährliche Risiken eingeht. Jedenfalls meine ich, daß dies vielleicht eine Frage für den Erfolg der anvertrauten Mission sein mag, neben der vieles andere verblaßt.

Historische Erinnerungen liegen nahe. Die Sozialdemokraten, die am Ende des Ersten Weltkrieges von den Verantwortlichen die Konkursmasse des Deutschen Reiches übernahmen, brachten es nicht fertig, die Schuldigen eindeutig und unübersehbar haftbar zu machen. So übertrugen die Massen auf die neuen Machthaber alle Unmutsgefühle, Enttäuschungen und Extremismen, die die Weimarer Republik bereits in der Wiege mit dem Bazillus infizierten, der 14 Jahre später tödlich wirkte.

Unbeschadet von alledem habe ich hohen persönlichen Respekt vor Menschen, die aus patriotischer Verantwortung versuchen, das Mögliche zu tun. Darein mischt sich die Gewißheit, daß unter den so mutigen Trägern der Revolution genügend Menschen zu finden sind, die um die Notwendigkeit wissen, das bereits Erreichte nicht wieder aufs Spiel zu setzen.

Ist es auf diesem Hintergrund überhaupt erforderlich, hinzuzufügen, daß es wahrlich nicht darum geht, sich als Krämerseele an wirtschaftlichen Hoffnungen zu berauschen und dabei zu übersehen, ob Äußerungen dieser oder jener Art womöglich der SED nutzen könnten? Jedenfalls wäre das wohl ein eigenes Kapitel, bei dem zu erklären wäre, daß Menschen, deren Leben zu einem großen Teil für ein scheußliches ideologisches Experiment vergeudet wurde, regelmäßig kein so kurzes Gedächtnis haben.

III.

Doch nun zu der Frage, welchen Beitrag die Wirtschaft zur Stabilisierung des internationalen Systems leisten kann.

Klar erscheint mir, daß es nach der Auflösung der Konfrontation zwischen den Blöcken und der damit unvermeidlich verbundenen Aufgabe, die deutsche Frage zu lösen, erheblicher konzeptioneller Anstrengungen bedarf, ehe ein vergleichbar stabiles System internationaler Sicherheit entwickelt ist, wie wir es in den letzten Jahrzehnten hatten. Allein durch einen hoffentlich nachhaltigen Prozeß der Abrüstung kann das Problem jedenfalls nicht gelöst werden.

Zumindest für eine längere Übergangszeit, die von erheblichen Stabilitätsrisiken durchsetzt sein wird, kommt es darauf an, neue Elemente der Sicherheit wirksam werden zu lassen. Der einzige Ansatz liegt auf dem Gebiet der wirtschaftlichen Strukturen. Wir brauchen die Ablösung der militärischen Sicherheitsverhältnisse durch eine ökonomische Sicherheitspartnerschaft.

Dabei gibt es kein Medium des Wirtschaftens, das für das Verhalten von Menschen und Institutionen stärkere politische Konsequenzen hat als die Währungspolitik. Deshalb dürfen wir uns nicht einreden lassen, die Entwicklung einer Europäischen Währungsunion im Rahmen der Zwölf könne oder solle man dem gemächlichen Trab der Experten überlassen. Der geschichtlich ausschlaggebende Zeitpunkt ist gekommen, an dem sich die westlichen Europäer entscheiden müssen.

Nur durch den beschleunigten Aufbau einer gemeinsamen europäischen Währung und einer unabhängigen gemeinsamen Notenbank kann sichergestellt werden, daß die Deutschen im Westen ihres Vaterlandes, komme was da wolle, zu außenpolitischen Ausbrüchen unfähig werden. Nicht zuletzt jene Staatenlenker, die – aus welchen Motiven auch immer – gegen das jetzt, außer um den Preis militärischer Gewalt, unausweichliche Zusammenwachsen der Deutschen Reserven haben, wären gut beraten, dies nicht nur für Zwecke des Marktplatzes zu bedenken.

Es hilft alles nichts: Auch wenn das bedeutet, im eigenen Land schwierige Kämpfe gegen Souveränitätsvorstellungen von gestern durchzustehen, müssen diejenigen, die politische Verantwortung tragen, jetzt und nicht erst morgen die Kraft zur Führung aufbringen.

Die Bundesrepublik kann unseren Partnern diese Last nicht abnehmen. Sie bedarf auch in dieser Hinsicht der Hilfe durch andere. Es bedeutet nicht die geringste Hintansetzung des politischen und wirtschaftlichen Ranges anderer Mitgliedsländer, nicht zuletzt des Vereinigten Königreiches, wenn ich sage, daß dabei vor allen anderen unser französischer Nachbar seine Führungsverantwortung wahrnehmen muß. Für mich gehört dies zu den harten Realitäten, an denen sich niemand vorbeianalysieren kann, der seinen Verstand beieinander hat.

Entschlossene Schritte zur Beschleunigung der politischen Integration Westeuropas sind zugleich die unentbehrliche Voraussetzung dafür, die Gemeinschaft der Zwölf schrittweise nach Osten zu erweitern. Dafür, daß dies geschehen muß, sprechen wiederum moralische und politische Gründe, gegenüber denen Wohlstandsinteressen beinahe schon vordergründig erscheinen.

Erstens kann man aus dem Netz von materiellen Vorteilen, die eine nach dem Osten erweiterte Europäische Gemeinschaft einbringen würde, nicht aussteigen, ohne sich selbst schwer zu schaden. Das ist für alle diejenigen wichtig, die den innenpolitischen Reformprozeß in der UdSSR durch ein wirtschaftlich aufstrebendes Glacis an ihrer Westgrenze gestützt und abgesichert wissen möchten. Mit anderen Worten: Eine Sowjetunion – wohin immer sie sich im Innern entwickelt – wird nur dann frei sein können von Befürchtungen jeglicher Art, wenn sie in ganz Europa Partner hat, mit denen der wirtschaftliche Austausch mehr Vorteile verspricht als die eigene machtpolitische Absicherung durch mühsam gezähmte Pufferstaaten.

Zweitens würde die Europäische Gemeinschaft auch insoweit ihre eigentliche Integrationsbasis, nämlich die gemeinsame Verpflichtung auf die Menschenrechte, zerstören, wenn sie auf das verzichtete, was für ihr Handeln gegenüber den Diktaturen in Griechenland, Spanien und Portugal maßgeblich war. Nach ihrer demokratischen Befreiung hat man diese Staaten ohne Rücksicht auf die steigenden Koordinationsprobleme innerhalb der Gemeinschaft als Mitglieder begrüßt, weil anders eine Absicherung des Demokratisierungsprozesses nicht zu erreichen war.

Drittens mag es gegen eine solche Politik Widerstände geben, weil einzelne Länder höhere Kosten oder um den Vorteil der eigenen Position innerhalb der Zwölfergemeinschaft fürchten.

Demgegenüber gehe ich davon aus, daß – um Beispiele zu nennen – Italien oder Spanien dabei auch in einer besonders engen Zusammenarbeit mit der deutschen Wirtschaft ein zusätzliches Gewicht gewinnen könnten, durch das Anteilseinbußen an dem Regional- und Strukturfonds weit überkompensiert würden.

Andere Vorschläge, die augenblicklich diskutiert werden, erscheinen mir bestenfalls weniger überzeugend.

Natürlich sollte ein Beitritt der DDR in die Europäische Gemeinschaft möglich sein, wenn nach den Wahlen am 6. Mai ein solcher Wunsch bestehen sollte; aber für sich allein löst das keines der entscheidenden Probleme. Natürlich kann man demokratische Bewährungsproben über zehn oder fünfzehn Jahre verlangen, bevor man zu irgendeiner ernsthaften, mit eigenen Opfern verbundenen Hilfe bereit ist; aber kann irgend jemand, der kein Vabanquespieler ist, in einer Welt, die im Sinne des Wortes in Bewegung geraten ist, solche Ratschläge wirklich ernst meinen? Natürlich kann man sich schöne Geschäfte für die westdeutschen Unternehmen zusammenreimen, indem man propagiert, wir Deutschen sollten uns auf eine überwiegend innerdeutsch ausgerichtete Entwicklung einstellen; aber muß es nicht gerade im politischen Interesse der Deutschen liegen, daß sich Unternehmen aus aller Welt in der DDR engagieren?

Insgesamt geht mein Plädoyer dahin, sich der humanitären, der sicherheitspolitischen und der wirtschaftlichen Chancen bewußt zu werden, die aus einer richtig angelegten Strategie der Europäischen Gemeinschaft gewonnen werden können. Ich kenne keinen anderen Ansatz, der sich der Hoffnungen der Menschen in Ost und West würdig erweisen könnte. Die ständige vertrauensvolle Abstimmung mit unseren Freunden in den Vereinigten Staaten gehört für mich als schiere Selbstverständlichkeit dazu.

IV.

Wenn es gelingt, eine solche Entwicklung einzuleiten, wird ein wirtschaftlicher Aufholprozeß in Osteuropa einsetzen, der über einen langen Zeitraum mit der dynamischen Konjunktur der fünfziger Jahre in der Bundesrepublik durchaus vergleichbar ist. In den Ländern Osteuropas würde sich allmählich die für freie Wirtschaftsgesellschaften ebenso typische wie unentbehrliche Schicht unternehmerisch denkender Menschen bilden. Ansätze dazu sind bereits erkennbar. Dennoch darf man sich über die Schwere der erforderlichen Anstrengung ebensowenig täuschen wie über die auf einem solchen Weg nie vermeidbaren Gleichgewichtsstörungen. Selbst die besten Hoffnungen ändern nämlich nichts an den bestehenden strategischen Gleichgewichtsproblemen zwischen den Volkswirtschaften der USA, Japans und des westlichen Europa. Im Kern geht es darum, ob auch auf unserem Kontinentzipfel die Basistechnologien und damit die Schlüsselindustrien der Zukunft beherrscht werden können.

Bei aller emotionalen Bewegung über die Macht der Freiheit dürfen wir also unsere Hausaufgaben nicht vergessen. Damit handeln wir zugleich im politischen und wirtschaftlichen Interesse der sich demokratisierenden Länder Osteuropas. Was aktuell gegenüber und mit ihnen zu tun ist, muß zusätzlich geschehen.

Wenn wir so verfahren, wird sich der Eindruck verstärken, den nicht nur das Haus, für das ich arbeiten darf, sondern viele Unternehmen haben, nämlich ein völlig neues, ein stürmisch drängendes Gefühl. Ich meine jene Aufbruchstimmung, die sich wohl immer einstellt, wenn nach anfänglich schmerzhaften und irritierenden Strukturbrüchen erste Erfolge sichtbar werden. Die Welt ist auch insofern in Bewegung geraten. Ich möchte allenfalls Stichworte über die Radikalität des Wandels in Erinnerung rufen, dem wir alle auch außerhalb des politischen Geschehens unterworfen sind:

– Wir haben mit einer rapide fortschreitenden Globalisierung und Internationalisierung des Wirtschaftens zu leben.

– Zugleich vollzieht sich eine nachhaltige Verschiebung des industriellen Wirtschaftens in den Dienstleistungssektor.
– Hinzu kommt, daß sehr viele Unternehmen ihre Fertigungstiefe verringern und so zu einer weiteren Dezentralisierung des Wirtschaftens beitragen.
– Die Umwelt fordert uns tiefgreifende technische und organisatorische, damit also wirtschaftliche und politische Modernisierungsprozesse ab.
– Und schließlich gibt es eine schon nicht mehr überschaubare Welle der branchen- und länderübergreifenden Zusammenschlüsse und Akquisitionen.

Vieles von dieser Entwicklung hängt mit dem Wandel der Technik zusammen, der uns eine Reihe neuer Basisinnovationen beschert hat: Mikroelektronik, Kommunikationstechnik, Werkstoffe und – vielleicht das wichtigste von allem – Systemwissen. Die Zeit ist gekommen, in der sie in breite Anwendungen umgesetzt werden können. Daneben haben die Verwerfungen der weltweiten Wirtschaftslandschaft, die wir alle in den letzten Jahren mit dem unberechenbaren Auf und Ab der Wechselkurse erleben mußten, das ihre zu dem Prozeß des weltweiten Strukturwandels beigetragen.

Auf diesem Hintergrund bestätigt sich jetzt offenbar der alte Mechanismus, wonach mit formativen Entscheidungen eigentümliche Stimmungsschwankungen einherzugehen pflegen. Die Auswirkungen erreichen eigentlich alle gesellschaftlichen Teilbereiche. Auch in unserem Haus machen wir diese Erfahrung sehr intensiv.

Für Unternehmen ist freilich nicht nur wichtig, was intern gedacht und geredet wird. Sie hängen auch dann, wenn sie nicht so sehr auf die Gunst eines breiten Publikums angewiesen sind, von der externen Meinung ab. Die Öffentlichkeit hat es jedoch in aller Regel noch sehr viel schwerer als die unmittelbar Beteiligten, zu verstehen, was vor sich geht, wenn strukturell Neues geschieht. Es ist alles andere als schön, aber dennoch verständlich, daß dann regelmäßig alle möglichen Fragen, Vermutungen und auch Verdächtigungen in die Welt gesetzt werden.

Darüber zu jammern, hat keinen Sinn. Wo immer hergebrachte Denk- und Verhaltensweisen zur Disposition gestellt werden, entsteht ein solcher Mechanismus ganz zwangsläufig immer wieder. Wer ihn kennt, muß damit nicht einfach nur leben. Er kann die Gelassenheit haben, daß sich die bessere Einsicht auch bei den anderen durchsetzen muß, jedenfalls dann, wenn die getroffene Entscheidung in ihren Begründungen allmählich nachvollzogen werden kann.

Die deutsche Öffentlichkeit hat sich seit dem Kriegsende mit Fragen der Luft- und Raumfahrt allenfalls mit halbem Interesse und nur mit geringer Aufmerksamkeit beschäftigt. Solche Aktivitäten wurden den Supermächten zugeordnet – und was da die Franzosen taten, schien überwiegend der Nostalgie einer Nation zu entspringen, die gegen den Abstieg zu einer Macht zweiter Größenordnung mit untauglichen Kraftanstrengungen anzurennen versuchte.

Nun kam, für das Gefühl des deutschen Laienpublikums urplötzlich und ohne Ankündigung, ein Unternehmen aus dem Busch gesprungen und behauptete, die Luft- und Raumfahrt-Technologie sei weit über diese Branche hinaus strategisch wichtig und müßte in weit größere wirtschaftliche Zusammenhänge eingeordnet werden. Dazu noch strotzten die Jahresabschlüsse dieses Unternehmens vor Kraft. Die Regierung schließlich drängte aus ihrer besonderen Interessenlage im Hinblick auf den Airbus in die gleiche Richtung. Was konnte anderes dahinterstecken als die eitle Machtgier einiger Manager, die den Hals nicht vollkriegen konnten und dafür auch noch industriepolitische Unterstützung genossen?

Alles in allem wird es nicht verwundern, wenn ich es für eine originäre unternehmerische Aufgabe im Strukturwandel halte, mit der Öffentlichkeit aus eigenem Antrieb offensiv zu kommunizieren. Oft genug wird man also nicht daran vorbeikommen, durch aktive Beiträge mitzuhelfen, Vorgänge verständlich zu machen.

Im Grunde geht es darum, nicht darauf zu warten, daß andere Transparenz herstellen. In unserer Zeit müssen wir die eigene Informationspolitik als eine Bringschuld gegenüber der Öffentlichkeit verstehen. Moderne Öffentlichkeitsarbeit ist ganz einfach ein Teil des strukturellen Wandlungsprozesses, in dem wir uns befinden.

Eine weitere kognitive Schwierigkeit ergibt sich aus den engen Grenzen, die einer realitätsbezogenen menschlichen Phantasie gesetzt sind. Alles erreichbare Wissen ersetzt nicht die Vision, die erforderlich ist, um zu erkennen, wie eine neuartige Lösung aussehen könnte.

Vielen Menschen fällt es schwer, sich ein Bild von den Vor- und Nachteilen einer veränderten Wirklichkeit zu machen. Wieviel schwerer muß es fallen, wenn man sich aus den grundsätzlichen Eigenschaften neuer Basistechnologien zusammenreimen soll, in welchen Kombinationen sie tauglich und welche Veränderungen etwa bei der Organisation von Unternehmen dafür erforderlich sein könnten?

Dafür fehlen uns allerdings auch wissenschaftliche Traditionen, die anderswo schon eher selbstverständlich sind. In den USA hat beispielsweise inzwischen ein Zweig der Betriebswirtschaft, die industrielle Strukturanalyse, erheblich an Gewicht gewonnen. Sie befaßt sich mit jenen Veränderungen in Branchen und zwischen ihnen, die aus dem Wandel von Technologien und Märkten entstehen. Man ist dort gewohnt, sehr viel systematischer und genauer darauf zu schauen, ob sich die beteiligten Unternehmen strategisch richtig positionieren. Damit verfügt man über Meßlatten für die Beurteilung, die für die Verantwortlichen durchaus unangenehm werden können.

Hierzulande scheint mir manchmal, daß wir uns allzuleicht zum Opfer unserer eigenen Statistik machen. Wer einmal zugeordnet ist, hat gefälligst Werkzeugmaschinenbauer oder Automobilhersteller zu bleiben, ganz unabhängig davon, ob durch den Wandel des Wirtschaftens ganz neue Kombinationen erforderlich werden. Weil uns das fehlt, sind offensichtlich schwierige öffentliche Diskussionen unvermeidlich, zumal in dem einen Unternehmen das genaue Gegenteil dessen getan wird wie beim unmittelbaren Wettbewerber.

V.

Daß jedes Unternehmen seine eigene Strategie finden muß, ist nichts als eine Banalität. Und doch deutet es auf einen sehr wichtigen Gesichtspunkt hin.

Ich halte es gerade jetzt für bedeutsamer denn je, daß wir alle entschieden für marktwirtschaftlichen Wettbewerb eintreten. Es gibt keinen anderen Mechanismus, der volkswirtschaftlich optimale Ergebnisse sicherstellen kann. Dies und nichts anderes ist der Grund, warum aus meiner Sicht so viel davon abhängt, daß der Prozeß der europäischen Integration, die mit dem magischen Datum des 1. Januar 1993 beschrieben wird, unter dem Wind des Wettbewerbs stattfindet.

Ich sage das so deutlich, weil meine folgenden Hinweise gewiß nicht darauf hinauslaufen sollen, irgendwelche Spielarten des Protektionismus zu propagieren. Aber schauen wir uns einmal einige Fakten an:

Erstens: Ein Casio-Taschenrechner kostete 1987 in Tokio 41 US-Dollar, in Hongkong 6 und in New York 17. Das Beispiel könnte um viele andere ergänzt werden.

Zweitens: Im Verhältnis zum industriellen Teil des Sozialproduktes importierten die Deutschen 1975 rund 24 Prozent Industriegüter; 1986 war dieser Anteil auf über 37 Prozent gestiegen. Eine ähnliche Tendenz finden Sie bei allen wichtigen Volkswirtschaften Westeuropas. Auch die Integration der USA in die weltwirtschaftliche Arbeitsteilung hat deutlich zugenommen: Von 7 Prozent im Jahr 1975 auf knapp 14 Prozent im Jahr 1986. Die Zahlen für Japan: Damals 4,9 Prozent, heute 4,4 Prozent.

Drittens: Der *Daily Telegraph* vom 11. Oktober 1989 enthält die Schlagzeile: »Importer held in jail for selling Japanese goods below suppliers' price.« Auf deutsch: Reimporte werden strafrechtlich verfolgt. Ort des Geschehens: Tokio.

Die gemeinsame Botschaft dieser Tatsachen kann man mit Händen greifen. Wirklich explosiv wird sie erst, wenn man sich fragt, was sie für den strategischen Wettbewerb um Europas Zukunft bedeutet. Schaut man auf die High-Tech-Güter, so darf man zwar nichts, aber auch gar nichts von irgendwelchen protektionistischen Versuchen halten, ebensowenig allerdings auch von naiver Blauäugigkeit.

Jeder, der es nur will, kann wissen, daß eine Unzahl japanischer Exporte nach wie vor durch ein extremes Preisniveau auf dem eigenen Heimatmarkt bevorteilt wird. Wenn Volkswirtschaften auf diese Weise Weltmarktanteile kaufen, ist es schon rein rechnerisch hoffnungslos, allein auf einen Abbau von Importbarrieren zu drängen, um einen Ausgleich der Handelsüberschüsse zu erreichen. Deshalb zögere ich nicht, von einer neuen Dimension der Subventionierung zu sprechen. Dabei spielt es keine Rolle, welche Motive ihr zugrunde liegen. Entscheidend sind allein der Sachverhalt und die Wirkung, die sich unausweichlich daraus ergibt.

Wir müssen sehen, daß die auf diese Weise entstehenden Erträge ein Fundament für Forschung, Entwicklung und Investition darstellen, das unermeßlich ist. Zumindest von gleicher Bedeutung sind die Zeitvorsprünge, die auf breiter Front gekauft werden.

Anders gesagt: Wir sind mit einer Strategie konfrontiert, die sich von den Knappheitsproblemen freien unternehmerischen Wirtschaftens unabhängig gemacht hat. Die amerikanischen wie die meisten westeuropäischen, jedenfalls die deutschen Unternehmer, haben täglich mit dem Zwang zu leben, Prioritäten setzen und an sich wichtige Zukunftsprojekte zurückstellen zu müssen. Für viele unserer japanischen Freunde und in der Konsequenz für weite Teile der japanischen Volkswirtschaft ist das ein unbekanntes Phänomen.

Dagegen muß etwas getan werden. Dafür bedarf es gemeinsamer Überlegungen in der Europäischen Gemeinschaft. Daß das bei den bekannten Neigungen zu protektionistischen Methoden nicht ganz einfach sein wird, spricht nicht gegen die Notwendigkeit. Es geht um eine industriepolitische Aufgabe.

Dabei weiß ich wohl, welche verständlichen Reserven es gegen diesen Begriff gibt. Der Erfolg der bisher gängigen anderweitigen Lösungsansätze wird allerdings deutlich, wenn man die Ankündigungen vor Weltwirtschaftsgipfeln mit ihren tatsächlichen Ergebnissen vergleicht.

VI.

Am Endes dieses Jahrhunderts haben wir nur eine Chance, um Wiederholungen vergangener Schrecken zu entgehen und neue Katastrophen zu vermeiden. Alles, aber auch alles, geschichtliche Erfahrung wie das Wissen um das Können und die Gefährdungen der Menschen, zwingen zu der Erkenntnis, daß der Abschied von Vorstellungen früherer Zeiten überfällig geworden ist, wonach Nationen in Nationalstaaten vereint sein müßten. Überkommene einzelstaatliche Souveränitätsvorstellungen sind unvereinbar mit der Lösung der Lebensfragen, von denen unsere Existenz abhängt.

Wer wirksame, stabilitätsgerechte Abrüstung, wer einen ausreichenden Schutz unserer Umwelt, wer eine stabile Weltwirtschaft will, darf nicht mehr jenem Mythos der primitivsten Idee, die man von staatlicher Organisation haben kann, dem ethnisch homogenen zentralistischen Nationalstaat, anhängen. Wir müssen Nationalismus und Patriotismus endlich und endgültig voneinander trennen. Das gilt überall, vor allem aber in der Mitte unseres Kontinents, denn nur so haben wir die Chance, die kulturelle Identität Europas, die so viel zum Durchbruch der Vernunft beigetragen hat, vor dem Untergang zu bewahren.

Das ist Aufgabe und Last genug. Wir werden sie mit dem erforderlichen Nachdruck nur angehen können, wenn die Hypothek der deutschen Frage getilgt wird.

Ein neues Netz für den Frieden

Plädoyer für mehr Partnerschaft

Wenn der Befund unvermeidlicher globaler Interdependenz zutrifft, kommen aber auf die Politik völlig neue Aufgaben zu.

Die Nachkriegsära globaler militärischer Sicherheitspolitik geht zu Ende. Auf der Suche nach einer neuen Ordnung taucht hier und da der Vorschlag auf, sie durch wirtschaftliche Partnerschaft zu ersetzen.

Der Sachverhalt, der einer solchen Überlegung zugrunde liegt, kann freilich mit unserem herkömmlichen Verständnis nicht einmal annähernd erfaßt werden.

Jene Macht der Gewohnheit, die neues Nachdenken blokkiert, würde nichts anderes als eine Fortsetzung des KSZE-Prozesses empfehlen, also irgendeine Vertiefung der wissenschaftlich-technischen und wirtschaftlichen Zusammenarbeit zwischen Ost und West. Die dazu in der Zeit der Entspannungspolitik entwickelte These besagt, daß man die beiderseitige Verteidigungsfähigkeit durch ein Netz gegenseitiger Interessen ergänzen müsse, das keiner der Beteiligten ohne Schaden für sich selbst zerreißen kann.

Wer noch so denkt, muß der Idee einer die militärische Stabilitätspolitik ersetzenden wirtschaftlichen Partnerschaft sofort entgegenhalten, ein derartiger Weg sei nach der Aufweichung der Blöcke untauglich, um eine unverrückbare Balance der Mächte herbeizuführen. Im Zweifel werde nämlich kein Staat auf strategische Dominanz verzichten, und es gebe genügend schreckliche Beispiele, wo man hingerate, wenn man Bilanzen und Wohlstandsindikatoren höher bewerte als militärische Gewaltfähigkeit.

In der Tat hat als jüngeres Beispiel das russische Abenteuer mit der SS-20-Aufrüstung bewiesen, daß man der wirtschaftlichen Ratio von Außenpolitikern und Militärs in Diktaturen nicht über den Weg trauen darf. Ich möchte mich auf dauerhaft vernünftige Kalküle übrigens auch nicht bei den Verantwortlichen in den westlichen Demokratien verlassen, wo schon die Sorge, man könnte an extremen Rändern ein paar Stimmenprozente verlieren, zu mitunter aberwitzigen Verrenkungen führt. Insoweit läßt sich der Geringschätzung, die die Sicherheitsstrategen für die Wirtschaftspolitik als Mittel der Außenpolitik hegen, nicht viel entgegensetzen. Dies gilt auch für jene andere Argumentationskette, bei der aus der Verwundbarkeit unserer technisch-industriellen Zivilisation abgeleitet wird, Krieg sei nicht mehr führbar, weil er mit dem Preis des unvermeidlichen physischen Untergangs erkauft werde. Mag sein – aber haben etwa fundamentalistische Fanatiker jemals aus Angst vor dem endgültigen Suizid ganzer Völker zurückgezuckt?

Trotzdem sollten wir uns heute mehr denn je an Jean Monnet erinnern. Er ist der geistige Vater des zivilen Friedens im westlichen Europa. Mit der Idee eines integrierten Marktes für die damaligen militärischen Schlüsselgüter Kohle und Stahl hat er die geschichtlich als richtig erwiesene Schlußfolgerung aus dem seinerzeitigen Stand von Technik und Wirtschaft gezogen. Meine Behauptung lautet: Weltwirtschaftlich richtig organisierte Strukturen können auch heute politische Abhängigkeiten schaffen, denen eine völlig neue strategische Qualität zukommt.

Wer bisher in der Welt oder einer Region mächtig sein wollte, brauchte dafür ein breites wirtschaftliches Fundament. Zumindest insofern hat Paul Kennedy mit Sicherheit recht. Die Überforderung ihres Systems hat inzwischen eine der beiden Weltmächte, die Sowjetunion, zum Offenbarungseid gezwungen. Die Vereinigten Staaten müssen aufpassen, wenn sie nicht zum nächsten Demonstrationsobjekt werden wollen, dem die technologischen und gesellschaftspolitischen Voraussetzungen für ihre Führungsrolle zunehmend entgleiten.

Vielleicht ist das schon geschehen, seitdem man, neben anderen Kurzsichtigkeiten, die Rolle eines leistungsfähigen Ausbildungssystems für diejenigen Ebenen industriellen Wirtschaftens, die für die Qualität der Produkte unverzichtbar sind, so sträflich vernachlässigt hat, daß die internationale Wettbewerbsfähigkeit unwiederbringbar verlorenzugehen droht. Macht, gar Weltmacht, setzt voraus, daß man die wirklichen Schlüsseltechnologien beherrscht.

Das gilt an erster Stelle für die Mikroelektronik. Wer als Folge des erzwungenen Schielens auf seine Quartalsdividenden Gefahr läuft, Zwischenprodukte wie Speicher- und Rechnerchips, aber ebenso die Werkzeuge zu ihrer Herstellung oder das Know-how spezifischer Anwendungen einschließlich der für die Weiterentwicklung der Mikroelektronik erforderlichen Computer nicht mehr in den eigenen Händen halten zu können, der muß sehr aufpassen, wenn er in der Lage bleiben will, unabhängig auf sich gestellt globale Verantwortung zu tragen.

Hinzu kommt, daß die nächsten Generationen dieser Technologien vermutlich ohnehin nur noch zustande kommen können, wenn mehr als die Unternehmen eines einzigen Kontinents zusammenarbeiten. Allein kann bald keine Volkswirtschaft mehr solche Leistungen erbringen. Das JESSI- wie das inzwischen gescheiterte Sematech-Projekt, aber auch die jüngst vereinbarte Zusammenarbeit zwischen IBM und Siemens beim 64-Megabit-Chip dokumentieren den Abschied von Autarkievorstellungen räumlichen Zuschnitts: Die Welt wird durch globale Konzerne und durch Regionen, die jeweils nach dem notgedrungenen Willen ihrer Regierungen kooperieren, Schritt für Schritt zu einer Einheit zusammengeschweißt.

Ein anderes Beispiel bietet die Luft- und Raumfahrt. Oder nehmen wir die für die Umwelt erforderlichen neuen Systeme, etwa der Energieversorgung: Nur weltweite Kooperation kann die Ressourcen sichern, die für eine solche Großtechnik erforderlich sind. Auf allen diesen Gebieten erlischt zwar nicht der arbeitsteilige Wettbewerb zwischen Unternehmen, Staaten und Kontinenten, doch die Beherrschung der ihm zugrunde liegenden modernsten Technologien erzwingt unausweichlich gemeinsame Arbeit.

Ursächlich dafür sind die enormen und langfristigen Vorleistungen, deren Finanzierung nur noch global gewährleistet werden kann. Aber auch die erforderliche kritische Masse an Forschungs- und Entwicklungsexperten, ohne die man solche Technologien heute nicht mehr zur Anwendungsreife bringen kann, ist so groß geworden, daß nicht einmal mehr wahnsinnige Extremisten den Traum der Autarkie realisieren könnten.

Natürlich weiß ich wohl, daß es nichts als Hybris wäre, wollte man meinen, daß sich zwangsläufig eine übermächtige Technostruktur herausbildet, gegen die David mit der Steinschleuder keine Chancen mehr hat. Trotzdem wird es eine sichere Verliererstrategie sein, wenn sich irgend jemand künftig noch auf den Weg machen wollte, weltmachtfähige Super-Systeme im Alleingang herzustellen. Wer das unternimmt, wird ausbluten: Ein Festhalten an SDI hätte dafür zum Lehrbuchfall werden können.

Wenn der Befund unvermeidlicher globaler Interdependenz zutrifft, kommen aber auf die Politik völlig neue Aufgaben zu. Dann muß sie aus Gründen machtpolitischer Stabilität Vernetzungen jeder Art fördern, Märkte öffnen, den freien Fluß von Informationen zulassen, jedem, der mitspielen will, die Tore öffnen – wohl wissend, daß dies zugleich die traditionelle Machtsouveränität der Staaten weiter auflösen wird.

Es wäre ein verhängnisvolles Versäumnis, wollte man dies für Zukunftsaufgaben halten, die Zeit haben. Wer Politik heute auf Schadensabwicklung, die wir nach vier Jahrzehnten Kalten Krieges natürlich betreiben müssen, beschränken wollte, wird nicht einmal diese – wenn auch gewaltige – Aufräumarbeit leisten, sondern in Restauration versacken. Wir sind darauf angewiesen, neue, für die Zukunft tragbare Strukturen zu errichten. Im Grundsatz weiß das jeder, doch wir haben damit noch kaum begonnen. Dabei liegen zwei sehr praktische Ansätze auf der Hand, die bisher überwiegend in technokratischer Verengung diskutiert werden:

Erstens die Währungsintegration in der Europäischen Gemeinschaft und in Deutschland: Wollen wir darin nur den konstruktiven Abschluß des Kalten Krieges sehen oder den Anfang einer sich öffnenden, natürlich langfristigen Perspektive, an deren Ende ein wirtschaftlich und politisch integriertes Europäisches Haus steht? Ich denke, jeder sollte wissen, daß unter dem Dach einer gemeinsamen Währung außenpolitische Konflikte nur noch auf Ministertagungen ausgetragen werden könnten. Soldaten werden dann jedenfalls keine Rolle mehr spielen, es sei denn in Traditionsbataillonen, die bei Staatsbesuchen feierlich paradieren. Darum ist es so wichtig, daß bei der Währungsintegration zwischen der Gemeinschaft des EWS und den beiden deutschen Teilstaaten nicht einmal ein latenter Gegensatz in Kauf genommen, sondern eine enge Parallelisierung zustande gebracht wird. Wir Deutschen wären jedenfalls mehr als leichtfertig, wenn wir uns durch die Regelung unserer internen Währungsprobleme so sehr okkupieren ließen, daß Europa an die zweite Stelle rückt.

Zweitens lohnte es eine ehrgeizige Untersuchung, wie man strategische Allianzen, die sich zunehmend weltweit zwischen Unternehmen bilden, ohne Einschränkung des Primates demokratisch legitimierter politischer Verantwortung für Stabilitätszwecke nutzbar machen kann. Die Überlegungen müßten dahin gehen, solche Allianzen unter marktwirtschaftlich einwandfreien Bedingungen zu ermutigen und dabei im Rahmen der Triade ein Netzwerk zu schaffen, aus dem auch der leichtsinnigste Außenpolitiker nicht mehr aussteigen könnte. Selbstverständlich müßte dabei im konzertierten Zusammenwirken der Investoren und Regierungen auch der UdSSR angeboten werden, sich an einer solchen kooperativen weltwirtschaftlichen Arbeitsteilung zu beteiligen. Der Wettbewerb zwischen den Unternehmen um Betätigungsmöglichkeiten in den sich vom Stalinismus befreienden Ländern scheint mir dafür eine gute Ausgangsbasis, und eine Bündelung solcher Bestrebungen mit Instrumenten, wie sie etwa die Weltbank und der Internationale Währungsfonds vor allem für Entwicklungsländer bereithalten, könnte sich zusätzlich anbieten.

Sicherlich sollte es auch nicht verboten sein, über die materiellen Aufgaben nachzudenken, die mit dem Wegräumen der Trümmer des Ost-West-Konflikts endlich ganz oben auf die Tagesordnung gesetzt werden müssen.

Wem fiele da nicht der Schutz unserer weltweiten Ressourcen

ein? Wir wissen doch längst, daß staatliche Regulationen den technisch erreichbaren Umweltstandards hinterherhinken, sobald internationale Konzertierung nötig ist. Andererseits könnten global ausgerichete Konzerne innerhalb ihres eigenen Unternehmensverbundes weltweit gültige Werte realisieren und so zu einem sich allmählich selbst aufrechterhaltenden Prozeß zunehmend umweltverträglichen Wirtschaftens beitragen. Oder wollen wir eines Tages mit neuen Kriegen, etwa um versiegendes Trinkwasser, konfrontiert werden, weil wir immer noch einer schauerlich mumifizierten nationalen Souveränität Tribut entrichten? Da wäre mir eine vernetzte Welt, in der einzelne Politiker den Leitbildern von gestern zunehmend weniger Rechnung tragen können, dann doch lieber. Die bösen Multis können zum Segen werden, wenn man es nur richtig anstellt.

Natürlich muß mir niemand erzählen, daß das viel verlangt ist angesichts der Fülle von Arbeit, die in den letzten Monaten auf die Tagesordnung gekommen ist. Aber hier genau beginnt mein Zweifel. Machen wir unsere Hausaufgaben wirklich? Und können wir sie ohne eine Vorstellung über strategische Ziele überhaupt systematisch angehen?

Die Einwände, die nach dem Sturm der Novembergefühle im Ausland mittlerweile offen oder verborgen das Handeln prägen, lassen Skepsis ratsam erscheinen. Nicht, daß es nicht auch durchaus kritische Fragen an die Verantwortlichen der Länder zu richten gäbe, mit denen die beiden deutschen Teilstaaten verbunden sind. Aber es hat sich noch nie gelohnt, über das Ungenügen anderer zu räsonieren, wenn man selbst angreifbar ist.

Ich jedenfalls kann viele unserer westlichen Freunde gut verstehen, die ihre Sorgen über die mangelnde Konsultations- und Konsensfähigkeit der Deutschen zwar nicht laut vernehmbar artikulieren, sie aber um so intensiver in ihre eigenen Interessenabwägungen einbeziehen. Sie stellen Fragen nach einer stabilen Ordnung jenseits des Ost-West-Konflikts, auf die die Deutschen nicht einmal im Ansatz befriedigend mit ihrem allzu innenpolitischen Palaver über Währungsverbund und Grundgesetzartikel, mit ihren Wahltagen und Weggeh- oder Bleibensprämien antworten können, schon gar nicht mit dem häßlich werdenden Geschrei eines Bundestagswahlkampfes, den man in die DDR hineinträgt.

Hausaufgaben kann man auf die Dauer nicht ungestraft auf andere abschieben. Wer es dennoch versucht, dem kann die Mechanik der nachrevolutionären Phase, auf die wir zugehen, bittere Schwierigkeiten bereiten, deren gefährliches Ende niemand kennt.

Wir haben allen Grund, durch unseren eigenen Beitrag jedem Wiedererwachen von offenem Nationalismus die Grundlage entziehen zu helfen. Gewiß wird solches wohl nicht primär hierzulande geschehen, sondern eher an den Rändern des zerbröckelnden Vielvölkerstaates, der nicht mehr sowjetisch dominiert werden will. Aber wir müssen auch jenen ungewollten Nationalismus im Auge behalten, der nicht mit den scheppernden Phrasen von gestern daherkommt, sondern sich im Rückzug auf innerdeutsche Anstrengungen als Weltabgewandtheit einschleichen könnte. Wie leicht könnte man dabei vergessen, daß uns die Stärke unserer weltweit tätigen Unternehmen eine hohe Mitverantwortung für die internationale wirtschaftliche Ordnung nach dem Ende der kommunistischen Diktaturen auferlegt. Niemand kann sie uns abnehmen, wobei es kein Trost ist, daß Frankreich seine politische Führungsrolle in Europa bisher nicht sehr viel energischer angenommen hat und dabei unmißverständlich auf einer Parallelisierung von deutscher und gesamteuropäischer Integration, immer mit dem Kern einer westeuropäischen Währung, besteht.

Wer dem Erbe von Jean Monnet, des Vaters der westeuropäischen ökonomischen Friedensstruktur, gerecht werden will, darf jetzt nicht in eine Fummelei ohne Konzeption und Perspektive verfallen. Wir brauchen ein politisches Konzept für eine wirtschaftliche Internationalisierung, die unter Einschluß Japans zum tragenden Pfeiler eines neuen Sicherheitssystems für Europa, Rußland und Nordamerika werden muß.

Vom schwierigen Umgang mit der Natur

Anmerkungen zum Verhältnis von Wissenschaft, Wirtschaft und Politik

Entscheidungen müssen getroffen werden,
weil die Natur ihren eigenen Gesetzen folgt
und der Mensch seine eigene Existenz
verspielt, wenn er sich ihnen nicht fügt.

I.

Ich muß freimütig gestehen, daß mich eine gewisse Nervosität beschlichen hat, als ich mich auf das Thema meines Vortrages vorbereitete. Was sollte ich Neues zu einem Thema beitragen, das schon von vielen aus den unterschiedlichsten Perspektiven mit Brillanz und analytischer Schärfe durchdacht worden ist?

Vorsichtshalber habe ich trotzdem erst einmal bei Kurt Tucholsky Zuflucht gesucht und seine scharfzüngigen Hinweise für Redner studiert. Als eines der wirksamsten Mittel, die Zuhörer gleich zu Beginn in einen Zustand gähnender Langeweile zu versetzen, empfiehlt er ausführliche Darlegungen der jeweiligen geschichtlichen Hintergründe.

Böte sich nicht tatsächlich in einer Zeit wie der unseren, die von Um- und Einbrüchen gekennzeichnet ist, in der vom »historischen Gezeitenwandel« und vom Ende aller »Ismen« die Rede ist, in der Utopie und Apokalypse, Aufbruchs- und Endzeitstimmung unvermittelt nebeneinanderstehen, in der die einen das Ende, die anderen die Wiederkehr der nationalen Geschichte verkünden – böte sich in einer solchen Zeit nicht doch das Innehalten, das Zurückblicken an, um in den sich überschlagenden Ereignissen Ordnung, Gesetzmäßigkeit, Kontinuität zu erkennen? Und könnte dieser Blick zurück uns nicht mit beidem, nämlich einerseits mit Freude und auch Achtung vor den Leistungen der Vergangenheit, also mit begründetem Optimismus für die Herausforderungen der Zukunft erfüllen, ohne daß wir dabei andererseits die Schrecken der Vergangenheit verdrängen, jene grauenvolle Neigung der Menschen, das endgültige Ende ihrer Unvollkommenheit im Reich Utopia zu suchen und dafür, und das sogar mit gutem Wissen, über Leichen zu gehen?

Trotzdem will ich mir den Rat dieses wundervollen Berliner Lästermauls wenigstens halbwegs zu Herzen nehmen, indem ich mit einem Blick auf solche Teile der Gegenwart, in denen Vergangenheit sichtbar wird, beginne. Wer könnte dem auch in der Stadt widerstehen, die mehr als jede andere in den letzten Monaten im Zentrum der Weltöffentlichkeit stand, die nach Jahrzehnten des erzwungenen Daseins als zwei halbe Städte nun wieder die Chance hat, zu dem einstmals gewachsenen Ganzen zurückzufinden? Freilich: Was soll, unter den Vorzeichen jener übrigens noch näher zu erkundenden Zeitenwende, dem Weg des Zusammenwachsens sein Ziel geben? Haben wir den moralischen Imperativen unserer Zeit Genüge getan, wenn auf einem restaurierten Potsdamer Platz wieder die alte Säule mit der Uhr die Zeit anzeigt?

II.

»Der Geist ist der Inspirator Berlins«, hat Wolf Jobst Siedler, nicht ohne kritisch mahnenden Unterton, vor etwas mehr als zwei Jahren einen Beitrag in der *Frankfurter Allgemeinen Zeitung* überschrieben. Berlin habe nie, sagt er, über die Rohstoffe oder Standortvorteile anderer Industriestädte verfügt, aber aufgrund ihrer ungeheuren intellektuellen Vitalität habe sich die Stadt in der Zeit zwischen den beiden Weltkriegen zur kosmopolitischen Metropole Europas entwickelt.

In der Tat wurde in Berlin stets die Freiheit des Denkens gepflegt. Damit war die Stadt schon lange vor der Teilung ein Symbol der Freiheit. Nach dem Nazi-Alptraum war es dann diese humanitäre Vitalität, durch die die westliche Stadt, halbiert und von ihrem Hinterland abgeschnitten, wieder als eigenständiges Zentrum, als Wissenschafts- und Kultur-, wenn auch nicht mehr als Industriemetropole auf- und überleben konnte. Es entstand, der Insellage entsprechend, ein vielfältiges, rühriges Gemisch verschiedener kultureller und habitueller Soziotope. Auch wenn hie und da Anzeichen einer gewissen Künstlichkeit, manchmal gar der sterilen Verkrustung kaum übersehen werden können: über 200 Forschungseinrichtungen, 11 Hochschulen mit über 20 000 Wissenschaftlern, eine Vielzahl von Theatern unterschiedlichster Couleur, Museen, die Oper – das spricht schon eine eigene Sprache.

Um noch einmal Siedlers Analyse zu bemühen: »Schärfer denken als anderswo, illusionsloser sehen und radikaler fragen«, dadurch war Berlin zur freiheitlichen Metropole der besten Köpfe in Deutschland geworden. Wie aber steht es heute damit?

Haben womöglich diejenigen recht, die darauf hinweisen, man habe sich längst selbstzufrieden mit einer gewissen großstädtischen Provinzialität abgefunden, einer Abgeschiedenheit von der Welt, in der man im Schutz der Mauer auf dem weichen Bett der Subventionen zwar das eigene Süppchen kochen, oft genug aber auch im eigenen Saft schmoren konnte? Kann man die Frage vielleicht auch so verstehen, daß sich die freiheitliche Tradition, besser denken zu wollen als andere, inzwischen in die zwanghafte Neigung verkehrt hat, man müsse dagegen denken und dagegen sein? Wird sogar, etwa unter dem Deckmantel von Basisdemokratie, jede Einstellung, die der eigenen nicht entspricht, in autoritärer Manier für unzulässig erklärt?

Wenn Menschen in einem Klima, das doch nicht von Verleumdung vergiftet sein will, sich so verhalten, muß wohl daran erinnert werden, daß eine freiheitliche Gesellschaft, die auf der Höhe ihrer Zeit sein will, von der Übereinstimmung lebt, daß es Pluralität der Interessen, Meinungen und Werthaltungen geben muß. Liberale Einstellung hat in ihren besten Zeiten die besondere Anziehungskraft und Ausstrahlung dieser Stadt ausgemacht. Aber kann man noch unumwunden von Liberalität und Pluralismus sprechen, wenn der Versuch, ganze Bereiche des Wertespektrums einfach auszuschließen, mitunter ein durchaus beachtliches, manchmal sogar beherrschendes Gewicht erlangen kann?

Gewiß, Berlin war stets durch ein eher linksintellektuelles Klima gekennzeichnet. Neuerdings mag es, mehr aus eigener Schwäche denn aus zwingender Notwendigkeit, deutlicher Regression ausgesetzt sein. Damit könnte man, sollte man vielleicht sogar leben. Voraussetzung wäre allerdings, daß nicht zugleich der Rest der Welt nach einem auf Feindschaft ausgelegten Schwarz-Weiß-Raster des muffigen Konservativismus geziehen und für entsorgungsbedürftig erklärt wird. Anders kann jedenfalls ich mir den Stil der Auseinandersetzung, wie ihn die Akademie der Wissenschaften am eigenen Leibe erfahren hat, nicht erklären.

Solches muß jedenfalls zu mehr als dem üblichen Streit zwischen Interessenten veranlassen. Diese Akademie, wie unvollkommen und verbesserungsbedürftig auch immer, hat den Versuch gewagt, sich den Themen nach der Zeitenwende nicht nur im verbalen Anspruch zu stellen, sondern sie auch organisatorisch einzulösen. Ich komme darauf zurück. Einstweilen will ich festhalten, daß allenfalls wenige der zahlreichen Forschungseinrichtungen und Hochschulen Berlins von sich behaupten können, an vergleichbar vorderen Fronten zu arbeiten. Ein Berlin, das künftig wieder Metropole europäischen Ranges sein will, wird darum ohne eine interdisziplinäre Akademie der Wissenschaften nicht anders als kümmerlich und arm dastehen.

Wer demgegenüber nichts als den Einwand zu bieten hat, das könnten auch andere, muß sich die Replik gefallen lassen, daß Institutionen des Bildungssektors wohl eher zum nichtreformierbaren Teil unserer Gesellschaft gehören.

III.

Das Haus, für das ich arbeiten darf, steht seit einigen Wochen im Mittelpunkt einer Auseinandersetzung, die ein ähnliches Muster zeigt. Es wird behauptet, wir hätten vor, das Herzstück Berlins im Geschwindschritt in eine kalte Büroburg zu verwandeln, in der kein Platz für urbanes Leben, gar für Kultur wäre, und den Senat betrachteten wir als Knecht für die Vergewaltigung des geschichtsträchtigen Geländes um den Potsdamer Platz.

Schaut man genauer hin, liegt solchen Vermutungen zweierlei zugrunde.

Zum ersten scheint manche unserer geneigten Mitbürger eine Vorstellung von unternehmerischem Verantwortungsbewußtsein zu peinigen, die irgendwo im marxistischen Bild von frühkapitalistischen Profithaien oder ähnlichem Unsinn angesiedelt sein muß. Demgegenüber hat sogar Daimler-Benz kapiert, daß man mit einer miesen Arbeitsumgebung für Beschäftigte und Kunden sich selbst den schlechtesten Dienst erweist. Wir haben darüber hinaus auch eine dumpfe Ahnung, daß weder eine restaurative noch eine modische Papageienarchitektur Zeichen einer Unternehmenskultur ist, die zu einem Weltunternehmen paßt. Es wäre zudem nichts als ein Vorurteil, sollte jemand fürchten, ein Industriekonzern könne nur dem Dogma frönen, allein industrielles Bauen, also monotoner Serienbeton sei geeignet, wirtschaftliches Denken und ästhetisches Empfinden auf einen zeitgemäßen Nenner zu bringen. Und schließlich dämmert es selbst uns, daß Abend- und Nachtsterilität kein besonders sinnvolles Nutzungskonzept an solcher Stelle wäre.

Zum zweiten scheint einem eher abgehobenen Teil der allgemeinen politischen Öffentlichkeit in Berlin die Vorstellung schwerzufallen, was es bedeutet, wieder ungeteilt, mit Hinterland versehen und in einer zentralen Rolle in Deutschland leben zu dürfen. Unter anderem verlangt das nämlich die Fähigkeit zu konzeptionell anspruchsvollen Entwürfen, in denen eine sinnvolle Vernetzung der verschiedenen Cityfunktionen geleistet wird.

Demokratisch einwandfreie Entscheidungsabläufe, die zu einem solchen Ziel führen, hängen mit Sicherheit nicht davon ab, daß man schon vor dem Beginn einer solchen Arbeit über willkürlich unterstellte Ergebnisse lamentiert und beliebig lange Zeiträume einfordert. So kann man nicht die drängenden Probleme einer Stadt lösen, die sich entscheiden muß: Will sie noch mehr als bisher ein Silo für Beamte sein, will sie ein moderner Ort für Industrie und vor allem Dienstleistungen werden oder will sie vielleicht unter dem Druck der auf sie einstürzenden zusätzlichen Funktionen in einem Chaos der wortreichen Hilflosigkeit versinken?

Ich behaupte, daß man sehr viel lernen könnte, wenn man sich einmal die Strategien derjenigen Städte anschaut, die ebenfalls erhebliche Strukturprobleme zu lösen hatten. Solche Anstrengungen waren immer dann erfolgreich, wenn es, natürlich ohne jede Einschränkung des Primats der Politik, ein koordiniertes Zusammenwirken von staatlichen Einrichtungen und privater Initiative gab. Dafür braucht man freilich einen Grundkonsens, der ein pragmatisches Miteinander ermöglicht.

IV.

Meine beiden Beispiele über das Verhältnis von Wissenschaft und Politik, von Wirtschaft und Politik sprechen sicher eine beredte Sprache. Sie belegen mehr als nur einen bestimmten Stil, in dem heute Auseinandersetzungen geführt werden. Vielmehr wird darin ein Verlust an Konsensfähigkeit über Sachverhalte, die mit grundlegend neuem Entscheidungsbedarf verbunden sind, erkennbar.

Ich darf vielleicht noch einige Anmerkungen zur Zukunft Berlins machen. Vor allem möchte ich ganz unmißverständlich deutlich machen, daß ich eine gründliche klimatische Öffnung dieser Stadt und ihrer Bürgerinnen und Bürger für unerläßlich halte, denn die erstrebte Rolle als Hauptstadt kann letztlich nur mit der Bereitschaft zum problem- und weltoffenen Handeln legitimiert werden.

Die Frage nach der zukünftigen Hauptstadt hat in den letzten Monaten begonnen, die Gemüter zu erhitzen. Von verschiedenen Seiten werden Argumente angeführt, oft genug auch an den Haaren herbeigezogen, warum Berlin nicht Hauptstadt eines vereinten Deutschlands sein dürfe. Da diskutiert man die unterschiedlichsten, ich scheue mich nicht zu sagen, die abenteuerlichsten Modelle – die Opposition solle ihren Sitz in Bonn nehmen, die Regierung in Berlin, oder: Berlin könne Kulturmetropole sein, Bonn dagegen solle administrative Hauptstadt bleiben. Als eines der besonders schwergewichtig daherkommenden Argumente wird ins Gefecht geführt, diese Stadt sei das Symbol für deutschen Größenwahn und hegemonialen Ehrgeiz, für Preußentum und Nazismus, und eine solche Hauptstadt werde bei unseren europäischen Nachbarn alte Ängste wecken.

Ich kreide den Adepten dieser Meinung ihre gehörige Portion Skepsis gegenüber den eigenen Landsleuten nicht an. Zwar teile ich sie nicht, aber guter Patriotismus braucht auch einen Schuß Selbstzweifel und ganz gewiß Selbstkritik. Doch der Verdacht, diese Hauptstadt könne tatsächlich alte Vormachtträume wekken, also die besondere Verpflichtung der Deutschen auf ein integriertes und demokratisches Europa vergessen machen – das ist nicht einmal eine billige Analogieanleihe bei der Geschichte, eigentlich ist es eine Verleumdung.

Die Nationalsozialisten hatten es mit Berlin ja doch wirklich alles andere als leicht. 1932, bei der letzten freien Wahl, wählten kaum mehr als ein Fünftel der Berliner Bevölkerung die NSDAP, und in keiner anderen Stadt wurden so viele jüdische Mitbürger unter Einsatz des eigenen Lebens versteckt.

Viel wichtiger scheint mir, daß nur jene Stadt Hauptstadt sein sollte, in der sich die Identität eines Volkes verkörpern kann. Wo wäre das wohl handgreiflicher möglich als hier? Berlin war während der letzten vierzig Jahre Symbol für Freiheit und Selbstbehauptungswillen. In keiner anderen unserer Städte sind Geschichte und Zukunft mit all ihren deutschen Ambivalenzen so gegenwärtig.

Schließlich: Wie kann man es vereinbaren, ebenso lautstark wie bösartig die drohende »Vereinnahmung« der DDR an die Wand zu malen, gleichzeitig aber zu erwarten, daß Ost-Berlin seinen Rang als Hauptstadt an Bonn abtritt? Hieße das nicht für die Menschen in der DDR: Ihr habt zwar manche Hypotheken von 57 Jahren Diktatur und Krieg noch vor euch, aber glaubt ja nicht, daß wir auch nur eine Regierungsbehörde an euch abgeben?

Nein: Ganz zu schweigen von der Glaubwürdigkeit der vielen feierlichen Selbstverpflichtungen der Vergangenheit denke ich schon, daß es nur ein selbstverständliches Zeichen der Gleichberechtigung der bisherigen deutschen Teilstaaten wäre, die vereinten Teile Berlins zur Hauptstadt zu machen. Alles andere wäre eine feige Flucht in die Bequemlichkeit des einfachen Auswegs, also in jene Mentalität, die womöglich einzig und allein imstande sein könnte, eines Tages den strahlenden Glanz der Demokratie zu verdunkeln, ja auszulöschen.

V.

Vor einem guten halben Jahr noch hätte niemand geglaubt, daß die Entwicklung sich überhaupt, gar in einem so rasenden Tempo vollziehen könnte: Deutschland vor der Vereinigung, die militärischen Blöcke in der Auflösung, Europa vor dem Zusammenwachsen von Westen und Osten. Doch schon werden die damit verbundenen gewaltigen Aufgaben als Aufgaben von gestern und vorgestern bezeichnet. Auch ich zähle mich zu denjenigen, die sie als Aufräumarbeiten einer Vergangenheit betrachten, die endlich überwunden werden muß. Natürlich wird uns die Abwicklung noch lange beschäftigen – und doch: Das sind nicht die drängenden Themen von morgen.

Wenn wir die Zukunft gewinnen, wenn wir das Überleben der Menschheit sichern wollen, dann sind wir dazu verdammt, längerfristiger denn je zu denken und globaler denn je zu handeln. Deshalb gehören Klima und Ozonloch, Bevölkerungsexplosion und Verschuldungskrise, also das sich zuspitzende Amalgam aus Nord-Süd-Konflikt und Umweltgefährdung, ganz oben auf die Tagesordnung. Das, nicht etwa das Ende des Ost-West-Gegensatzes oder die Wiederbelebung von Nationalismus, kennzeichnet die eigentliche, die Hoffnung und Ansporn erheischende Zeitenwende.

Keiner kann sich noch dem Wissen entziehen, das uns die Medien über Lebenssituation und Aussichten der Menschen in der sogenannten Dritten Welt Tag um Tag ins Haus liefern.

Ebensowenig können wir unseren Teil der Mitverantwortung übersehen. In gleicher Deutlichkeit wissen wir, daß der Mensch bei seinen Versuchen, sich die Natur untertan zu machen, Konsequenzen und Wechselwirkungen in Gang gesetzt hat, deren Existenz zunächst kaum und deren Dynamik erst recht nicht erahnt werden konnten. Fortschrittliche Technik, einst das Werkzeug überhaupt auf dem Weg in eine bessere Zukunft, scheint sich gegen eine Menschheit zu richten, deren Umgang mit dem Globus zum größten Problem unserer Zeit geworden ist.

Doch war Wirtschaften jemals unproblematisch? Sind das Unbehagen am Fortschritt und die Angst vor der Apokalypse, diese allzu begreiflichen Reaktionen auf die Widersprüche der Moderne, zum erstenmal wirklich objektiv zutreffende Erfahrungen?

Viele der uns überlieferten Mythen der alten Griechen, etwa über Prometheus oder Ikarus, handeln von Verstößen gegen die göttliche und natürliche Ordnung, denen brutale Strafe folgte. Dieser Faden zieht sich durch die gesamte Ideengeschichte der Menschheit. Immer, bis in die Neuzeit, gab es Denker, die Erfinder und kunstfertige Techniker denunzierten, sie seien mit finsteren Mächten im Bunde.

Die Ausbreitung des Bergbaus im Deutschland des 15. und 16. Jahrhunderts wurde mit durchaus modern anmutenden Argumenten abgelehnt: Sie verwüste Felder und Wälder und führe zum Artensterben, weil das Waschen der Erze in Bächen und Flüssen das Wasser vergifte und damit die Fische vernichte; der Mensch verstoße gegen göttliche Gebote, die es ihm nur gestatteten, von der Natur seinen Lebensunterhalt zu gewinnen, nicht aber, sie zu zerstören, indem er sich in ihre Eingeweide hineinwühle.

Die Maschinenstürmer des frühen 19. Jahrhunderts sind ein weiteres und das wohl bekannteste Beispiel für solche Widerstände: Sie gelten als die Paradefiguren einer ebenso sinnlosen wie abwegigen Opposition gegen die Technik. Auch im späten 19. Jahrhundert, das gemeinhin als Elysium des Fortschrittsoptimismus, der Wissenschafts- und Technikbegeisterung gilt, gab es einen, wenn auch nur von wenigen Vordenkern wie Kierkegaard vertretenen radikalen intellektuellen Antimodernismus: Zum erstenmal wurde die Möglichkeit einer Herrschaft der Technik über den Menschen bedacht.

Mit dem Siegeszug des naturwissenschaftlich-technischen Denkens wandelte sich die Zeitperspektive. Man richtete sich nicht länger am Bild einer besseren Vergangenheit aus, sondern an einer verheißungsvollen Zukunft. Wurden zu Beginn des 19. Jahrhunderts Umwälzungen von vielen als Zerstörung des Vertrauten, des Gewachsenen empfunden, so wurden sie mit dem Beginn der Industriegesellschaft als Etappen auf dem Weg des Fortschritts gewertet. Gegenwart hieß nicht länger Bewahren, sie wurde als Durchgangsstation auf dem Weg zu etwas Neuem, Besserem verstanden.

Damit einher ging allerdings, darauf hat Wolf Lepenies hingewiesen, eine sich schrittweise verstärkende Historisierung der Natur. Das Vertrauen in die kompensierende Macht Gottes, das die Menschen der Verantwortung für die Folgen ihrer Handlungen an der Natur enthebt, schwand. Es machte allmählich einem Bewußtsein Platz, das die Natur als zerstörbar, also nicht unendlich belastbar begriff. Der Mensch sah sich mit den Konsequenzen seines Umgangs mit der Natur konfrontiert.

Sind also Widerstand gegen den Fortschritt und Kritik an der Technik konstante geschichtliche Erfahrungen? Sind sie Teil des alten Projekts der Aufklärung über die Aufklärung? Ist demzufolge alles schon einmal dagewesen? Besteht, frage ich noch einmal, weil Katastrophen oft genug beschworen wurden, kein Handlungsbedarf?

Dem steht die simple Erkenntnis entgegen, daß unser jetziges Wissen uns signalisiert, die Zeit zum Handeln sei gekommen. Entscheidungen müssen getroffen werden, weil die Natur ihren eigenen Gesetzen folgt und der Mensch seine eigene Existenz verspielt, wenn er sich ihnen nicht fügt. Sich in einer solchen Situation zurückzulehnen und bis zur vermeintlich endgültigen Klärung auf weiteren Forschungsarbeiten zu bestehen, heißt einer Verantwortungslosigkeit nachzugeben, die bestenfalls auf einem analytischen Irrtum beruht.

Im Ost-West-Konflikt haben wir diesen Fehler nie begangen. Wo immer eine militärische Bedrohung denkbar erschien, gab nicht die letzte schlüssige Beweisführung den Ausschlag dafür, teure Waffensysteme zu beschaffen. Die Plausibilität eines Risikos reichte aus, um Vorkehrungen zu treffen, und mitunter bedurfte es nicht einmal dieser Restrationalität, damit Milliarden ausgegeben wurden: Die absurde Hochrüstung in der Breschnew-Ära ist dafür ein eindrucksvolles Beispiel.

VI.

Doch wie können wir, wie sollen wir künftig bessere Entscheidungen treffen, wenn die Datenbasis unzureichend und unzuverlässig, also unsere Einsicht in die Zusammenhänge unvollständig ist? Wie nicht an diesem Dilemma verzweifeln, wo doch jeder Eingriff zu Wechsel- und Nebenwirkungen führen kann, die wir nicht vorhersehen können, anders also als bei so simplen Systemen wie der Verteidigung, bei der es – ohne beleidigen zu wollen – letzten Endes ziemlich belanglos war, ob sie mit unnötigen Kapazitäten ausgestattet ist oder nicht? Wie mit dieser neuen Unsicherheit, dieser noch unbeherrschten Komplexität handlungsfähig umgehen?

Auch hier hilft Erinnerungsarbeit. Hin- und Hergerissensein, Unsicherheit sind das eigentliche Signum der Moderne. Je mehr man weiß, desto unruhiger wird man. Karl Popper hat es so formuliert: »Wir entdecken mit jedem Schritt, den wir vorwärts machen, mit jedem Problem, das wir lösen, nicht nur neue und ungelöste Probleme, sondern wir entdecken auch, daß dort, wo wir auf festem und sicherem Boden zu stehen glauben, in Wirklichkeit alles unsicher und im Schwanken begriffen ist.«

Handeln geschieht immer unter Ungewißheit. Letzte Sicherheiten gibt es nicht. Wir werden deshalb auch zukünftig nicht umhin können, Wertentscheidungen zu treffen. Wenn aber alte Werte mit neuen Erkenntnissen oder Entwicklungen in Konflikt geraten, wenn alte Wertentscheidungen dazu führen, daß grundsätzlich bekannte Risiken vergrößert werden, dann muß man wohl zu neuen Werten kommen. Darin und in nichts anderem liegt – ich bin fest davon überzeugt – die ganze Erklärung, warum es so nicht weitergehen konnte mit der Blockade der neuen Probleme durch den Ost-West-Gegensatz.

Doch neue Wertsysteme fallen schwer. Da mag es verständlich sein, wenn zunächst der einfache Weg versucht wird: Die schmerzhafte Suche nach neuen Werten wird durch die bequeme Rückkehr zu alten Sicherheiten ersetzt, zu vermeintlich natürlichen Gesetzen, die der Mensch nicht gestalten kann, sondern denen er sich unterordnen muß. Zurück zur Natur – die Wunderdroge für alle Krankheiten der menschengeschaffenen Zivilisation?

Es ist ja so einfach: Wer die Natur zur Richterin aller Dinge macht, wer sich auf sie beruft, braucht keine weitere Rechtfertigung, Andersdenkende sind Falschdenkende. Daß unberührte Natur ein vorgeschichtlicher Zustand ist, den man nur dann wieder herstellen könnte, wenn man alles in den Orkus verdammen wollte, was uns politisch, sozial, kulturell und historisch geprägt hat, das freilich wird dabei gnädig übersehen.

Dieser Ökozentrismus scheint mir die neueste abendländische Variante des Fundamentalismus. Denn mit der Formel »Wer gegen die Natur ist, ist gegen die Menschen« kann man letztlich nichts anderes erreichen, als unüberbrückbare Feindschaften auszurufen, die Dialog, gar Konsensfindung von vornherein ausschließen. Gegenüber unmoralischen oder irrationalen Zeitgenossen – und so muß diese Position Andersdenkende einstufen, wenn sie sich selbst ernst meint – kann man nur deren Abschied aus der Menschheit fordern.

In Wirklichkeit wird damit jeder Freiraum zur Gestaltung der ersehnten besseren Zukunft aufgegeben. Unsicherheit bedeutet nämlich auch Freiheit vom Aberglauben des Determinismus. Sie ist damit das genaue Gegenteil einer in letzter Konsequenz reaktionären Haltung: Wer Zukunft aktiv gestalten will, sich aber erst einmal gegen Entwicklung und Fortschritt ausspricht, der beharrt schließlich, so paradox es sich anhört, auf einem Status quo, den eigentlich doch alle verändern wollen.

Da zeigt auch manche verbale Krafthuberei nur einen scheinbaren Weg aus dem Dilemma. Im Angesicht der »Schicksalsergebenheit in den suizidalen Idiotismus unserer industriellen Zivilisation« fordert ein Autor wie Joschka Fischer einen radikalen ökologischen Pragmatismus, bei dem der Zweck die Mittel heiligt, weil im Angesicht der drohenden ökologischen Apokalypse angeblich jedes andere Risiko gering einzuschätzen sei. Die Gestaltung der Zukunft als reines Macht- und Umsetzungsproblem? Ich meine, die Doktrinäre einzig richtiger Wege leiden auch heute noch an einer Selbstüberschätzung, deren Gefährlichkeit wir aus historischer Erfahrung kennen.

Wirklichkeit läßt sich nicht in einem simplizistischen Entweder-Oder abbilden. Richtig ist, daß uns die einseitige Betonung eines Fortschritts auf Kosten der Natur globale Probleme beschert hat. Jetzt darf es nicht darum gehen, diese Einseitigkeit durch eine neue zu ersetzen. Schärfer formuliert: Die scheinbar einfachen Lösungen, die auf einer unverantwortlichen Reduzierung komplexer Wirkungsgefüge beruhen, werden uns vor noch viel größere Probleme führen.

Nein: Wer unter den Bedingungen von Unsicherheit und Komplexität verantwortlich Zukunft gestalten will, der darf nicht pauschalieren und vereinfachen, der muß differenzieren und abwägen, für neue Themen offen sein, divergierende Standpunkte und konkurrierende Interessen miteinbeziehen.

Die neuen Themen sind erkannt. Der Paradigmenwechsel wird weltweit grundsätzlich nicht mehr bestritten. Das Ziel, auf das wir hinarbeiten müssen, heißt umweltverträglicher Fortschritt und Wohlstand für alle Menschen. Die Frage ist, was wir bedenken müssen, um damit voranzukommen.

VII.

Zunächst dürfen wir eben nicht vereinfachen, sondern müssen, in einem ersten Schritt, die Komplexität sogar noch erhöhen. Tragfähige Lösungen ergeben sich nicht aus einer isolierten Betrachtung der Teile, sondern nur aus der synthetischen Betrachtung des Ganzen. Wer einen Teilaspekt oder eine Komponente in einem System optimiert, tut dies immer auf Kosten der anderen. Er setzt Prozesse in Gang, die er nicht mehr kontrollieren kann, von denen er oft sogar nichts weiß, mit deren Resultaten er aber trotzdem konfrontiert wird.

Man wird mir zu Recht entgegenhalten, daß das nichts Neues sei. »Ganzheitlichkeit« und »Systemdenken« sind modische Schlagwörter, die jeder im Munde führt und in der Theorie bejaht, während im konkreten Handeln nach wie vor Einzellösungen und Partialinteressen dominieren.

Ich verkenne nicht, welche Anstrengungen auf vielen Gebieten unternommen werden und welche Erfolge erzielt wurden. Auch in der Wirtschaft beginnt sich diese Sichtweise grundsätzlich durchzusetzen. Als Stichwort fällt mir in diesem Zusammenhang natürlich, wen nimmt es Wunder, das Verkehrssystem ein. Da steht zunehmend nicht mehr das Auto im Mittelpunkt, sondern die Frage nach der optimalen Vernetzung aller Verkehrsmittel untereinander und mit ihrem Umfeld. An der notwendigen Verknüpfung der Subsysteme auf der Grundlage vor allem der Informationstechnik wird gearbeitet. Ein anderes Beispiel sind die Versuche, Entsorgung und Recycling von Anfang an in die Planung neuer Produkte mit einzubeziehen.

In den Unternehmen setzt die Fähigkeit, an solchen Fragen zu arbeiten, teilweise weitreichende interne Umstrukturierungen voraus. In vielen Fällen führen sie auch zu veränderten Aufgabenabgrenzungen. Allein damit, nur von neuen Produkten zu träumen, ist jedenfalls noch nichts erreicht. Eine neue Generation von Automobilen wie von schienengebundenen Fahrzeugen kann – um im Beispiel zu bleiben – erst entstehen, wenn die öffentliche Infrastruktur bereitgestellt wird, die für Verkehrsleitsysteme unabdingbar ist.

Das mögen Satelliten sein, Relaisstationen an Autobahnen, weiterentwickelte Park-and-Ride-Systeme am Rande der Innenstädte oder grundlegend modernisierte Umschlagbahnhöfe zwischen Schiene und Straße. Alles das aber wird nicht zu haben sein, wenn die überkommene Arbeitsteilung im Staat einfach fortgeschrieben und im übrigen im Namen einer marktwirtschaftlichen Ordnungspolitik eine reinliche Trennung der privatwirtschaftlichen von der staatlichen Entwicklungsstrategie gepflegt wird.

Mit anderen Worten: Moderne Industriegesellschaften müssen ihre natürlich auch weiterhin zwingend notwendige Arbeitsteilung zwischen öffentlicher und privater Verantwortung in weiten Bereichen neu durchdenken, neu organisieren, wenn die Herausforderungen, vor denen wir stehen, gemeistert werden sollen. Keine Frage, daß da viel bereits getan wird. Und doch wissen wir alle, daß Theorie und Handeln noch lange brauchen werden, bis sie zur Deckung kommen.

VIII.

Ich will das unter einem ganz anderen Blickwinkel noch ein wenig verdeutlichen.

Mitunter erheben Wissenschaftler den Vorwurf, die Gesellschaft – im Klartext: der Laie – sei gar nicht in der Lage, die wirklich wichtigen Probleme zu erkennen, weil der Sachverstand fehle und die Bewertungsmaßstäbe ohnehin falsch seien. So würden etwa bei Kernenergie oder Endlagerung die falschen Risiken auch noch weit überschätzt – kurz: Die Aufregung entspräche in den meisten Fällen nicht der Bedeutung des Problems.

Bei allem Respekt fürchte ich demgegenüber, daß es allzu bequem und vereinfacht sein könnte, unangemessene Aufgeregtheit einfach auf fehlende Kenntnisse oder verzerrte Medienberichte zurückzuführen. Wieso, so könnte man zurückfragen, schaffen es die Wissenschaftler denn nicht, die Öffentlichkeit über die wirklich wichtigen Fragen zu informieren, Fragen so zu stellen und Probleme so zu erklären, daß sie auch für den Laien verständlich sind?

Gehört es nicht auch zur Verantwortung der Wissenschaftler, eine klare, allgemein verständliche Sprache zu sprechen? Wie kommt es, daß es so oft die sogenannten kritischen Stimmen sind, die sich am lautesten, aber eben auch am verständlichsten zu artikulieren verstehen und deshalb am ehesten gehört werden? Steht hinter solcher Zurückhaltung nicht immer noch die elitär – oder eben politisch naive – Überzeugung, daß es nur eine wirkliche, nämlich die Natur-Wissenschaft gibt, die den Besitz der Wahrheit gewährt, während alle anderen mit skeptischer Herablassung betrachtet werden?

Komplexität zu erhöhen, kann in diesem Fall zweierlei bedeuten.

Es kann zum einen heißen, nach den Ursachen für unbegründete Ängste und Befürchtungen der allgemeinen Öffentlichkeit oder bestimmter Interessengruppen zu suchen. Sie könnten ja mitunter auch ein Indiz für versäumte informatorische Bringschulden darstellen und schon daher jeglichen Versuch verbieten, Einwände einfach mit dem Vorwurf des fehlenden Sachverstandes vom Tisch zu wischen.

Es kann aber auch heißen, innerhalb und zwischen den Fachdisziplinen einen echten Dialog in Gang zu setzen. Das ist, im Unterschied zu den meisten einschlägigen Institutionen, ein zentraler Anspruch der Akademie der Wissenschaften. Darum steht der Widerstand gegen sie gerade in einer Stadt wie Berlin in so schlimmem Gegensatz zu den Erfordernissen der Zeit.

Über die Mühen, aber auch die Erfolge des spannenden Unterfangens der Interdisziplinität wissen die Mitglieder genauso wie die Mitarbeiterinnen und Mitarbeiter mittlerweile eine ganze Menge. Für den Anfang jedenfalls ist es nicht wenig. In Systemen zu denken und Systemlösungen zu entwickeln, sich dabei der Mühe interdisziplinärer Arbeit zu unterziehen, erfordert ein spezifisches Know-how, das nur sehr allmählich wachsen kann.

Darum wäre es ein wahrlich großes Geschenk, wenn wir mit kritischen Fragen bombardiert würden, ob und inwieweit wir den eigenen Ansprüchen gerecht wurden, was wir hätten besser machen können. Haben die Mitglieder der Arbeitsgruppen immer das ganze Meinungsspektrum abgedeckt? War die Arbeit der Akademie, um die von Jürgen Mittelstraß formulierte Unterscheidung zu verwenden, wirklich in allen Fällen interdisziplinär oder erschöpfte sie sich manchmal in Multidisziplinarität, also dem additiven Aneinanderreihen unterschiedlicher

Standpunkte? Stand das Erarbeiten gemeinsamer, von allen getragener Positionen und Handlungsanweisungen im Vordergrund oder das Durchsetzen eigener Ansichten?

Wie traurig, daß jene Berliner Öffentlichkeit, die auf diesem Felde kundig ist, statt solchem kritischen Hinterfragen dem Desinteresse oder dem eigenen Erbhof mehr zuzuneigen scheint als der Auseinandersetzung mit Arbeitsformen der Zukunft.

Vielleicht müssen wir uns allerdings alle miteinander prüfen, ob wir überhaupt fähig sind, bei der Gestaltung von Interaktionsprozessen nicht die jeweils eigenen Positionen oder Standpunkte, sondern die Frage nach gemeinsamen Interessen in den Mittelpunkt zu stellen. Fehlen nicht gerade hier Verfahren und Regeln, über die Konsens besteht, so daß man sich über die jeweiligen Inhalte konstruktiv streiten kann?

Sei dem wie es sei: Die Akademie hat sich den Themen nach der Zeitenwende nicht nur im verbalen Anspruch gestellt, sondern hat auch den Versuch unternommen, diesen Anspruch organisatorisch einzulösen. Das drückt sich nicht nur in der Arbeitsweise, sondern auch in der Bereitschaft aus, politisch und gesellschaftlich relevante Themen anzugehen. Sie hat sich eben nicht in koketter Verweigerung oder akademischer Grundsätzlichkeit der Verantwortung entzogen, sondern sie aktiv angenommen, um nicht zuletzt der Politik bei kontroversen Fragen Entscheidungshilfe zu geben.

So gesehen mag es nicht erstaunen, daß man sich auch unbeliebt gemacht hat. Um so mehr sollten Sie mir, trotz aller unzweifelhaften Verdienste der Akademie, die provokante Frage gestatten, ob wir wirklich weit genug gegangen sind.

Stünde nicht heute neben der Suche nach den Auswirkungen, wie sie bislang in der Technikfolgenabschätzung gestellt wird, auch die Frage nach den Elastizitätsgrenzen, der maximalen Belastbarkeit von Systemen an? Natürlich kann man da leicht mit dem Verdacht überzogen werden, man wolle nichts anderes erreichen, als es den berüchtigten Machern zu ermöglichen, bis an die Grenzen zu gehen. Aber könnte nicht doch das Wissen um Grenzelastizitäten auf einer Fülle von Gebieten unverzichtbar sein, wenn wir lernen wollen, in einer von Knappheit gekennzeichneten Welt drängende von weniger drängenden Aufgaben zu unterscheiden?

Ich bin fest davon überzeugt, daß wir dringender denn je Institutionen brauchen, in denen solche Probleme von Wissenschaftlern aus verschiedenen Lagern – nicht allein aus verschiedenen Disziplinen – untersucht werden. Es kann schon ein Gewinn sein, zu erkennen, daß endgültige Aussagen nicht oder noch nicht möglich sind, oder welche Handlungsalternativen mit welchen Unsicherheiten behaftet sind. Selbstverständlich ist es, daß dabei die Verfahren ebenso wie die Kriterien solcher Bewertungen regelmäßig und sorgfältig offenzulegen sind.

Diese Akademie verkörpert eine, wenn man so will, Meta-Ebene der etablierten Institutionen für Problemlösungen. Zu diesem katalytischen Zweck vereinigt sie in sich Menschen, die aus ihrem Fachgebiet Kenntnisse in die Bearbeitung von solchen Themen mitbringen, die im Institutionengefüge der zum Denken Berufenen bisher keinen alltäglichen Platz hatten. Akademien wie diese werden unverzichtbar notwendig bleiben, solange die Eigentümlichkeiten des deutschen Bildungs- und Forschungsapparats, aber auch die fatale Anhänglichkeit der Intellektuellen an Zeitgeist und eigenes Arbeitsgebiet neue Kombinationen nahezu unmöglich machen.

Eher wechselt ein Institutsdirektor, der etwas auf sich hält, die Universität, als das anvertraute Institut um einer neuen Fragestellung willen für den Zusammenschluß mit einem anderen zur Disposition zu stellen. Oder hat man schon je davon gehört, daß neue Wissenskanons anders als additiv in die Prüfungsordnungen Eingang gefunden hätten? Wo hat es je eine Strukturreform aller derjenigen Verordnungen gegeben, die die Last überkommener Prüfungsgegenstände auch um den Preis einer Verschulung des Lehrbetriebs weiter mitgeschleppt haben? Oder will man die weiter wachsende durchschnittliche Studiendauer ernsthaft allein mit unzureichenden Stipendien und Überlastquoten erklären?

IX.

Ich denke wohl, daß Berlin das Signal, das in einer Auflösung dieser Akademie liegen würde, unter den Vorzeichen der Zeitenwende neu bedenken sollte.

Für diese Stadt, die wie keine andere von Gegenwart zwischen Ost und West geprägt wurde, wird der Umbau hin auf die neuen Themen lebensnotwendig sein. Alles andere würde nichts sein als die degoutante Selbstgefälligkeit, man habe dergleichen nicht nötig, weil einem die gebratenen Tauben der wiedergewonnenen Hauptstadtfunktion ohnehin in den Mund fliegen. Das aber wäre in der Tat eine fatale Neigung zu wilhelminischen Replikaten: Wir sind wieder wer.

»Der Geist ist der Inspirator Berlins.« Im Zeitalter der Informationsverarbeitung gilt diese Mahnung mehr denn je. Und ist es nicht auch dieser Geist, den die Mütter und Väter des Grundgesetzes meinten, als sie versuchten, der im Entstehen begriffenen Demokratie den Rahmen zu geben, in dem sich ein praktisches Ethos der Verantwortung für die jeweils neuen Fragen der Menschlichkeit entfalten sollte?

Vor der Währungsunion

Zu den wirtschaftlichen Aufgaben in Deutschland

Trotzdem ahnt ein jeder, daß nach 57 Jahren der Diktatur der Übergang in freiheitliche Lebensformen nicht ohne handfeste Probleme und sorgenvolle Entwicklungen ablaufen kann.

I.

Jeder Deutsche hat wohl seine eigenen Gefühle, wenn er sich daran erinnert, was war, und daran denkt, was kommen wird.

Auch ich habe meine Sorgen, in mancher Stunde meine Ängste. Und doch herrscht zum Schluß immer wieder eines vor: Ich freue mich ganz einfach, daß alle, die sich durch reinen Zufall, nämlich den Zufall des Wohnorts, mit ungleich schlechteren Chancen als wir im westlichen Teil Deutschlands herumschlagen mußten, nun endlich ihr Leben selbst in die Hand nehmen können. Trotzdem ahnt ein jeder, daß nach 57 Jahren der Diktatur der Übergang in freiheitliche Lebensformen nicht ohne handfeste Probleme und sorgenvolle Entwicklungen ablaufen kann. Es gibt auch keine Möglichkeit, diese Belastungen über Nacht abzubauen – weder durch finanzielle noch andere Hilfe, erst recht nicht durch Zauberformeln. Was immer die Bürgerinnen und Bürger im westlichen Teil Deutschlands tun werden – die entscheidende Leistung müssen die Deutschen im Osten selbst erbringen.

Und sie werden das schaffen. Im Unterschied zu manchen seltsamen Stimmen gibt es daran für mich nicht den geringsten Zweifel. Immerhin hat sich die DDR trotz aller Widrigkeiten den 15. Platz in der Rangskala der Industrienationen erarbeitet. Deshalb ist es ganz und gar unangemessen, den unbestreitbaren

Berg der Erblast in einer Weise zu beschreiben, die den Eindruck zu vermitteln versucht, zur zweiten Garnitur zu gehören.

Ich weiß aus allen Begegnungen und Berichten nur eines: An Arbeitswillen und Leistungsbereitschaft, an Lernfähigkeit und Improvisationstalent hat es in der Vergangenheit nicht gefehlt und wird es auch in Zukunft nicht fehlen. Der Rest, nämlich die Überwindung der materiellen Probleme, ist eine Frage der Zeit.

Auf dem Hintergrund dieser festen Überzeugung hat es für mich einen sehr persönlichen Bezugspunkt, daß ich meine erste Rede in der DDR in Magdeburg halten darf. Mein Vater war bis 1933 Oberbürgermeister dieser Stadt, mit der ihn zeit seines Lebens Stolz und Liebe verbanden, hier wurde er von den Nazis abgesetzt, von hier schleppten sie ihn zweimal ins Konzentrationslager. Mir steht bis heute das Bild vor den Augen, wie ihn die Männer in den Ledermänteln abgeholt haben; und weil er ein drittes Mal, das ihm bevorstand, nicht überlebt hätte, mußten meine Eltern mit mir ihre Heimat verlassen, um zunächst nach England, dann in die Türkei auszuwandern.

An einem solchen Ort werden Erinnerungen wach. Ich kann nicht anders, als ihnen zumindest für einen Moment nachgeben. So fallen mir die Worte ein, mit denen mein Vater, damals gewählter, aber an der Amtsführung gehinderter Oberbürgermeister von Groß-Berlin, am 18. März 1948 seine Ansprache an die Berliner Bevölkerung anläßlich des einhundertsten Jahrestages der deutschen Märzrevolution beendet hat:

»Solange werden wir kämpfen, bis wir an einem anderen 18. März als eine freie, im friedlichen Bunde der Völker unseren Platz einnehmende Nation mit Recht zu den Toten sagen können, daß wir ihren Auftrag erfüllt haben. Das schwarz-rotgoldene Banner eines freien, einigen und friedlichen Deutschland, unter dem sie zu Grabe getragen wurden, können wir noch nicht entfalten. Aber in unserem Herzen lebt der feste Wille, den uns gegebenen Auftrag zu vollenden. Die Welt, die der Freiheit und Gerechtigkeit dienen will, sie soll wissen, daß wir zu ihr gehören. Wir wissen, daß sie uns nicht im Stich lassen wird, wenn wir den Ideen des 18. März treu bleiben.«

Wer hätte damals für denkbar gehalten, daß auf den Tag

genau 42 Jahre vergehen würden, bis die Deutschen im östlichen Teil unseres Landes das Recht erlangen, in freier Abstimmung ihr Parlament zu wählen! Und wer hätte noch vor einem Jahr zu denken gewagt, daß sich diese Entwicklung überhaupt, gar in so rasantem Tempo, vollziehen würde!

Es sind also auch – ich scheue mich nicht, es zu sagen – ganz sentimentale Gründe, warum es mich so anrührt, gerade hier in Magdeburg eine Gelegenheit zum Miteinanderreden, zum Erfahrungs- und Gedankenaustausch zu haben. Nicht mehr, aber auch nicht weniger sollen meine Anmerkungen zu den wirtschaftlichen Aufgaben in Deutschland sein: Ein Einstieg in eine spannende Diskussion, die jedenfalls bisher nicht jeden Tag möglich war.

II.

Ich will mit einer These beginnen, die auf den ersten Blick sehr kühn klingen mag, kühn zumindest für einen derjenigen, die so tief von den Vorzügen eines marktwirtschaftlichen Systems überzeugt sind wie ich. Meine Behauptung lautet, daß es kurzsichtig, sogar gefährlich wäre, wenn man sich zur Lösung der in der DDR anstehenden Aufgaben ganz allein auf die Kräfte des freien Marktes verlassen und alles Heil in Deregulierung und Privatisierung sehen würde.

Natürlich steht es außer Zweifel, daß für einen erfolgreichen Neuanfang der Wirtschaft – um nichts weniger geht es – die Einführung privater Unternehmen, die an ihrem Erfolg im Wettbewerb und nicht ihrer Planerfüllung gemessen werden, unerläßlich ist. Aber das allein wird nicht ausreichen, um die Voraussetzungen dafür zu schaffen, daß ebenso rasch wie leistungsfähig wirtschaftliche Strukturen entstehen, wie sie in der Bundesrepublik erst über einen Zeitraum von Jahrzehnten gewachsen sind. Um Wachstum möglich zu machen, bedarf es vielmehr neben den Kräften von Markt und Wettbewerb auch wirtschaftspolitischer Konzepte, die diese Prozesse unterstützen. Anders gesagt: Notwendig ist ein Ineinandergreifen von privatwirtschaftlicher Initiative und staatlichen Maßnahmen.

Bei einigen, vielleicht sogar bei vielen, wird das ein eher unbehagliches Gefühl hervorrufen: Da haben wir nun den allmächtigen Staat endlich zurückgedrängt, und dann kommt dieser Kerl aus dem reichen Westen und erklärt uns, wir müßten den Staat durch die Hintertür wieder einführen.

So herum hätte man mich allerdings gründlich mißverstanden. Ich rede weder Planmethoden noch staatlichem Dirigismus das Wort, sondern einer Kooperation zwischen öffentlicher und privater Hand, um die dringlichsten Probleme rasch und unbürokratisch zu lösen. Dazu gehört aber nicht zuletzt, daß von staatlicher Seite aus die Rahmenbedingungen bereitgestellt werden, die unverzichtbar sind, damit dann der Markt das seine tun kann.

Ich muß etwas ausholen, um zu erklären, was ich meine.

III.

Zunächst einmal wird es niemand überraschen, wenn ich vorhersage, daß es im Gefolge der Währungsunion nicht nur kurz-, sondern auch langfristig zu einer deutlichen Verlagerung der Nachfrage hin zu Produkten aus der Bundesrepublik oder dem westlichen Ausland kommen wird. Das wird automatisch dazu führen, daß sich bestätigt, was jetzt schon erkennbar ist: Auch dann, wenn man – was man vermutlich nicht darf – die Exporte in die bisherigen RGW-Länder, insbesondere in die UdSSR, als dauerhaft unterstellt, gibt es in der DDR sehr erhebliche Überkapazitäten in weiten Teilen der industriellen Produktion. Jede Kaufentscheidung für ein westliches Produkt bedeutet nun einmal Minderbeschäftigung für die eigene Wirtschaft, wenn nicht gleichzeitig in anderen Bereichen neue Absatzchancen entstehen. Arbeitslosigkeit in erheblichem Umfang wird als Folge unvermeidlich sein.

Es ist mehr als verständlich, daß angesichts solcher Erwartungen allerorten der Ruf nach Subventionen und Schutzmaßnahmen ertönt. Dabei darf man jedoch nicht übersehen, daß Hilfen dieser Art höchstens für eine kurze Übergangszeit sinnvoll sein können. Langfristig tut sich niemand damit einen Gefallen. Abschottung vom Wettbewerb führt nämlich zu nichts anderem, als unrentable Kapazitäten zu erhalten und auf diese Weise notwendige strukturelle Anpassungsprozesse hinauszuzögern. Dafür gibt es genügend Beispiele in der Welt, aber keinen einzigen Gegenbeweis. Nein, ich fürchte, daß die notwendige Anpassung der Wirtschaft in der DDR nur durch eine breit angelegte und nach vorn gerichtete Modernisierungsstrategie gewährleistet werden kann.

Modernisierung betrifft zweierlei: Zum einen müssen Produkte erzeugt werden, die mit den Angeboten aus dem Westen Schritt halten können, und zum anderen müssen die Produktionsverfahren effektiver werden. Beides erfordert riesige Investitionen. Es erfordert aber auch eine interne Umstrukturierung der Unternehmen. Marketing und Finanzierung, strategische Planung und Controlling, Produktsteuerung und Design müssen neu organisiert oder mit neuen Inhalten gefüllt werden.

Eine große Zahl der ostdeutschen Unternehmen wird diese Umstrukturierung aus eigener Kraft bewältigen können, natürlich auch mit der überbrückenden Hilfe von Bankkrediten. In vielen anderen Fällen wird es zu Kooperationen und Beteiligungen kommen müssen, um den Unternehmen möglichst rasch den Zugriff auf westliches Know-how und Technik zu ermöglichen und so die notwendigen Innovationen, sowohl bei den Produkten als auch bei den Produktionsverfahren zu unterstützen.

Dabei sollte man nicht die Augen davor verschließen, daß sich die Kooperations- und Beteiligungsangebote auf solche Bereiche beschränken werden, die zumindest längerfristig Gewinnchancen versprechen. In Bereichen, in denen die Wirtschaft der Bundesrepublik selbst mit Schwierigkeiten zu kämpfen hat, werden solche Angebote fehlen.

Als Ergebnis unzähliger Gespräche bin ich allerdings von einem überzeugt: daß es die weit überwiegende Zahl der westdeutschen Unternehmer durchaus auch als eine moralische Verpflichtung ansieht, zu helfen, wo immer sich das wirtschaftlich irgendwie vertreten läßt und wo immer man sich das, auch um den Preis größter Anstrengungen, leisten kann. Im Klartext heißt das, daß man in vielen Fällen bereit sein wird, bei Kooperationen und Beteiligungen für eine gewisse Zeit Anlaufverluste in Kauf zu nehmen, um den Unternehmen in der DDR den Übergang zu erleichtern und damit wenigstens auf die Dauer wieder neue Arbeitsplätze zu schaffen.

Vielleicht darf ich in diesem Zusammenhang einige Worte dazu sagen, was in unserem Hause geplant wird, teilweise bereits realisiert ist.

So steht bei unserer Tochtergesellschaft, der AEG, eine hälftige Beteiligung an der Lokomotivbau Elektrotechnische Werke »Hans Beimler« in Hennigsdorf zur Diskussion. Mit mehreren anderen Kombinaten sind inzwischen gleichfalls Vorverträge abgeschlossen. Weiterhin hat die AEG hier in Magdeburg vor einigen Wochen ihre erste Technische Vertriebsniederlassung eröffnet. Das Vertriebsnetz soll durch den Aufbau von Niederlassungen in Dresden, Erfurt und Rostock weiter ausgebaut werden; in der Aufbauphase ist dabei eine Unterstützung und Beratung der Vertriebsstellen in der DDR durch »Paten«-Niederlassungen in der Bundesrepublik vorgesehen. Für die Hausgeräte der AEG wird ein flächendeckendes Netz von Stützpunkthändlern aufgebaut.

Unser Fahrzeugbereich, die Mercedes-Benz AG, steht in Verhandlungen mit dem Kombinat IFA-Nutzkraftwagen Ludwigsfelde. Was hier in gemeinsamer Arbeit technisch machbar ist, haben wir bereits mit dem Bau eines Prototypen gezeigt, eines LKW, dessen Fahrwerk im IFA-Kombinat produziert wurde und an das ein Mercedes-Benz-Fahrerhaus angepaßt wurde.

Die Liste aller geplanten und noch in Untersuchung befindlichen Engagements ist viel, viel länger, denn auch unsere beiden anderen Töchter, die Deutsche Aerospace und die Daimler-Benz InterServices, kurz: debis, sind schon längst aktiv geworden. Ich will nur hinzufügen, daß natürlich alle diese Pläne mit Unsicherheiten belastet sind. Vieles wird sich auf dem Markt durchsetzen, manches andere vielleicht nicht. Trotzdem kann ich mit – wie ich meine: begründetem – Stolz versichern, daß wir bei Daimler-Benz bisher jedes Projekt, das wir begonnen haben, weltweit erfolgreich zu Ende gebracht haben. Es gibt keinen erkennbaren Grund, warum das im östlichen Teil Deutschlands, gestützt auf fähige und leistungswillige Menschen, anders sein sollte.

IV.

Doch trotz allen Engagements wird es auch Unternehmen, gar ganze Branchen geben, die nicht saniert werden können. Dort wird es, dort muß es zu einer grundlegenden Kapazitätsbereinigung, zu umfangreichen Stillegungen kommen. Ich will wahrlich kein Prophet des Bösen sein, aber wenn man versucht, den Dingen realistisch ins Auge zu sehen, könnte das wohl vor allem in Branchen wie der Chemie oder der Energieerzeugung der Fall sein, schon weil dort die Schließung von Betrieben vielfach aus ökologischen Gründen unerläßlich sein wird; es könnte auch auf diejenigen Teile der Schwerindustrie und der Konsumgüterindustrie zutreffen, die an ungeeigneten, weil unwirtschaftlichen Standorten arbeiten.

So schlimm das für die Betroffenen ist, muß ich noch einmal wiederholen, daß dieses Problem nicht durch den Versuch gelöst werden kann, alte oder unrentable Strukturen durch Subventionen, etwa durch Steuer- und Abgabenentlastungen künstlich am Leben zu erhalten. Wir haben das in der Bundesrepublik zum Teil schmerzhaft am eigenen Leib erfahren.

Eine Antwort findet sich, wenn man über den bundesrepublikanischen Tellerrand hinaus in andere Länder schaut. Dort haben sich ähnliche Schrumpfungsprozesse in altindustriellen Gebieten vollzogen – in Regionen, die durch Großbetriebe mit einer kapitalintensiven Fertigung bei gleichzeitig geringem Forschungsbedarf gekennzeichnet waren. Und man findet dort eine ganze Reihe von Beispielen, die zeigen, daß man seine Hausaufgaben besser oder schlechter machen kann.

In Schweden, den Vereinigten Staaten, aber auch in Großbritannien hat man mit anderen regional- oder lokalpolitischen

Strategien weit bessere Erfahrungen gemacht als bei uns. Der Strukturwandel wurde dort ganz bewußt als unabwendbar akzeptiert. Gleichzeitig wurde versucht, durch regionale und damit problemnahe Politik Abhilfe zu schaffen. Und Gott sei Dank können wir wohl inzwischen davon ausgehen, daß diese Lehren auch im Saarland und im Ruhrgebiet verstanden worden sind und in neue, wieder wettbewerbsfähige Strukturen führen.

Die wichtigste Voraussetzung erfolgreicher Erneuerungsprozesse ist es also, den Strukturwandel als unabwendbar zu akzeptieren und zu versuchen, durch regionale und damit problemnahe Politik Abhilfe zu schaffen. Das muß durch Koordinierung aller am Wirtschaftsprozeß beteiligten Kräfte ebenso wie durch die Förderung privater Initiativen geschehen – nicht allein durch Geld, sondern vor allem durch die schnelle und unbürokratische Bereitstellung der erforderlichen Infrastruktur und Umschulung.

V.

Nicht nur Kapazitätsabbau, Rationalisierung und Stillegung im wirtschaftlichen Bereich werden zu Arbeitslosigkeit führen. Ich kann wohl als bekannt voraussetzen, daß die Staatsverwaltung der DDR personell überbesetzt ist und daß mit dem Übergang zu einer dezentral organisierten Gesellschaft schlagartig große Teile des zentralistischen Lenkungsapparates – ganz zu schweigen vom Stasi – überflüssig werden. Der erforderliche Aufbau von Kommunal- und Landesverwaltungen wird demgegenüber kaum mehr als ein Tropfen auf einen heißen Stein sein können.

Einen weiteren Problemsektor stellt natürlich die Landwirtschaft der DDR dar. Vergleicht man sie mit dem Wettbewerbsstandard in den meisten westlichen Ländern, so muß man wohl davon ausgehen, daß die 10 Prozent der Gesamtbeschäftigten, die heute dort tätig sind, auf keinen Fall gehalten werden können. Auch hier muß also mit einer erheblichen Freisetzung von Arbeitskräften gerechnet werden.

Es gibt Schätzungen, die alles in allem von einer Arbeitslosenquote von über 20 Prozent ausgehen. Auf Hochrechnungen dieser Art will ich mich nicht einlassen, zumal die Diskussion hierüber offensichtlich mehr von Sorge denn von Rationalität beherrscht wird. Das ist freilich auch mehr als verständlich, wenn man bedenkt, daß das, was schon an Aufbauarbeit geleistet, was an Initiativen in Gang gekommen ist, für die Öffentlichkeit viel weniger sichtbar ist als jenes drohende Gespenst, das von nüchternen Volkswirtschaftlern so einfach als Arbeitslosigkeit bezeichnet wird, das aber für den einzelnen Menschen, der davon betroffen wird, regelmäßig Hoffnungslosigkeit und Verzweiflung bedeutet.

Trotzdem möchte ich gern auf zwei Aspekte hinweisen, die, so scheint mir, häufig übersehen werden.

– Zum einen verdecken nämlich solche Prognosen der zu erwartenden durchschnittlichen Arbeitslosenzahl, daß es sehr große regionale Unterschiede geben wird – also Gebiete mit hoher und Gebiete mit niedriger Arbeitslosigkeit. Auf den ersten Blick klingt eine solche Aussage auch wieder nur nach eiskalter Statistik, doch tatsächlich ergeben sich hier Chancen, durch gezielte regionale Entwicklungsstrategien wirkungsvolle Aufbauarbeit zu leisten.

– Zum anderen, und das kann nicht oft genug wiederholt werden, wird die reine Zahl der Arbeitslosen eine wenig aussagekräftige Größe sein, will man den Erfolg der Umstrukturierungsphase objektiv beurteilen. Auch diese Anmerkung wird in Ihren Ohren zunächst herzlos, also typisch kapitalistisch klingen. Gleichzeitig bin ich mir bewußt, daß hier, wo Arbeitsplätze bisher zumindest formal gesichert waren, es eine ganz neue und bedrohliche Erfahrung ist, darum bangen zu müssen. Obwohl das für den einzelnen nur ein schwacher Trost sein mag, sage ich dennoch, daß das entscheidende Arbeitsmarktdatum für den Gesundungsprozeß der Wirtschaft nicht in der Höhe, sondern in der durchschnittlichen Dauer der Arbeitslosigkeit zu suchen ist.

Auch hier muß man nämlich genauer hinsehen. Ein hoher Prozentsatz derjenigen, die in der Statistik als Arbeitslose erscheinen, wird in Wirklichkeit schon auf dem Weg zu einem neuen Arbeitsplatz sein, indem sie gerade entsprechende Qualifizierungsmaßnahmen durchlaufen. Damit soll gesagt sein, daß nach meiner festen Überzeugung viel, viel schneller, als die meisten sich das heute vorstellen können, eine große Nachfrage nach qualifizierten Arbeitskräften entstehen wird.

So wird die geplante Entflechtung der Kombinate geradezu zwangsläufig zu einer wahren Renaissance des Mittelstandes führen. Für Menschen mit Unternehmungsgeist tun sich schon jetzt ganz neue Perspektiven auf, insbesondere im Handwerks- und Dienstleistungsbereich – ich nenne als Beispiele nur den Handel, den Tourismus und das Gaststättengewerbe. Viele stehen bereits in den Startlöchern und warten auf ihre Chance. Alles in allem werden durch kleine und mittlere Betriebe Hunderttausende von neuen Arbeitsplätzen geschaffen werden.

Dieser Prozeß kann allerdings nicht nur, sondern muß aktiv unterstützt werden. Hierzu zählen die vorgesehenen steuerlichen Anreize, die Gründungsdarlehen und ähnliches. Aber auch die Unternehmen selbst werden dazu in erheblichem Umfang beitragen.

Die Kooperationsbemühungen westlicher Großunternehmen beziehen sich in der Regel nur auf einige wenige der in den jeweiligen Kombinaten bisher zusammengeschlossenen Betriebe. Mercedes-Benz zum Beispiel will mit drei der insgesamt 25 Teilkombinate von IFA-Ludwigsfelde zusammenarbeiten. Deswegen bemühen wir uns, für die restlichen 22 Betriebe kompetente Partner aus den Reihen unserer traditionellen Zulieferer zu finden. Zu diesem Zweck wird Ende Mai in Ludwigsfelde ein Zusammentreffen aller Beteiligten stattfinden, bei dem die in Frage kommenden Möglichkeiten ausgelotet werden sollen.

Natürlich bedeuten solche Umstrukturierungen und Veränderungen, daß viele in einem anderen als dem erlernten Beruf tätig sein werden. Es werden neue – ich deutete es schon an – berufliche Anforderungen entstehen, die nur durch die Bereitschaft zu Umschulung und Weiterqualifikation ausgefüllt werden können. Da ist von jeder und jedem Einsatzbereitschaft und Flexibilität gefordert, Leistungswille und Risikofreude. Aber ist das nicht auch eine einmalige Chance, aus der oft genug beklagten alltäglichen Routine auszubrechen und etwas Neues, Spannendes zu beginnen? Mich jedenfalls würde es in keiner Weise wundern, wenn der alte Slogan »Go West« innerhalb kürzester Zeit durch ein »Go East« ersetzt würde!

Eine solche Umschulungs- und Qualifizierungsoffensive ganz aus eigener Kraft zu bewältigen, würde allerdings zu lange Zeit in Anspruch nehmen. Vor allem hier sind private und öffentliche Hand gemeinsam gefordert, Konzepte zu entwikkeln und sie in die Tat umzusetzen. Dabei sollte es für die Unternehmen selbstverständlich sein, soviel wie irgend möglich für interne Fortbildungsmöglichkeiten zu sorgen; das betrifft sowohl unternehmensspezifische Weiterbildung, etwa im Bereich der Daten- und Informationsverarbeitung, als auch den Transfer von marktwirtschaftlichem Management-Knowhow.

Ich möchte hier einen Hinweis einfügen, der vielleicht nach billiger Schmeichelei klingen mag, aber doch ganz ernst gemeint ist: Natürlich wird beim Übergang von einem Wirtschaftssystem zu anderen manches neu und ungewohnt sein. Natürlich gibt es auch viele Gurus, die versuchen, mit solcher Verunsicherung ihre Geschäfte zu machen. Aber niemand sollte sich ins Bockshorn jagen lassen. Marktwirtschaftlicher Wettbewerb ist keine Geheimwissenschaft, sondern etwas, was jedem Menschen, der Spaß und Lust an eigener Leistung hat und darin auch Erfüllung findet, sozusagen angeboren ist. Alle werden jedenfalls staunen, wie schnell man lernen kann, mit moderner Kostenrechnung oder mit Marketingmethoden umzugehen.

VI.

Dabei habe ich manchmal den Eindruck, daß vielerorts die Vorstellung geradezu gepflegt wird, nun werde alles, was im Osten Deutschlands in mehr als vierzig Jahren über Management gelernt wurde, obsolet, und alle müßten wieder ganz von vorne anfangen. Welch ein Unsinn! Sicherlich gibt es auf manchen Gebieten Nachholbedarf. Das ändert aber nichts daran, daß sich in vielen Bereichen unter anderen Namen viel Ähnliches verbirgt.

Und, wer weiß, vielleicht können wir im Westen ja auch einiges lernen? So kann ich mir gut vorstellen, welche außerordentliche Erfahrung die Ostdeutschen darin haben, Mitarbeiter unter überwiegend frustrierenden Bedingungen zu leiten. Und von dem Improvisationstalent, das in den letzten Jahrzehnten in der DDR laufend unter Beweis gestellt wurde, könnte sich vermutlich so mancher saturierte Bundesbürger ein gutes Stück abschneiden.

Wir bei Daimler-Benz haben jedenfalls längst erste Gehversuche eingeleitet, um solche gegenseitigen Lernprozesse zu organisieren. Das reicht von Marketing-Seminaren mit Führungskräften aus dem VEB Dampffahrzeugbau über einen Gesprächskreis zum Thema Personalmanagement mit den Kollegen von IFA-Ludwigsfelde bis zu Controlling-Kursen. Und in unserem Bildungswesen wird gerade ein Konzept für bedarfsgerechte, auf die spezifischen Bedürfnisse unserer neuen Partner zugeschnittene Fort- und Weiterbildungsangebote erarbeitet. Alles in allem sind schon so viele Aktivitäten in Gang gekommen, daß es schwerfällt, den Überblick zu bewahren.

Solche Initiativen – auch in anderen westdeutschen Unternehmen, im Bank- und Versicherungssektor geschieht in der gleichen Richtung eine Menge – richten sich naturgemäß an die in den Unternehmen beschäftigten Personen. Deswegen könnte man es sich einfach machen und sagen, daß die öffentliche Hand dafür Sorge zu tragen habe, Fortbildungs- und Umschulungsprogramme für diejenigen zu entwickeln, die ihren Arbeitsplatz verlieren.

Doch würde man dabei nicht übersehen, daß es im Interesse aller liegt, Qualifikationsengpässe möglichst rasch zu beseitigen? Wäre es nicht eine Überlegung wert, wenn sich hier der Staat ganz allgemein und nicht nur die Bundesanstalt für Arbeit, aber ebenso Verbände einschließlich der Gewerkschaften, Industrie- und Handelskammern ebenso wie Handwerkskammern zusammentäten? Das gemeinsame Ziel könnte sein, rasch und unbürokratisch sehr nah an den Betroffenen angesiedelte Einrichtungen für die Vermittlung und Durchführung von Ausbildungsprogrammen aufzubauen, in denen, auf den Unternehmensbedarf ausgerichtet, Fortbildung und Umschulung für Arbeitslose angeboten werden. Und wäre es nicht auch eine Möglichkeit, Ausbildungskurse für potentielle Unternehmensgründer abzuhalten?

Natürlich ist für so etwas eine Menge an Vorarbeit erforderlich. So muß in der Bundesrepublik Ausbildungspersonal angeworben werden, das für diese Aufgaben zur Verfügung steht. Und natürlich müßte die notwendige Infrastruktur – Unterkünfte, Schulungsräume und -material, Praktikantenstellen, um nur einiges zu nennen – bereitgestellt werden.

Das alles wird Zeit kosten. Dies ändert nichts daran, daß es mir nach Aushandlung des Staatsvertrages als die vordringlichste Aufgabe erscheint. Keine deutsche Regierung sollte sich jedenfalls den Vorwurf zuziehen wollen, daß zu viel geredet und zu wenig getan wird, um so schnell wie möglich eine solche unverzichtbar notwendige Qualifizierungsoffensive auf den Weg zu bringen.

VII.

Auch auf anderen Gebieten, so scheint mir, eilen die privaten Initiativen den öffentlichen weit voraus.

Da gibt es zum einen katastrophale Engpässe; ich nenne als Beispiel nur Hotels und Bauhöfe. Gleichzeitig liegt eine Vielzahl von Anträgen auf Investitionsmaßnahmen vor, die mit westlicher Hilfe finanziert werden sollen. An investitionswilligen westlichen Unternehmen besteht kein Mangel. Dennoch kommen nur wenige Projekte voran. Da muß man aufpassen, daß die öffentlichen Entscheidungsengpässe, die allgemeine Sorge »Jetzt nur nichts falsch machen«, so menschlich verständlich sie sein mag, nicht zu Wachstumshindernissen werden.

Vielleicht sollten sich die Staatsbediensteten hier ein Beispiel an den Austauschprogrammen nehmen, wie sie in der Wirtschaft diskutiert werden. Was spricht eigentlich gegen die Idee, für Beamte der Staatsverwaltung ein Austauschprogramm zu organisieren, um Lernprozesse zu beschleunigen? Und müßte man sich nicht auch überlegen, Beratungshilfen bereitzustellen, die den Prozeß der Entscheidungsfindung erleichtern?

Oder, um den Gedanken weiterzuspinnen, muß man wirklich in jedem Punkt unser kompliziertes bundesrepublikanisches Rechtssystem übernehmen? Könnte man nicht zum Beispiel über ein einfacheres Steuersystem nachdenken? Müßte man das nicht sogar tun, will man nicht riskieren, daß der wirtschaftliche Aufschwung im bürokratischen Flaschenhals steckenbleibt?

Schon jetzt ist deutlich abzusehen, daß es in einigen Bereichen zu schwerwiegenden Kapazitätsengpässen kommen wird. Das gilt insbesondere in Handwerk und Bauwirtschaft. Neugründungen stellen offensichtlich keinen Ausweg dar, weil es nicht genügend Meister gibt. Würde sich hier nicht eine radikale Anpassung an die tatsächlichen Möglichkeiten anbieten? Könnte man nicht für eine Übergangsfrist von fünf bis zehn Jahren lediglich Mindesvoraussetzungen festlegen, die für die Eröffnung eines Handwerksbetriebes erfüllt sein müssen? Könnte man nicht, um der Qualitätstradition des deutschen Handwerks gerecht zu werden, parallel dazu Fortbildungskurse anbieten, in denen Inhabern der Neugründungen die notwendigen theoretischen und natürlich auch marktwirtschaftlichen Kenntnisse vermittelt werden?

VIII.

Alles dies könnten womöglich Teilstücke einer, wie ich meine, realistischen Entwicklungsstrategie sein, die natürlich den jeweiligen regionalen und lokalen Erfordernissen anzupassen wäre. Denn der vielbeschworene Anpassungsschock wird unterschiedliche Regionen unterschiedlich hart treffen.

Auch die leistungsstarken Gebiete werden ihn allerdings nicht über Nacht überwinden. Doch bin ich davon überzeugt, daß hier in einigen Jahren die Standards der Bundesrepublik erreicht sein können.

Für die strukturschwachen Regionen wird sich der Anpassungsprozeß langwieriger und schmerzhafter gestalten. Das gilt zum einen für die altindustriellen Gebiete, zum anderen für Gebiete mit hohem Beschäftigungsanteil in der Landwirtschaft und geringer Industriedichte bei gleichzeitig unterentwickeltem Dienstleistungssektor. Für diese Problemzonen müssen aktive entwicklungspolitische Strategien formuliert werden, die über das bereits Skizzierte hinausgehen, um die Ansiedlung neuer Industrien zu fördern und langfristige strukturelle Arbeitslosigkeit zu verhindern.

In der Bundesrepublik wird von manchen gefordert, in der DDR ganz allgemein Investitionszulagen und andere steuerliche Erleichterungen für den gewerblichen Sektor zu schaffen. Ich halte das schlichtweg für unnötig und übertrieben. Auf den Punkt gebracht hieße es nämlich, die gesamte DDR zum Notstandsgebiet zu erklären. Zudem wäre ein solches Modell sogar gefährlich, da die regionalen Unterschiede noch verstärkt würden. Die leistungsstarken Gebiete, die fast automatisch in einen raschen Wachstumsprozeß geraten, würden dadurch nur auf Kosten der strukturschwachen Gebiete begünstigt.

Deswegen muß man, so meine ich, die Konsequenz ziehen, finanzielle und steuerliche Anreize nicht nach dem Gießkannenprinzip, sondern konzentriert in den Problemregionen einzusetzen. Im übrigen scheint mir das ein guter Anlaß, so manche westdeutsche Subventionspraxis zu überprüfen. Welche stichhaltigen Gründe lassen sich eigentlich heute noch für eine länger andauernde Fortführung der Zonenrandförderung anführen?

Jedenfalls: Die herkömmlichen Rezepturen der Gießkanne werden nicht ausreichen, im östlichen Teil Deutschlands eine ausgewogene, das heißt alle Regionen umfassende Anpassung zu erreichen. Ich habe anfangs erwähnt, daß man bei der Bewältigung des Strukturwandels auf das Zusammenwirken aller setzen und gemeinsam überlegen sollte, wie man am besten und schnellsten Mißstände beheben und strukturelle Verbesserungen herbeiführen könne.

Warum sollte man nicht in den Problemgebieten Entwicklungsagenturen gründen, die alte Industriebrachen wieder aufbereiten und Altlasten beseitigen? Wäre das nicht eine Möglichkeit, rasch und unbürokratisch dafür zu sorgen, daß verwertbare Grundstücke für neue Entwicklungen bereitstehen?

Ist es nicht höchste Zeit, sich Gedanken darüber zu machen, wie man die Neuansiedlung von Unternehmen akquirieren und fördern, das Infrastrukturangebot verbessern kann?

Ich wiederhole: Es wäre unsinnig, jetzt in Teilbereichen zu versuchen, sofort die Standards der Bundesrepublik anzustreben. Das hätte zur Folge, daß andere Bereiche um so länger nachhinken. Statt dessen geht es darum, die großen Engpässe zu überwinden, um dann in einer balancierten Entwicklung in allen Bereichen einen raschen Prozeß der Verbesserung in Gang zu setzen.

IX.

Die Frage ist nicht ob, sondern wie gut uns das gelingt. Ich jedenfalls bin mehr als zuversichtlich, daß wir in vereinter Anstrengung einen Wachstumsprozeß herbeiführen können, der sich in seiner Dynamik sehr wohl mit dem wirtschaftlichen Aufschwung vergleichen läßt, wie ihn die Bundesrepublik in den fünfziger Jahren erlebt hat.

Ein solcher Prozeß kann allerdings – das ist mein Fazit – nicht allein den Kräften des freien Marktes überlassen werden. Die Rahmenbedingungen dafür, und hier handelt es sich um eine politische Führungsaufgabe, müssen bewußt und gezielt organisiert werden. Das wird nicht zuletzt eine regionalpolitische Aufgabe sein, die vor Ort, in direktem Kontakt aller Beteiligten, zu lösen sein wird.

Wenn gemeinsame Ziele ausgemacht sind, dann kann man sich auch konstruktiv um Wege und Methoden streiten. Eine liberale Gesellschaft lebt von der Pluralität der Interessen, Meinungen, Werthaltungen. Der Versuch, Lösungen zu finden, die die Interessen aller berücksichtigen – ist das nicht eine einmalige Chance, miteinander und voneinander zu lernen, was Demokratie wirklich heißt?

Wenn wir nicht in den eisigen Hochmut verfallen, ob des Erfolges vieler das Schicksal derjenigen zu verdrängen, die in fortgeschrittenem Alter ihre Arbeitsplätze verlieren, wenn wir uns nicht arroganter Überheblichkeit auf der einen, weinerlichem Selbstmitleid auf der anderen Seite hingeben, wenn wir nicht politischen Gauklern glauben, die uns vormachen wollen, Patentrezepte zu wissen, wenn wir nicht vergessen, daß wir alle aufeinander angewiesen sind – dann werden wir es auch packen. Gehen wir also an die Arbeit!

Alte Bindungen, neue Herausforderungen

Anmerkungen zum Verhältnis zwischen Deutschland und den USA

Wird es Europa gelingen,
sich des Einsatzes der Vereinigten Staaten
für Freiheit und Menschenwürde
wert zu erweisen?

I.

Ein Gespenst geht um in der westlichen Welt. So jedenfalls könnte man meinen, wollte man manchen zeitgenössischen Kommentaren folgen.

Lange ist es noch nicht her, da war ganz postmodern vom Ende der Geschichte die Rede. Der Sieg von Freiheit, Demokratie und Marktwirtschaft verhieß eine Welt ohne Dogmen und Monopole, ohne Ideologien und Gegensätze.

Die Chance, nein, beinahe die Gewißheit war da, daß alle jene Konflikte, die mit Schlüsselworten wie Ost-West, globaler Aufrüstung und ideologischer Kriegführung verbunden waren, nun zu Ende seien, daß es nur noch darauf ankomme, die Trümmer dieser schrecklichen Vergangenheit beiseite zu räumen. Handgreiflich vor Augen stand die Aussicht, daß man sich jetzt endlich den wirklich wichtigen Fragen der Zeit widmen könne.

Das war offensichtlich irgendeinem mächtigen Zauberer zuviel. Er ließ den Geist aus der Flasche.

Ohnehin mußte wohl von vornherein klar sein, daß solche biedermeierlichen Träume vor allem jener trügerischen Stimmung zuzuordnen sind, die der Moment nach dem revolutionären Umbruch regelmäßig in sich trägt. Heute, wer könnte das übersehen, hat uns die nachrevolutionäre Routine eingeholt und läßt zumindest diejenigen von uns, die nicht tumbe Nationalisten sind, zu Recht darüber nachsinnen, ob wir es wirklich schaffen können, die Ernte zu sichern.

Der Rausch der Tage von Leipzig, der Aufbruch der Währungsunion, das Glück des 3. Oktober 1990 sind vorüber. Der graue Alltag hat uns Deutsche wieder, die Wahl vom 2. Dezember 1990 ist nichts als ein neuer Anfang.

Sehr bald werden wir alle, nicht nur die Eingeweihten, erkennen, wie groß die Probleme in den neuen Bundesländern tatsächlich sind. Hoffentlich wird es nun bald gelingen, die immer noch offenen Grundbedingungen für eine wirtschaftliche Genesung – vor allem anderen die Eigentumsfrage – zu klären. Trotzdem wird sich erweisen, daß die weit überwiegende Zahl der Kurzarbeiter in Wirklichkeit arbeitslos ist, und es wird sich bestätigen, daß eine Vielzahl von Betrieben endgültig geschlossen werden muß.

Immer mehr wird klarwerden, daß die so dringend benötigte Infrastruktur ihre Zeit braucht. Straßen, Eisenbahnen, selbst Kommunikationsnetze entstehen nun einmal nicht von heute auf morgen, von der Beseitigung der schlimmsten Umweltbelastungen oder der grundlegenden Sanierung der Großstädte ganz zu schweigen.

Und eine zunehmende Zahl von Menschen wird sich fragen, wie hoch denn die ihnen zumutbaren Opfer wirklich sind. Das gilt nicht nur für diejenigen im östlichen Teil unseres Landes, die mitten in ihrem Leben auf die Chance zu einem neuen Berufsanfang warten müssen, sondern auch für die Bürgerinnen und Bürger der bisherigen Bundesrepublik, die erstmals in der eigenen Kasse spüren werden, daß die Vereinigung ihren Preis kostet.

Unvergleichlich sorgenvoller noch sind die Probleme im östlichen Teil Europas. Die verhaßten Regime und mit ihnen die graue Verwaltung aller täglichen Vorgänge sind zusammengebrochen. Doch das Neue läßt auf sich warten, gibt sich zu erkennen mit Hunger, Ungewißheit und nationalen Haßausbrüchen. Bei vielen geht die schiere Angst vor dem Morgen um.

Unmittelbare weltpolitische Dimensionen hat dabei die Entwicklung der Sowjetunion. Niemand weiß, was dort in den nächsten Monaten geschehen wird, angefangen vom politischen Schicksal jenes Mannes, der das alles in Gang gesetzt hat, bis hin zu den Konvulsionen im Zusammenhang mit den Bemühungen um das Überleben der Union.

Eines steht jedenfalls auch für uns Deutsche fest: Weit hinten in der Türkei spielt sich das alles eben nicht mehr ab, sondern genau vor unserer Haustür. Im Sinne des Wortes ist es unsere eigene Sache, und niemand kann sich dem entziehen.

Nicht anders ist es am Golf. Der Eroberer ist ja nicht etwa angetreten, weil er der gerechten Sache unterdrückter Völker gegen ihre jahrhundertelangen Ausbeuter zum Durchbruch verhelfen wollte, sondern schlankweg aus Gier nach Reichtum und Macht. Kein Mitglied einer zivilisierten Staatenfamilie kann das hinnehmen, und doch wächst unterschwellig eine Stimmung heran, die den eigentlichen Trägern der Last, nämlich unseren amerikanischen Freunden, schiere Kriegslust oder zumindest doch diplomatische Unfähigkeit unterstellt.

Sterben für Danzig? Noch wird das Wort nicht offen ausgesprochen, aber gedacht wird es von vielen, nicht zuletzt auch von denjenigen, die ganz klammheimlich die Schuld nicht bei den Aggressoren, sondern bei den Überfallenen oder – sagen wir es doch offen – ganz unmittelbar bei jenen historischen Störenfrieden, den Israelis, suchen.

Und zu alledem schließlich noch eine Erkenntnis der Ökonomen, die keineswegs neu sein mag, aber trotzdem bei vielen in Vergessenheit geraten schien: Der Konjunkturzyklus ist nicht abgeschafft. Just in diesem Moment dräuender Verstrickungen geht ein jahrelang anhaltender weltwirtschaftlicher Aufschwung seinem Ende entgegen, und es sind allenfalls Deutschland, vielleicht noch Japan, wo offensichtlich die meisten bisher noch nicht gemerkt haben, daß den Vereinigten Staaten, aber auch den meisten anderen westlichen Ländern erhebliche Rückschläge ins Haus stehen.

II.

Ist es denn – so frage ich mich – tatsächlich ein solches Wunder, daß die erste Euphorie so schnell umgekippt ist in eine Stimmung der Sorge, sogar der Angst, in eine Stimmung, in der das Selbstvertrauen der westlichen Welt in ihre Leistungsfähigkeit verlorenzugehen droht?

Es scheint mir kein Zufall zu sein, daß unsere sonst so beredten Intellektuellen hierzulande zunächst entweder schwiegen oder mit mahnend erhobenem Zeigefinger vor dem Zusammenwuchern der beiden Teile Deutschlands warnten. Wenn ideologische Kartenhäuser zusammenbrechen oder die gesamte Identität des Denkens sich allein auf Auschwitz eingerichtet hatte, darf man wohl nicht einfach das Naheliegende erwarten, sprich ein Bemühen um Erläuterung und Klärung für jenen in der deutschen Geschichte einzigartigen Prozeß, dessen Zeugen wir im vergangenen Jahr geworden sind. Aber inzwischen ist wohl genügend Wasser den Rhein heruntergeflossen, daß man sich schon einmal wieder zurückmelden kann.

Ebenso entsprach es vielleicht doch nicht nur einer schieren Fehlkalkulation, wenn der Kanzlerkandidat der Opposition den Eindruck erweckt hat, er betrachte die Feiernden am Tag der deutschen Vereinigung wie Toren, die sich in Frack und Zylinder versammelt haben, um die Gründung einer Bretterbude zu bejubeln. Jener Freude, die aus dem Erleiden deutscher Geschichte in den ersten sechs Jahrzehnten dieses Jahrhunderts entsprang, steht eben bisher nur der Traum von einem Europa entgegen, der Sehnsucht erzeugt, aber längst noch keine Erfüllung gefunden hat.

Und mit dem Zusammenbruch der kommunistischen Systeme entfallen nun einmal ganz zwangsläufig auch die Grundkonstanten der Nachkriegszeit, an denen sich die Politik so lange ausgerichtet hat und die dem gemeinsamen Handeln Kontinuität und Sinn gaben. Wir alle hatten uns ja doch mit einer Welt in festgefügten Blöcken eingerichtet, alle unsere Pläne und Strategien waren durch sie bestimmt.

Wer dachte denn schon ernsthaft über etwas nach, was über

die Nachkriegsordnung, über die Ost-West-Konfrontation hinauszielte? Und wer kennt nicht das Gefühl der Leere, wenn ein lange verfolgtes Ziel erreicht, ein lange gehegtes Feindbild zerbrochen ist?

Timothy Garton Ash, der den Prozeß des Wandels in der Sowjetunion und ihren ehemaligen Satellitenstaaten am genauesten beschrieben hat, hegt großes Mißtrauen gegenüber deutschen Neigungen zum Tiefsinn und der Sucht, aus der Wirklichkeit in ideale Gefilde zu entfliehen. Er sagt: »Utopischer Idealismus, politischer Romantizismus, eine Überreaktion auf die Nazivergangenheit, eine pubertäre Reaktion gegen den Stiefvater Amerika: dies alles schimmert durch die Stimmen der deutschen Intellektuellen hindurch.«

Indem ich dies zitiere, möchte ich nicht mißverstanden werden. Ich zeige nicht mit der Häme von Stammtischbrüdern auf Leute, die sich dem Risiko des Nachdenkens aussetzen. Doch Alfred Herrhausen hat zu Recht darauf aufmerksam gemacht, wie wichtig es ist, die Gefahren zu erkennen, die in falschem Denken liegen.

Um falsches Denken handelt es sich aber in der Tat.

III.

Wenn wir versuchen wollen, ernsthaft über die alten Bindungen und die neuen Herausforderungen nachzudenken, müssen wir wohl mit der Frage beginnen, ob der Zusammenbruch des kommunistischen Systems zugleich das Ende jener Ära grundlegender politischer Übereinstimmung zwischen den Vereinigten Staaten und Westeuropa eingeleitet hat.

Wer könnte leugnen, daß es massive Versuchungen zum Eurozentrismus gibt?

Die unglückseligen Streitereien im Rahmen der Uruguay-Runde sind dafür ein leuchtendes Beispiel. Ich verkenne in keiner Weise die Sünden, durch die das handelspolitische Verhalten unserer amerikanischen Freunde geprägt ist. Sie erscheinen mir jedoch ein Nichts im Vergleich mit der Starrheit, in der wir Europäer uns hinter die Barrieren kurzsichtiger landwirtschaftlicher Interessen treiben lassen.

Umgekehrt gibt es Beispiele zur Genüge, die darauf hinweisen, daß die Monroe-Doktrin eines Tages in moderner Form fröhliche Urständ feiern könnte. Vielfältige Tendenzen, zwischen den Vereinigten Staaten, Kanada und Mexiko einen einheitlichen und wenn nötig geschlossenen Markt zu schaffen, anstatt alles zu tun, um den Welthandel offenzuhalten, sprechen eine beredte Sprache in dieser Richtung. Nicht allein Paul Kennedys Buch ist ja in den USA ein Bestseller, sondern auch »The Closing of the American Mind« von Alan Bloom, eine einzige Botschaft des Rückzugs auf den nordamerikanischen Kontinent.

Wenn man die überkommene Einstellung mancher japanischer Traditionalisten hinzunimmt, gibt es in der Tat drohende Anzeichen dafür, daß wir eines nicht allzu fernen Tages das Heraufkommen dreier großer weltpolitischer Blöcke – Amerika, Fernost und Europa – erleben könnten, die sich voneinander abschotten und sich gegenseitig wirtschaftlich bekämpfen, also das Gegenteil dessen tun, was eigentlich den Gedanken der Triade grundlegend kennzeichnet.

Man kann auch noch anders fragen, indem man auf die Möglichkeit hinweist, daß die Europäer sich auf den Weg machen könnten zu einem neuen Weltverständnis, das wegführt von den alten amerikanischen Überzeugungen des Wachstums und der Wohlstandsmehrung und hin zur gewollten Selbstbeschränkung und zur Bereitschaft zum Teilen mit den unterentwickelten Ländern. In Deutschland sind es nicht zuletzt so engagierte und mutige Männer wie Kurt Biedenkopf, die im politischen Bereich mit großem Ernst gemahnt haben, die Notwendigkeit eines solchen grundlegenden Wandels tradierter Einstellungen wenigstens zu bedenken.

Befindet sich also vielleicht unser Land, befindet sich das westliche Europa mitten im Prozeß eines großen Generationswechsels, der nun, so meint anscheinend Antje Vollmer, reif genug ist, um die Gerontokratie abzulösen durch das neue Selbstverständnis einer jungen Generation, der uns gar hinleitet zu einer postindustriellen Welt, in der Ökologie, Frieden, soziale Gerechtigkeit und Nichtnationalität auf dem modischen Panier stehen, eine Welt, die die Alten – ich nehme als Beispiel die Amerikaner, Helmut Schmidt oder mich selbst – ganz einfach nicht mehr verstehen können?

Einer der bekanntesten Gurus unserer Zeit, Jean-Jacques Servan-Schreiber, hat kürzlich seine Meinung über die »Amerikanische Herausforderung«, »Le défi americain«, geändert und zur sofortigen Lebenshilfe der Europäer für die Amerikaner aufgerufen. So einfach ist das freilich nicht – aber ich denke schon, daß wir etwas tun können und müssen: Die Berufung darauf, daß Geschichte immer nach vorn offen ist, reicht jedenfalls nach meiner Überzeugung nicht aus.

Dabei werden wir – so fürchte ich – auf mindestens zwei Gebieten allenfalls am Rande etwas tun können.

Unsere amerikanischen Freunde machen sich (wie ich denke: zu Recht) Sorgen über den Zustand ihres Erziehungssystems. Dies bezieht sich natürlich nicht auf die Spitzenuniversitäten, wohl aber auf alle übrigen Bereiche bis hin zur Ausbildung qualifizierter Mitarbeiterinnen und Mitarbeiter. Hier können wir kaum mehr tun, als unsere Hilfe und Unterstützung anzubieten, nicht zuletzt in Richtung auf einen umfassenden Erfahrungsaustausch.

Was die Drogenproblematik angeht, ist es womöglich schon mehr, was wir tun können. Die Experten scheinen jedenfalls genügend Beispiele dafür zu kennen, daß die Möglichkeiten der Deutschen, zur Unterbindung der Versorgung des amerikanischen Drogenmarktes beizutragen, noch lange nicht ausgeschöpft sind.

Eine große Menge können wir dagegen tun, um dazu beizutragen, daß die amerikanische Wirtschaft von den Fesseln befreit wird, die ihr der institutionell eingebaute Zwang zum allzu kurzfristigen Denken und Handeln bisher angelegt hat. Ich kann und will das hier nur andeuten, obwohl ich fest davon überzeugt bin, daß verantwortliches wirtschaftliches Handeln in einer Welt globalen Wettbewerbs nur möglich ist, wenn sichergestellt wird, daß unternehmerische Entscheidungen unter langfristigen Perspektiven getroffen werden können. Deswegen schiene mir ein solcher Beitrag der Europäer, der Deutschen, wesentlich fruchtbarer als die Empfehlung, künftig die Rezepte unserer heimischen Traumtänzer zu befolgen.

In Europa selbst sind es wohl eher die Gefahren eines sich wiederbelebenden Nationalismus, die wir im Auge behalten müssen. Jeder von uns weiß, daß es viele Spekulationen und Sorgen über die künftige Rolle Deutschlands in Europa gibt. Wir haben keinen Grund, solche Strömungen in den Bereich des Lächerlichen zu verweisen, denn die Sorgen gelten einer, wie die Geschichte in der Tat zeigt, sensiblen Mechanik des Gleichgewichts, der Vorstellung also, man müsse auch heute noch eine Politik der Kräftebalance treiben, wenn Europa stabil bleiben und auf dem Weg zur Einigung vorankommen wolle.

Persönlich erscheint mir dazu auch gegenüber unseren amerikanischen Freunden ein Hinweis wichtig. Man leugnet die spezifischen Anteile der Deutschen an den europäischen Katastrophen in keiner Weise, wenn man daran erinnert, daß die europäischen Gesellschaften und Staaten über Jahrhunderte mehr oder minder ausnahmslos friedensunfähig waren. Wir alle waren Täter und Opfer zugleich. Die Geschichte Europas ist eine Geschichte von nationalen Partikularismen und von Hegemonieversuchen, von immer neuen Ansätzen zum Frieden und deren immerwährendem Scheitern.

Es versteht sich von selbst, daß ich damit in keiner Weise die besondere Verantwortung Deutschlands für die Grausamkeiten unseres Jahrhunderts verkleinern will. Aber die spezifische deutsche Problematik muß letzten Endes der kollektiven europäischen Verantwortung gegenübergestellt werden, ob man das gern hört oder nicht.

Dazu gehört auch die Erkenntnis, daß eine Analyse nationaler Tendenzen zu kurz greift, wenn sie auf ein bestimmtes Land beschränkt bleibt. Der Begriff der Nation beinhaltet fast immer eine reaktive Ideologie, und genau deswegen wird nur die Schaffung eines möglichst engmaschigen politischen und wirtschaftlichen Beziehungsnetzes neue europäische Nationalismen verhindern können.

Es ist durchaus kein Zufall, daß in Mittel- und Osteuropa wieder solche Gefahren heraufziehen. Die moralische Einsicht, die von den wesentlichen Staaten unseres Kontinents gefordert ist, geht deswegen dahin, die Gefährdung künftig nicht so sehr in der neuen deutschen Größe zu sehen. Vielmehr sind es unser Egoismus gegenüber der Armut, die heute schon absehbaren Wanderungsbewegungen und interne ethnische Auseinandersetzungen, die zu unlösbaren Verwicklungen führen können.

In der Konsequenz heißt das, daß wir Europäer auch im Verhältnis zu unseren amerikanischen Freunden vor der Herausforderung stehen, den Prozeß der politischen Vereinigung Westeuropas mit aller Kraft voranzutreiben, um damit – und erst damit – die Voraussetzungen zu schaffen, um den Prozeß der wirtschaftlichen Integration auf das ganze Europa auszudehnen. Es wird wahrlich hoher staatsmännischer Kunst bedürfen, dafür die richtige Schrittfolge zu finden. Dabei verhehle ich nicht meine Zuversicht, daß der Bundeskanzler genau wie der Außenminister entschlossen sind, in enger Abstimmung vor allem mit Frankreich genau in diese Richtung zu drängen.

IV.

Ist das, was uns, den Deutschen, im europäischen Haus, da gelingen muß, nicht arg viel?

Zunächst geht es ja doch ganz offensichtlich darum, uns nach der äußeren Wiedervereinigung nun auch innerlich wieder zu vereinigen. Das bedeutet nichts anderes als die Notwendigkeit, an einem neuen Selbstverständnis zu arbeiten, an der Frage also, wie wir uns selbst definieren, wie wir uns einer ganz neuen Verantwortung nach innen wie nach außen stellen wollen. Sie zielt natürlich in den mittleren und östlichen Teil Europas, aber sie zielt genauso nach Westeuropa und in die Welt. Mit anderen Worten: Werden wir Deutschen – zwar beileibe nicht allein auf uns gestellt, aber doch als Mitglied einer sich weiter entwickelnden Europäischen Gemeinschaft – auch im Verhältnis der Europäer zu den Amerikanern zukünftig eine Verantwortung zu übernehmen haben, die völlig anders qualifiziert ist, als das bisher der Fall war?

Ich möchte hier ohne jeden Vorbehalt bekennen, nicht den geringsten Zweifel daran zu haben, daß uns auch eine so umrissene innere Wiedervereinigung trotz aller angeblichen oder wirklichen Hemmnisse tatsächlich gelingen kann – wenn wir es nur wollen.

Wir können das schaffen, weil das Engagement der deutschen Wirtschaft – und übrigens auch weiter Teile der europäischen Wirtschaft – viel größer ist, als es im Augenblick noch erscheint. Wir können das schaffen, weil in den neuen Bundesländern Menschen leben, die sich in ihrer Tüchtigkeit, ihrer Leistungsfähigkeit und ihrem Engagement in nichts von den Deutschen in der bisherigen Bundesrepublik unterscheiden.

Wir können das schaffen, weil kein Zweifel daran bestehen kann, daß die Finanzierung dieses gigantischen Vorhabens unsere Kräfte nicht überfordern wird. Und wir können das schaffen, weil das Selbstverständnis und das Selbstvertrauen genauso wie das gesamte kulturelle Umfeld der Menschen im östlichen Teil Deutschlands nichts Statisches, nichts Rückwärtsgewandtes sind, sondern etwas, das sich nach vorn entwickeln wird, ohne vergangene Erfahrungen zu vergessen.

Alles das setzt freilich voraus, daß wir von manchen alten Zöpfen Abschied nehmen. Anders, wenn auch nicht weniger deutlich formuliert: Es setzt voraus, daß hierzulande der Mut, der Wille und die Fähigkeit zu politischer Führung vorhanden sind. Dies gilt für die Wahrnehmung außenpolitischer Verantwortung nicht minder als für die inneren Angelegenheiten.

Das Haus, für das ich arbeite, ist das einzige Unternehmen in der Welt, das Straßen-, Bahn- und Luftfahrzeuge für den Personen- und Gütertransport herstellt und zudem aus der Verteidigungstechnik heraus über das Wissen verfügt, diese Transportmittel zu Systemlösungen für komplexe Verkehrsprobleme zu verknüpfen. Einen entsprechenden Vorschlag für den Großraum Berlin und seine Umgebung haben wir vor kurzem öffentlich vorgestellt.

Vergleichbare Lösungen können für beliebige andere Ballungsgebiete konzipiert werden. Ihre Durchführung setzt allerdings in jedem Fall den Einsatz immenser Geldmittel voraus. Sie zu mobilisieren ist finanzökonomisch kein ernsthaftes Problem, sofern von der traditionellen Arbeitsteilung zwischen hoheitlich und privatwirtschaftlich durchzuführenden Aufgabenstellungen Abschied genommen wird. Doch genau da liegt der Hase im Pfeffer: Wenn man sich – und ich denke zu Recht – Sorgen um den Verkehrszustand in den großen Ballungsräumen macht, muß man eben bereit sein, von alten Gewohnheiten Abschied zu nehmen.

Nichts anderes gilt übrigens für den Wust von Justitiabilität, in dem wir alle zu ersticken drohen. Wenn der Beschluß zur Verlängerung und teilweisen Verlegung der Start- und Landebahn des Flughafens in Stuttgart insgesamt einen Zeitraum von fünfzehn Jahren in Anspruch genommen hat, kann man sich wohl vorstellen, wie lange es dauern wird, wenn wir den Güterfernverkehr verstärkt von der Straße auf die Schiene verlegen wollen, dafür aber neue Trassen und Umladeterminals bauen müssen. Nichts wird gehen, wenn wir auch insofern weitermachen wie bisher.

Ist es nicht in Wirklichkeit so, daß weniger diejenigen, die an die Grundsätze der Aufklärung und der Rationalität glauben, die Welt ruinieren, sondern eher diejenigen, die alles blockieren und zum Schluß das Chaos herbeiführen, das dann wirklich das Ende der Menschheit bedeuten kann?

Es mag übrigens sein, daß auch in diesem Zusammenhang die Vereinigung der beiden Teile Deutschlands manche Klärung bewirken kann. Ob man es gerne hört oder nicht: Städte wie Berlin, Dresden und Leipzig werden dazu beitragen, daß in manche Köpfe ein frischer und bisher ungewohnter Wind hereinwehen kann, der sich schlecht mit borniertem Provinzialismus oder selbsternannten Präzeptorenrollen verträgt. Vielleicht ist dies sogar ein Grund dafür, daß manche Politiker und Beamte das kritische Klima einer wirklichen Metropole so sehr zu fürchten scheinen.

Eine Menge Hausaufgaben also, die wir haben, wenn wir dazu beitragen wollen, daß Europa vorankommt und sich das

Verhältnis zu den Vereinigten Staaten auf denjenigen Wegen weiter entwickelt, die die Nachkriegszeit gekennzeichnet haben – aber eben Hausaufgaben, die allesamt mit Mut und Engagement gelöst werden können.

Nichts anderes gilt für die USA: Welch ein Unsinn, zu meinen, nun sei ein geschichtlicher Rückgang und Fall, ein Decline and Fall, sozusagen vorprogrammiert. Auch dort sind Hausaufgaben zu lösen, mit Mut zur Unbequemlichkeit, mit Mut zu neuen Wegen – aber eben doch Hausaufgaben.

V.

In diesem Zusammenhang verdient ein Problem Beachtung, dem weltweit oft mit erstaunlicher Ignoranz begegnet wird. Ich meine die Entwicklung der Wechselkurse.

Wir alle wissen, daß die Deutsche Mark in letzter Zeit im Vergleich zum US-Dollar und zum Yen stärker geworden ist. Es geht mir hier in keiner Weise darum, über die Schwierigkeiten zu jammern, die sich daraus für so wichtige Zweige wie die Automobilindustrie, den Maschinenbau, die Chemie und die Flugzeugindustrie ergeben haben, sondern ich denke, daß man die Auswirkungen dieser Entwicklung in einen durchaus größeren Rahmen stellen muß.

Der wirtschaftliche Aufbau der neuen Bundesländer, aber auch der Kapitalbedarf in der Sowjetunion und ihren ehemaligen Satellitenstaaten werden das weltweite Zinsniveau eher noch weiter nach oben treiben. Davon kann auch der Dollarraum nicht verschont bleiben. In der Folge wird nicht nur die amerikanische Konjunktur unter zusätzlichen Druck geraten, sondern auch die deutsche und die westeuropäische. Im Ergebnis würden damit zusätzlich kontraktive Tendenzen auf die Weltwirtschaft ausgehen, die zur Zeit nun wirklich niemand brauchen kann.

Ich meine, darüber muß in den institutionell hierfür vorgesehenen Gremien, etwa der G 7-Gruppe, recht dringend nachgedacht werden. Die Frage einer Neubewertung der wichtigsten

Währungen einschließlich des Dollars darf da nicht ausgeschlossen bleiben. Daß in diesem Zusammenhang auch sehr kritische Fragen an die deutsche Finanzpolitik gerichtet werden könnten, sollte uns nicht schrecken, denn selbst Laien dürfte wohl inzwischen klar sein, daß die Kreditexpansion im Zusammenhang mit der deutschen Vereinigung auch durch Einnahmeerhöhungen eingedämmt werden muß, sofern rigorose Haushaltseinsparungen nicht ausreichen sollten.

Probleme dieser Art sind wohl noch in dem bestehenden Rahmen zu lösen. Weit darüber hinaus reicht der Vorschlag des amerikanischen Außenministers James Baker, die institutionellen und konsultativen Bindungen zwischen den Vereinigten Staaten und der Europäischen Gemeinschaft künftig zu verstärken, um auch unter den neuen politischen Bedingungen die Offenheit der atlantischen Gemeinschaft zu gewährleisten.

Nicht zuletzt wird dies deswegen notwendig sein, weil eine wirklich ernsthafte westliche Strategie, den Ländern Mittel- und Osteuropas bei ihrer ökonomischen Stabilisierung zu helfen, nur auf der Grundlage einer verstärkten europäisch-amerikanischen Zusammenarbeit erfolgreich sein kann.

Daß auf diesem Wege noch viel zu tun sein wird, hat die Weltbank hervorgehoben. Wir Deutsche sollten uns schon gelegentlich daran erinnern, daß im Rahmen des Marshall-Plans 1 Prozent des Sozialprodukts der USA auf dem Kreditwege nach Europa transferiert wurde. Damals waren das 12,5 Milliarden Dollar. In heutiger Kaufkraft gerechnet wären es 65 Milliarden Dollar. Das entspricht nicht mehr als 0,3 Prozent des Sozialprodukts der Europäischen Gemeinschaft.

Wäre es nicht schlichtweg eine Schande, wenn wir – ganz abgesehen von der zwingend erforderlichen Hilfsaktion, die gerade angelaufen ist – immer noch humanitärer Argumente oder des Appells an die freiheitlichen Ideale des Westens bedürften? Wissen wir nicht aus leidvoller europäischer Geschichte bis zum Überdruß, daß Frieden eine innenpolitische Grundlage braucht? Und wer wollte schon seine Hand dafür ins Feuer legen, welche außenpolitischen Weiterungen aus innenpolitischen Verwerfungen in der Sowjetunion entstehen könnten?

Wir, die Deutschen, genau wie alle anderen Westeuropäer sitzen also unvermindert im selben Boot mit den Amerikanern. Die alten Bindungen bleiben bestehen – doch die Herausforderungen sind neu.

Das schließt die Notwendigkeit ein, nun eine offene und sorgfältige Diskussion über die künftige Rolle der Deutschen in unserem Verteidigungsbündnis zu führen. Ich jedenfalls sehe darin ein Gebot nicht nur der außenpolitischen Weisheit, sondern auch der moralischen Sauberkeit.

Gewiß kann man es sich einfach machen. Man kann sich auf unsere Verfassung zurückziehen. Man kann sich auf das Gebot der Bibel berufen, auch die andere Wange hinzuhalten, und am bequemsten und schönsten ist es natürlich, diejenigen als Kern allen Übels auszumachen, die Verteidigungsgüter herstellen.

Man kann freilich auch davon ausgehen, daß es noch nie in der Geschichte der Menschheit gelungen ist, der Versuchung zu Machtmißbrauch anders entgegenzutreten als durch die Bereitschaft und Fähigkeit, sich zu verteidigen. Man kann auch davon ausgehen, daß es zu den selbstverständlichen Pflichten jedes Mitglieds einer Gemeinschaft gehört, an notwendigen Opfern teilzuhaben. Und man kann schließlich davon ausgehen, daß der Mißbrauch von Waffenverkäufen durch eine intelligente internationale Kooperationspolitik unmöglich gemacht werden könnte, sofern man nur den Mut aufbringt, auch insofern auf traditionelle Autarkie- und Souveränitätsvorstellungen zu verzichten.

Blood-Sharing im Gegensatz zu Money-Sharing? Ich kann mir nicht vorstellen, daß regionale Konflikte oder Krisen zukünftig noch gelöst werden können, indem wir uns auf den Weltpolizisten USA verlassen. Ein Mindestmaß an Abschreckung wird vielmehr nur dann erreicht werden können, wenn kleinere nationale Verbände im Rahmen einer übergeordneten Bündnisorganisation schnell und effizient zusammengefaßt werden können. Dies erfordert eine hohe Mobilität von Truppen und Führungsstäben, eine Logistik mit völlig neuer Leistungscharakteristik sowie ein äußerst modernes Kommunikationsnetz.

Wenn wir nicht riskieren wollen, daß eine solche Diskussion einseitig von blauäugigen Träumern besetzt wird, die sich darauf verlassen, daß wir doch im Zeitalter der Entspannung und Abrüstung leben und der liebe Gott damit jegliche Konflikte abgeschafft habe, dann bedarf das freilich einer offenen und offensiven Auseinandersetzung in der Öffentlichkeit. Da es dabei nicht zuletzt um die Zukunft der NATO oder möglicherweise um die Weiterentwicklung der KSZE zu einem innereuropäischen Sicherheitsinstrument geht, handelt es sich auch insofern um eine der ganz vordringlichen Herausforderungen, die sich für das neue Verhältnis der Europäer zu den Amerikanern stellen.

VI.

Richard von Weizsäcker hat in einer Diskussion darauf hingewiesen, daß es spätestens seit dem 9. November 1989 für uns Deutsche nicht mehr ausreiche, zu sagen, wir kennten unsere Vergangenheit und wir seien ebenso wohlhabend wie nett. Gemeint hat er damit, daß es uns die Geschichte nicht weiter erlauben wird, in einer Idylle zu leben und die Mühseligkeiten der Welt anderen zu überlassen. Wie recht er doch hat.

»Die Geschichte Europas ist die Geschichte seiner Grenzen... Es ist also die Geschichte der Konflikte«, hat Krzysztof Pomian in seinen Betrachtungen über die Identität Europas geschrieben. Das ist die Frage aller Fragen, vor der wir uns heute bewähren müssen.

Schaffen wir es, Grenzen durch Zusammenarbeit zu ersetzen, Egoismus durch europäischen Bürgersinn zu verdrängen, Europa die Hoffnung auf Freiheit und Menschenwürde zu erhalten? Schaffen wir es, uns auf diese Weise des Einsatzes würdig zu zeigen, den die Vereinigten Staaten unter Inkaufnahme großer Anstrengungen, deren Preis sie zum Teil erst heute zu entrichten haben, erbracht haben? Und werden wir nie vergessen, daß vertrauensvolle Zusammenarbeit über den Atlantik hinweg ein halbes Jahrhundert Frieden gesichert hat?

Wie unverantwortlich klingt es doch auf einem solchen Hintergrund, anläßlich eines simplen Wahlergebnisses gleich einen grundlegenden Paradigmenwechsel durch eine angeblich neue Generation heraufzubeschwören. Arthur Burns und Alfred Herrhausen: das waren zwei unvergeßliche Männer, die wußten, daß neue Herausforderungen in der Welt nicht im Gegensatz stehen müssen zu den alten Bindungen zwischen den Deutschen, den Europäern und den Amerikanern, sondern daß deren Bewältigung davon abhängt, ob es gelingt, diese Bindungen weiter zu entwickeln und zu stärken.

Uns allen sollte das stete Mahnung bleiben.

Berlin – neue Wege in der Stadtentwicklung

Weiß die Stadt eigentlich, was sie will?

Berliner konnte man nicht nur
durch Geburt werden,
sondern durch Leistung
in und für die Stadt.

I.

»Zukunft«: das ist zur Zeit wohl in Berlin und in den neuen Bundesländern das am meisten gebrauchte Wort. Viele empfinden dabei Angst vor dem, was kommt, oder zumindest Enttäuschung über wohlfeile Versprechen und den nun wirklich billigen Parteienhader. Das darf man wahrlich niemandem vorwerfen. Mehr als fünfzig Jahre in Unfreiheit, mehr als fünfzig Jahre Wirtschaften ohne die Prinzipien von Angebot und Nachfrage müssen im Gemüt Verwüstungen anrichten, wenn die frische Luft der Demokratie und der Marktwirtschaft schlagartig einzieht. Wirklich schlimm ist da einzig und allein, daß Menschen, die große Verantwortung tragen und es daher besser wissen sollten, Stimmungslagen wie diese zu übelster Hetze mißbrauchen, nur um ihr eigenes Süppchen zu kochen.

Genausowenig wie über die Stimmung vieler Menschen in den neuen Bundesländern darf man darüber rechten, wenn Berlin, das Jahrzehnte im Windschatten relativer politischer Bevorzugung verbracht hat, zunächst die Kräfte zu fehlen scheinen. Trotzdem muß es sein, daß auch über diesen Teil der Lage offen gesprochen werden kann.

Ich gehöre nicht zu jenen Beckmessern, die meinen, die Stadt benötige von heute auf morgen keine Bundeshilfe mehr. Im Gegenteil: Soll sie nicht zu einem schweren Problemfall der

Nation werden, wird sie durch den Nachholbedarf der östlichen Bezirke, aber weit darüber hinaus auch für ihre gesamte Infrastruktur noch für einige Jahre sogar mehr Unterstützung des Bundes brauchen als zuvor.

Das allein kann jedoch weder erklären noch gar entschuldigen, warum allzu viele Berlinerinnen und Berliner mit Larmoyanz und Trotz reagieren. Mir scheint es vielmehr, daß dahinter oft genug eine zuweilen unrealistische Haltung verborgen ist, die da lautet: »Was die anderen können, steht uns schon lange zu.« Und dem folgt zumeist kein Hochkrempeln der Ärmel, sondern ein Öffnen der Hand.

Wir, die wir uns Berlin verbunden fühlen und um seine Leistungen wissen, erkennen die Menschen dieser Stadt in einer solchen Klagehaltung seit längerer Zeit zunehmend weniger wieder. Ich will mich wirklich nicht in der arroganten Haltung des Arrivierten von den Sorgen anderer absetzen. Aber wäre es nicht trotzdem gerechtfertigt, sich hie und da ein wenig der eigenen Stärken und ihrer Wurzeln zu besinnen?

Abseits großer Handelswege gelegen, statt mit Bodenschätzen mit Sand gesegnet, verfügte Berlin von Anfang an über keine der Voraussetzungen, die andere Städte groß gemacht hatten. Es war doch wohl gerade die Kargheit, die geistige Potentiale erweckt hat, sie war der Antrieb für Erfindungsreichtum und arbeitsreiche Zähigkeit. Jahrhundertelang hat dieses Umfeld Menschen aus West- und Osteuropa nach Berlin gezogen. Hier wurden nicht Privilegien verteidigt, sondern hier war es eher als irgendwo anders möglich, sich durch Arbeit an der Überwindung von Mangel und Benachteiligung einen respektierten Platz in der Gesellschaft zu verschaffen. Berliner konnte man nicht nur durch Geburt werden, sondern durch Leistung in und für die Stadt.

Und wie war es denn in jenen dunklen Jahren unmittelbar nach dem Ende des Hitlerschen Reiches? Waren es da nicht die Berlinerinnen und Berliner, die die Zähne zusammengebissen und sich gewehrt haben, obwohl der Ausgang lange genug im Ungewissen lag? War das nicht die eigentliche Grundlage für den geschichtlichen Anspruch darauf, Regierungssitz eines vereinten und freiheitlichen Deutschlands zu sein? Waren es nicht die Zähigkeit, dieser Mut und dieses Selbstvertrauen, die John F. Kennedy mit seinem berühmten Satz gemeint hat?

Wahr ist freilich auch, daß die Stadt heute zum klassischen Fall einer Krisenregion geworden ist. Das klingt schrecklich, bedeutet aber alles andere als das Todesurteil.

Es gibt in Europa Beispiele genug dafür, Glasgow oder Barcelona etwa, daß es durchaus möglich ist, aus einer Krise heraus wieder an die Spitze zu gelangen. Solche Prozesse müssen keineswegs ewig dauern, sondern können innerhalb eines Jahrzehnts abgeschlossen sein. Voraussetzung ist, daß man sich die eigenen Stärken vor Augen hält und ebenso entschlossen wie zügig ans Aufräumen und Umstrukturieren geht.

Nichts geht allerdings ohne klare, politische, wirtschaftliche und kulturelle Zielvorgaben. Das wiederum erfordert eine Politik, die demokratischen Streit einvernehmlich auf die richtigen Themen konzentriert, Entscheidungen herbeiführt und dann auch zu ihnen steht. Man nennt das Führung.

II.

Auf diesem Hintergrund hat sich die Stadt schon viel Zeit gelassen, wenn es um ihre zukünftigen Aufgaben und die sich daraus ableitenden städtebaulichen Strukturen geht.

Die Diskussion über die Zukunft beginnt ja nicht erst heute. Zahlreiche Publikationen über Symposien und Klausurtagungen der letzten Monate machen deutlich, daß die Grundfragen der städtebaulichen Entwicklung Berlins nicht gar so kontrovers sind. Grundstrukturen müssen nicht geändert werden. Mit der sinnvollen Erschließung einiger verbindender Verkehrs-Trassen zwischen Ost und West sind nahezu alle kardinalen Probleme der Stadtstruktur zu lösen. Dabei hoffe ich übrigens, daß die Frage der Nord-Süd-Durchquerung durch einen modernen Schienenverkehr nicht zum ideologischen Streitpunkt wird, sondern so rechtzeitig gelöst werden kann, daß die Züge dann nicht eines Tages an Berlin vorbeifahren.

Wer also meint, Berlin brauche erst den großen visionären städtebaulichen Gesamtentwurf, bevor Weichenstellungen vorgenommen werden, scheint mir schief gewickelt. Jedenfalls sollte er darüber ein paar pragmatische Probleme nicht verdrängen.

Da ist einerseits das enorme Defizit an Flächen und Gebäuden für moderne Dienstleistungen. Da sind andererseits große brachliegende Flächen mitten in der Stadt; auf anderen Flächen wird unsinnig gewordene Lagerhaltung oder die Umwelt belastende Produktion betrieben. Dabei sind es genau diese verfügbaren Flächen, die zusammen mit der geographischen Lage der Stadt und der jungen, überdurchschnittlich gut ausgebildeten Bevölkerung das Potential darstellen, aus dem sich eine moderne Dienstleistungs-, Verkehrs- und Handelsmetropole schmieden ließe, die modernste in Europa überhaupt.

Eigenartigerweise gibt es solche realen Visionen weniger bei den Berlinerinnen und Berlinern, wohl aber bei Investoren aus aller Welt. Viele sind seit langem in der Stadt, wollen sich engagieren und sind bereit, Risiken zu übernehmen. Derweilen bewegt sich nichts, während jeden Tag Zeit und Geld für die Erneuerung der Stadt verlorengehen. Glauben Sie mir: Ich weiß von Leuten mit großer Erfahrung, die aufmerksam zusehen, was hier geschieht, und vom Befremden nicht mehr allzuweit entfernt sind.

Weiß die Stadt eigentlich, was sie will?

III.

Natürlich sehe ich die Schwierigkeiten, im einen Teil der Stadt Verwaltungsstrukturen neu aufbauen zu müssen, während bestehende Behörden noch von der Mentalität geprägt sind, sich mit dem Verteilen und Umverteilen von öffentlichen Subventionen zu beschäftigen. Gerade deshalb meine ich, daß es an der Zeit ist, sich über neue Wege in der Stadtentwicklung und neue Planungsinstrumente Gedanken zu machen: Die bisherige Arbeitsteilung zwischen Staat und Privatwirtschaft sollte, ja muß endlich durch ein pragmatisches Miteinander abgelöst werden.

In englischen und amerikanischen Krisenregionen ist das in Form von Public-Private-Partnerships gelungen. Städte wie Boston in Massachusetts haben sich mit Entwicklungsgesellschaften Instrumente geschaffen, in denen öffentliche und private Interessen verknüpft wurden, und zwar mit Erfolg für alle Beteiligten. Ziele der Stadtentwicklung konnten schneller erreicht werden, weil es den öffentlich-privaten Gesellschaften möglich ist, aus den erwirtschafteten Mitteln Planungsprozesse zu finanzieren, die flexibel auf die jeweilige Problemstellung zugeschnitten sind. Das dient den Investoren, weil die Verfahren beschleunigt werden – und es dient der Stadt in doppelter Hinsicht: Neue Arbeitsplätze können schneller geschaffen werden, ohne daß die Kosten für aufwendige Planungen den öffentlichen Haushalt belasten.

Ich wünschte mir, daß solche Planungs- und Durchsetzungsverfahren auch zum Thema dieses Stadtforums werden könnten. Doch für Investoren ist hier, wohl weil sie im Unterschied zu allen anderen Beteiligten ihre eigenen Interessen haben und deswegen von vornherein moralisch suspekt sind, offenbar keine Bank vorgesehen, und die ohnehin bekannten Meinungen etablierter Verbände erwecken offensichtlich mehr Vertrauen als Gedanken und Vorschläge unbequemer Architekten, auch wenn es welche wären, die Weltruf genießen.

IV.

Der Zusammenhang der Dinge macht es eben doch unmöglich, vom Potsdamer Platz zu schweigen. Wir bei Daimler-Benz plädieren dafür, daß ein städtebaulicher Ideenwettbewerb spätestens in diesem Herbst abgeschlossen wird, damit wir unverzüglich nach dem dann folgenden Planungswettbewerb den Architekturwettbewerb ausschreiben und damit in die Realisierungsphase eintreten können.

Zugleich will ich mit einer deutlichen Warnung nicht hinter

dem Berg halten. Wer darauf warten wollte, in endlos ausufernden Diskussionen zu einem epochalen Meisterentwurf für die Metropole des 21. Jahrhunderts zu finden, wird sich zum Schluß nicht mehr einhandeln als zornige Fragen von Menschen, die auf Arbeit warten. Es ist auch nicht nötig, so vorzugehen.

Für die Entwicklung der Stadtmitte reichen in Wirklichkeit ein paar Eckwertbeschlüsse über Verkehrsachsen und Bahnhöfe. Für mich bietet sich dabei an, das Thema vom Potsdamer Platz her zu konzipieren, weil hier die entscheidenden Parameter für wirtschaftliche Maßstäbe und die dringend erforderliche architektonische und städtebauliche Flexibilität der Mitte gesetzt oder versäumt werden.

Auf diese und nur diese Entscheidungen warten die Investoren. Dann könnte man ja mal schauen, was kreativen Architekten von Rang etwa zu solchen interessanten Ideen – ich nenne das nur als Beispiel – wie denen von Klawitter und Arnold einfällt. Dabei weiß ich übrigens aus konkreter Erfahrung, daß man tatsächlich mit einem richtig geplanten Bauvorhaben wertvollere Biotope bekommen kann als vorher.

Wir bei Daimler-Benz jedenfalls wollen zusammen mit den Berlinerinnen und Berlinern Lösungen finden, die es möglich machen, daß man die neu entstehende Stadt auch genießen kann. Niemand wird an diesem Platz, der weit über die Stadt hinaus eine Schlüsselstellung für die Verknüpfung von Ost und West hat, Interesse daran haben können, einen Stadtraum entstehen zu lassen, der nicht als Ort der urbanen Kommunikation und des Austauschs funktioniert.

In diesem Sinne fühlen wir uns bisher in unserem Engagement für Berlin unterfordert, nicht etwa überfordert. Unser Entschluß, hier zu investieren, lange vor dem Fall der Mauer gefaßt, war kein Entschluß für Posemuckel, er war ein Entschluß für die deutsche Metropole in Europa.

Diejenigen, die die politisch Verantwortlichen der Stadt beraten, tragen eine hohe Verantwortung. Vielleicht erinnern sich einige noch: Vor Jahren lief in einem Kurfürstendamm-Theater das Stück von dem Mann, der sich nicht traut...?

Manager in der modernen Industriegesellschaft

Neue Anforderungen, alte Werte?

Manager haben gar keine andere Wahl,
als dem Wandel
offensiv zu begegnen.

I.

Wie kaum ein anderer Begriff ist der des Managers von Klischees regelrecht umstellt: Dynamisch, zäh, erfolgreich, sportiv.

Jeder mag die Liste für sich ergänzen. Die Beliebigkeit der Eigenschaften dürfte mit der Schwierigkeit zusammenhängen, genau zu sagen, was ein Manager tut – oder gar: was er ist. Ein Blick in einschlägige Unterhaltungsfilme oder in die Werbung genügt, um zu wissen, daß es sich weniger um ein Berufsbild als vielmehr um ein Weltbild handelt, einen modernen Mythos.

»Der Manager als Mythos« – ein interessantes, aber ein anderes Thema. Ich möchte statt dessen versuchen, keinen fixen Vorstellungen nachzugehen, sondern ein einigermaßen realistisches Bild zu zeichnen. Vor allem will ich dabei überlegen, welches wohl die spezifisch neuen Anforderungen der Zukunft sein und welche alten Werte dabei weiter unverzichtbar sein könnten.

II.

Max Weber hat die Entwicklung der Moderne als einen Prozeß zunehmender Rationalität interpretiert, der durch eine radikale Differenzierung und Spezialisierung der Arbeitsformen getragen werde. Die arbeitsteilige Gesellschaft ermögliche enorme

Produktivitätsgewinne, und es gelte die Gleichung: größtmögliche Produktivität durch ein Maximum an Routine.

Damit sind nicht einfach nur kalte Funktionsmechanismen angesprochen. Dem Denken dieses großen Mannes und Lehrers lag die ethische Überzeugung zugrunde, daß der Mensch zu einer Verbesserung seiner materiellen und damit seiner kulturellen Lebensumstände verpflichtet sei, um auf diese Weise die Voraussetzung für die Würde des Individuums stetig zu verbessern.

Seine Analyse trifft in doppelter Hinsicht zu. Das epochenunabhängige, das fundamentale Merkmal der Moderne ist in der Tat der Prozeß zunehmender Rationalität. Und richtig war auch, daß über lange Entwicklungsstrecken von Technik und Gesellschaft durch zunehmende Arbeitsteilung Wohlstandsgewinne erwirtschaftet werden konnten.

Genau dieser Prozeß allerdings ist inzwischen erkennbar an seinem Ende angelangt, zumindest hat ihn unsere Zeit weitgehend überholt. Wichtiger für unser heutiges Thema erscheint mir freilich, daß Max Weber in seinem Denken und Forschen ohnehin, bewußt oder unbewußt, eine Ausnahme vernachlässigt hat: Für Führungskräfte galten seine Postulate nie, jedenfalls nicht so.

Die Produktivität eines Managers war und ist ja doch ganz im Gegenteil durch ein Minimum an Routine definiert. Sie läßt sich nicht automatisieren, und rationalisieren kann man sie letztlich auch nicht. Wenn man so will, ist der Manager also ein ewig Vormoderner.

Zugleich besteht jedoch sein spezifisches Gebot der Moderne gerade darin, die Fähigkeit zur Veränderung aufzubringen. Sie bildet das Kernprogramm seiner Arbeit. Dafür werden von ihm nicht Spezialisierung, sondern Überblick, oder, wie man heute sagen würde, »ganzheitliches Denken« gefordert.

Eine negative und eine positive Bestimmung, beide bewußt allgemein gehalten. Ich denke, daß sie trotzdem aussagekräftiger sind als jene vermeintlich konkreten Auflistungen von Eigenschaften, die gebetsmühlenartig in jedem Handbuch zu finden sind.

III.

Fähigkeit zur Veränderung erfordert im Kern weit mehr, nein etwas völlig anderes als bloße Anpassung an die sich wandelnden ökonomischen oder gesellschaftlichen Gegebenheiten. Wer nur reagiert, womöglich erst auf äußeren Druck, gerät in die Defensive und wird vom Leben bestraft.

Manager – darunter verstehe ich alle diejenigen, die für eine erfolgsabhängige Organisation Verantwortung tragen, indem sie grundsätzliche Entscheidungen zu treffen haben – Manager haben gar keine andere Wahl, als dem Wandel offensiv zu begegnen, wollen sie dem Ethos der Moderne genügen und damit alten Werten treu bleiben. Deshalb müssen sie ganz einfach die sich quer durch alle gesellschaftlichen Bereiche vollziehenden Wandlungsprozesse wahrnehmen und darauf neue Antworten geben – die berühmten neuen Kombinationen Joseph Schumpeters.

Damit ist zugleich gesagt, daß es abwegig ist, Strukturwandel einfach nur aus dem Wettbewerb zu erklären.

Selbstverständlich sind freie und offene Märkte eine unentbehrliche Bedingung dafür, daß sich die Fähigkeit zur Veränderung wirtschaftlich unverfälscht durchsetzen kann. Vielleicht gibt es sogar Zeiten, in denen nennenswerte andere Impulse für Veränderungen überflüssig sind, so daß allein der Wettbewerb für Positionskämpfe zwischen den Anbietern sorgt und dadurch zum Auslöser weiteren Strukturwandels wird.

Trotzdem denke ich, daß Daniel Gouedevert die Zusammenhänge eher ein wenig verkennt, wenn er meint, die derzeitige Entwicklung in der Kraftfahrzeugindustrie werde nicht etwa durch ein Eingehen auf die Wünsche des Kunden und sein Interesse an einer unversehrten Umwelt geprägt, sondern allein dadurch, daß die Wettbewerber blind auf die Konkurrenz schauten und versuchten, sich mit unintelligenten Maßnahmen gegenseitig zu übertreffen. Natürlich, wer wollte das leugnen, mag es das hie und da geben. Doch die Automobilhersteller insgesamt sind denn von so viel Kurzsichtigkeit eben doch nicht geschlagen. Und genau genommen könnte man ja die Polemiken meines temperamentvollen Kollegen auch als hervorragenden Beweis dafür interpretieren, daß es in jeder Wüste wenigstens eine Blume geben muß.

Spaß beiseite: Eigentlich sollte es für unsere Gegenwart nicht allzu schwerfallen, zu verstehen und zu akzeptieren, daß es viel mehr Triebkräfte als nur den Wettbewerb gibt, die ein Management zu Veränderungen anstiften. Signifikante Wertverschiebungen zwischen Natur und Leben, Technik und Wirtschaft, Arbeit und Beruf, aber auch der Wandel der politischen Kultur zwingen ganz einfach zu unternehmerischer Stellungnahme, und das heißt zum Handeln.

Ja, es mag sogar sein, daß die wirtschaftlich-technische Dynamik der vor uns liegenden Zeit durch einen ganz neuen Typus von Strukturwandel geprägt sein könnte. Natürlich ist mir klar, daß solche typologisierenden Abgrenzungen immer ein Element von Willkür enthalten, aber ich meine zumindest, dafür gewisse Anzeichen zu erkennen, die ich mit einigen konkreten Hinweisen erläutern will.

Für das Unternehmen, in dem ich arbeiten darf, waren die automobilen Innovationen der fünfziger Jahre wesentlich durch Impulse geprägt, die aus dem Rennsport kamen. Während der sechziger Jahre trug dann unser Engagement auf dem US-amerikanischen Markt dazu bei, daß die Fahrzeugkonzepte immer stärker durch unterschiedliche Kundenwünsche auf unterschiedlichen nationalen Märkten beeinflußt wurden. Die siebziger Jahre schließlich brachten den Übergang zu Entwicklungen, die vermehrt durch gesellschaftliche Wertvorstellungen bestimmt wurden, indem Energieersparnis und Umweltfreundlichkeit in den Vordergrund des Interesses rückten.

Genau dies aber ist es, worauf ich hinauswill. Standen früher ausschließlich technische oder ausschließlich marktausgerichtete Gesichtspunkte im Vordergrund, sind es inzwischen Belange, die eben nicht mehr allein durch solche wertfreie Einflußreaktoren bestimmt werden, sondern genauso durch Wertentscheidungen der Unternehmer.

Nehmen wir ein anderes Beispiel, den bevorstehenden Europäischen Binnenmarkt. Jeder weiß, daß der Politik, die nun endlich bereit zu sein scheint, die entscheidenden Schritte zu vollziehen, im Grunde genommen nicht so sehr die Überzeugung zugrunde lag, wir brauchten um des Wettbewerbs willen die Integration Europas. Vielmehr waren und sind es ausgeprägt politische und moralische Wertvorstellungen, die wahrscheinlich uns alle hier in diesem Saal darauf hoffen lassen, daß Europa möglichst bald zu einer gemeinsamen Währung findet und über die Gemeinschaft der Zwölf hinauswächst. Die Veränderungen, die in der Konsequenz dieser Entwicklung von den Unternehmen vorgenommen werden müssen, sind beträchtlich. Doch wichtiger als das: Sie stellen den mikroökonomischen Vollzug allgemein gültiger Wertvorstellungen dar.

Nicht viel anders verhält es sich mit der Globalisierung des Wirtschaftens. Ihr liegen zwar auch unentbehrliche technische Voraussetzungen zugrunde, etwa die Möglichkeit sicheren und bequemen Transports für Menschen und Güter oder die informationstechnische Vernetzung. Doch das allein reicht bei weitem nicht als Erklärung aus. Denken wir nur an die Entwicklungsländer, die darauf angewiesen sind, daß man nicht nur liefert, sondern bei ihnen zunächst mit einem kleinen lokalen Wertschöpfungsanteil produziert. In Wirklichkeit sind es auch bei dieser Entwicklung zur Globalisierung Wertvorstellungen, die zum Motor von Veränderungen werden.

Und sind es nicht auch Wertvorstellungen, also nicht nur die Neigung zur technisch perfekten Spielerei, die uns heute mit Bewunderung, Demut oder Neid auf die Natur schauen lassen, wenn wir über erwünschten Fortschritt nachdenken? Aus der Mikroelektronik, der auch ohne grundlegende Neuerungen unabsehbare weitere Zukunftsmöglichkeiten offenstehen, oder aus der Biotechnik sind Versuche entstanden, noch besser von der Natur zu lernen. Stichworte wie Mikromaschinen, Mechatronik und Bionik stehen für solche Versuche innovativer Verknüpfungen.

Ich will die Zahl der Beispiele nicht übertreiben. Für frühere Phasen der wirtschaftlichen Entwicklung haben kluge Menschen, wenn sie nach der Signatur einer bestimmten Epoche suchten, als zentrale Triebkraft etwa den Export oder neue

Technologien entdeckt. Mir geht es mit meinen Hinweisen ganz einfach um die Frage, ob wir nicht heutzutage längst mitten in einer wirtschaftlichen Entwicklung stehen, die durch Wertvorstellungen bestimmt wird und aus ihnen neue Wachstumskräfte schöpft. Und natürlich gibt es auch gleich wieder einen englisch-sprachigen Begriff dafür, dessen sofortige Übernahme in den deutschen Sprachgebrauch ich dringlich empfehle: »Value driven«.

Was ich zum Ausdruck bringen möchte, ist, daß es gerade die Unternehmer, die durch marktwirtschaftliche Überzeugung geprägt sind, im Zeichen gesellschaftlichen Wandels nicht nur passiv hinnehmen sollten, wenn ihre gesellschaftliche Rolle kritisch hinterfragt wird. Sie müssen selbst souverän genug sein, ihr eigenes Selbstverständnis und damit auch ihr Handeln im Wettbewerb daraufhin zu prüfen, ob es noch zeitgemäß ist. Anders werden sie nicht überleben.

IV.

Wer je vergessen haben sollte, daß hinter jedem Produkt eine Wertschöpfungskette aus privaten und öffentlichen Leistungen steht, hat am Beispiel der neuen Bundesländer brandaktuelle Gelegenheit zum Nachhilfeunterricht. Folglich bedarf es für mich keiner näheren Begründung, daß der Strukturwandel nicht nur von Unternehmen innovatives Management fordert. Auch für die Verwaltung entsteht mit der Heraufkunft neuer Paradigmen ein enormer Regelungs- und Handlungsbedarf. Im Grundsatz war das freilich schon immer so.

Daß sich vor dem Hintergrund komplexer Wandlungsprozesse ein Begriff wie »Verwaltungsmanagement« ins öffentliche Bewußtsein eingeschrieben hat, ist ja im übrigen nicht zuletzt dem Engagement dieser Hochschule zu verdanken.

Es wäre also nichts als bornierte Arroganz, wollte man von seiten der gewerblichen Wirtschaft einen Ausschließlichkeitsanspruch auf den Begriff des Managers erheben. Ich halte es darum mit jener an Lakonik nicht zu übertreffenden Definition von Management, wie sie in dieser Form nur das Amerikanische erlaubt: »Management is about coping with complexity«.

Die Gleichheit im Grundsätzlichen schließt natürlich erhebliche Unterschiede in der konkreten Arbeit nicht aus. Management in der Verwaltung kann sich sicher nur bedingt an Modellen der Industrie ausrichten, und genauso einsichtig dürfte sein, daß sich nicht alle Bereiche gewerblichen Wirtschaftens gleich gut für Analogievergleiche eignen. Dennoch kann man der Politik nur wünschen, daß sie so etwas wie unternehmerischen Geist in der Verwaltung fördert. Ich meine hie und da – etwa an manchen Frustrationen und Anzeichen innerer Kündigung – zu erkennen, daß viele in der Verwaltung nur darauf warten, denn auch dort sitzen Menschen mit initiativen Fähigkeiten und einem Wertehaushalt, der auf Veränderung ausgerichtet ist.

Zumindest in den vielen Bereichen, in denen staatliche Stellen als Dienstleistungsunternehmen auftreten, muß sich das auch geradezu aufdrängen. Marketing etwa in der Verkehrs- und Nahverkehrsplanung ist längst kein Fremdwort mehr. Post und Bahn haben die Zeichen der Zeit erkannt und verfolgen selbstverständlich eine aktive Marktpolitik – und wieviel mehr könnte dort getan werden, wenn man nur dürfte.

Wie wichtig unternehmerischer Impetus für die Verwaltungen sein kann, spüren wir alle im Zusammenhang mit jedem Strukturumbau. Vor allem zeigen natürlich die gewaltigen Probleme in den neuen Bundesländern mehr als deutlich, wie wenig selbstverständlich und wie unverzichtbar nicht nur intakte Verwaltungsstrukturen, sondern eben auch Fähigkeiten zum Management der Veränderung sind.

Selbst diejenigen, die eine vollkommen staatsfreie Marktwirtschaft zur Ideologie erheben möchten, können doch wohl nicht mehr übersehen, daß dort schnell greifende öffentliche Maßnahmen zur Bewältigung des akuten Infrastrukturnotstandes gefordert sind. Rechtssicherheit – etwa hinsichtlich der Eigentumsfrage – und ein funktionierendes Infrastrukturnetz, das sind die unentbehrlichen Treibstoffe, damit der Motor unternehmerischer Investitionen anspringen kann.

Die simple Aufzählung solcher Aufgaben mag allerdings

nicht jedem sofort klarmachen, daß es um mehr geht als um reine Verwaltung. Davon könnte man, davon müßte man wohl sprechen, wenn es sich lediglich darum handeln würde, den wirtschaftlichen Aufbau in den neuen Bundesländern zu erreichen. Gewiß war es politisch unausweichlich, daß zunächst viele tausend Paragraphen über das erweiterte Rechtsgebiet ausgeschüttet wurden. Aber schon ein erster und oberflächlicher Blick auf die jetzt anstehenden materiellen Aufgaben zeigt, daß wir vor einer gewaltigen Gestaltungsaufgabe und eben nicht vor einem Kopiervorgang stehen. Daß dies frühzeitig begriffen worden ist, beweist übrigens nicht zuletzt die bewundernswerte Leistung, die die Ministerialbürokratie mit dem Einigungsvertrag erbracht hat.

Ich werde ein Beispiel aus eigener Erfahrung erzählen, das man – wie ich denke – als durchaus verallgemeinerungsfähig ansehen kann. Daimler-Benz hat kürzlich, wie schon mehrfach zuvor für andere Städte oder Länder in der Welt, für das vereinigte Berlin eine Studie für ein Gesamt-Verkehrssystem vorgelegt. Dabei haben sich abermals zwei Grundkenntnisse bestätigt, die mittlerweile oft diskutiert wurden, ohne daß freilich schon eine ausreichende Zahl von Verantwortlichen eine Ahnung davon bekommen hätte, was ihre künftigen Hausaufgaben sein müssen.

Die erste Einsicht geht dahin, daß es keine durchschlagende Verbesserung bei den Verkehrsproblemen geben kann, wenn man nicht den gesamten Systemzusammenhang im Auge hat. Das bedeutet im wesentlichen, daß man sich über das Schnittstellen-Management zwischen den Verkehrsträgern Gedanken machen muß. Hat man das begriffen, zeigt einem schon die simple Beobachtung der vorhandenen Realität, daß etwa der Umschlag von Fernverkehrsgütern durchaus so organisiert werden kann, daß er am Rande der Städte stattfindet, schwere LKW also keineswegs die Ballungszentren verstopfen müssen.

Verzichtet man dagegen auf Systemanalysen, landet man sehr schnell bei jenen Schlaumeiereien, die derzeit so populär sind, daß mancher dafür wohl gern ein Patentrezeptamt aufmachen möchte. Ich denke als Beispiel an die elektrisch betriebenen

Stummelautos von Frederic Vester, die in der Stadt herumsurren und auf komfortable Eisenbahnzüge flüchten, sobald eine Fernfahrt droht.

Es ist ja so einfach: Der Strom kommt nicht aus Kraftwerken, sondern aus der Steckdose, neue Bahnhöfe, Gleise und Züge bauen sich von selbst und die dafür in Ballungszentren bekanntermaßen reichlich vorhandenen Grundstücke muß man nur endlich nutzen. Und natürlich können diese wahren Neuerer nicht auch noch Kraft auf den Gedanken verschwenden, ob die Kundschaft womöglich ganz anders darüber denkt. Man hat ja genug damit zu tun, sich selbst höchste Systemintelligenz, den letzten noch verbliebenen Fossilien des linearen Denkens dagegen, also den Tölpeln aus der Automobilindustrie, totale Denkunfähigkeit zu bescheinigen.

Die zweite Einsicht geht dahin, daß für Systemlösungen nicht nur geeignete Anbieter bereitstehen müssen. An denen ist so großer Mangel nicht. Wo er dennoch herrscht, wird der Wettbewerb schon für baldige Besserung sorgen. Aber ohne Nachfrager geht die Chose nicht – und die setzen sich in allen entscheidenden Fällen, das heißt bei Infrastrukturvorhaben, aus einer Fülle zersplitterter Zuständigkeiten zusammen, die nicht einmal über den institutionellen Rahmen verfügen, um entscheidungsfähig zu werden.

Bis zur Stunde habe ich leider niemanden getroffen, der dieses Problem wirklich ernsthaft wahrnimmt, geschweige denn bereit ist, selber über denkbare Lösungen nachzudenken und zu diskutieren. Gewiß, ein Gesetz zur Beschleunigung von Infrastrukturvorhaben in den neuen Bundesländern wäre schon ein gewaltiger Fortschritt. Und doch wäre es kaum mehr als ein Tropfen auf den heißen Stein, ganz zu schweigen von den vorhandenen Entscheidungsmechanismen in den alten Bundesländern.

Für die Verwaltung bedeutet das, daß sie nicht bewältigen kann, was ihre Aufgabe ist, nämlich die infrastrukturellen Voraussetzungen des Strukturwandels bereitzustellen. Dabei habe ich nicht den geringsten Zweifel, daß sie über genug Managementkapazität verfügen würde, um ihre Leistungsfähigkeit unter Beweis zu stellen. Aber solange die dafür erforderlichen politischen Entscheidungen nicht getroffen werden, wird wohl die Verwaltung ganz zwangsläufig mit Imageverlusten bezahlen müssen, die eigentlich den politisch Verantwortlichen aufs Konto zu schreiben sind.

Ausnahmesituationen verlangen außergewöhnliche Maßnahmen. Ein im Management von Krisen und Herausforderungen so erfahrener Mann wie der angeblich nur weltwirtschaftlich interessierte Alt-Bundeskanzler Helmut Schmidt hat das verstanden, als er unlängst im Blick auf die neuen Bundesländer forderte, den »bürokratischen Ablauf radikal [zu] vereinfachen«. Auch ich halte eine dramatische Verkürzung der Verfahren für unvermeidlich. Dabei macht es nach meinem Verständnis nicht den geringsten Sinn, grundsätzliche Schlachten von gestern immer wieder neu vom Zaun zu brechen. Wenn wir genau hinschauen, können wir nämlich ohne Schwierigkeiten einen neuen Zug der Wirklichkeit entdecken, der uns veranlassen sollte, zu prüfen, ob die Güterabwägungen, die den einschlägigen Verfahrensvorschriften zugrunde liegen, wirklich auch heute noch richtig sind.

Mittlerweile verfügen wir beispielsweise über ein rasch zunehmendes Wissen über natürliche Kreisläufe in Biotopen. Dies befähigt uns im Einzelfall schon jetzt, bei Investitionsvorhaben, etwa dem Bau von Fabriken, Natureingriffe so zu planen und durchzuführen, daß nach Fertigstellung ein Zustand erreicht wird, der ökologisch wertvoller ist als vorher. Soweit das der Fall ist, muß es doch wohl möglich und zulässig sein, Schutzrechte, die bisher aus rechtspolitischen Erwägungen sakrosankt waren, neu zu überdenken. Wäre es nicht schlimm, wenn der Schutz der Umwelt zum Schluß im Dickicht von Paragraphen hängenbliebe? Und wären die Mitarbeiterinnen und Mitarbeiter der öffentlichen Verwaltung nicht viel lieber Mitgestalter einer wieder in Ordnung kommenden Umwelt als Verwalter von überlebten Gesetzestafeln?

Ein weiteres Beispiel ist die zunehmende Einbindung der Industriestaaten in weltwirtschaftliche Wertschöpfungsketten. Auch sie hat manchen ideologischen Debatten über zuviel oder zuwenig Staat längst die Grundlage entzogen. Mit der fortschreitenden Verflechtung der Märkte, Volkswirtschaften und Gesellschaften ist es nämlich ganz einfach selbstverständlich, daß eine internationale Abstimmung auf allen Ebenen erforderlich geworden ist.

Das bedeutet, daß auch zwischen Industrie und Verwaltung mehr und besser kooperiert und koordiniert werden muß. Hier liegt eine besondere Verantwortung von Führungskräften auf beiden Seiten: Sie sollten einander noch besser kennen. Der Weg hierzu ist bekannt, es ist der auf höchster Ebene wenigstens hin und wieder praktizierte Austausch von Personal.

Wenn Führungspositionen von Behörden mit erfahrenen Industriemanagern besetzt werden, sollte dies die Unternehmer allerdings nicht zu der Annahme verleiten, sie könnten ihrerseits von Verwaltungen nichts lernen. Im Gegenteil, ich würde mir wünschen, daß der Erfahrungsaustausch gegenseitig und in Zukunft selbstverständlich auf allen Ebenen praktiziert wird. Überall dort, wo Modernisierungsprozesse im Zusammenwirken von Staat und Privaten vorangetrieben werden müssen, könnte nämlich verbessertes Verstehen, etwa wiederum im Bereich des Umweltschutzes, nur von Vorteil für alle Beteiligten sein.

V.

Welche Konsequenzen ergeben sich aus diesen Überlegungen für die Wahrnehmung von Führungspositionen?

Wir erleben heute, in jedem Sinne des Wortes, das Ende der Befehlswirtschaft. Das planwirtschaftliche System, das vor aller Augen zusammengebrochen ist, war der Versuch perfekter Kontrolle über alle Bereiche des Lebens. Es nahm den Menschen die Freiheit, es hat sie ihrer natürlichen Neigung zur Initiative beraubt. Starre Hierarchien bewirkten ein Klima von Unterordnung und Angst, in dem nichts anderes als eine mechanistische Erledigungsmentalität gedeihen konnte.

Das historische Scheitern der technokratischen Utopie wird, zusammen mit den Faktoren, die den wirtschaftlichen Aufbau zum Erfolg machen werden, hoffentlich bald dazu führen, das Wesen der Marktwirtschaft besser zu verstehen. Ihr ökonomisch, politisch und moralisch wichtigstes Kapital – auch für die Zukunft – liegt in ihrer grundsätzlichen Offenheit, ohne die eine freie Gesellschaft nicht existieren kann. Nur diese Offenheit ermöglicht das fruchtbare Zusammenspiel aller gesellschaftlichen Kräfte, sie allein fördert auf die Dauer jene soziale Phantasie, die wir brauchen, wenn wir auf die Herausforderungen der Zukunft neue Antworten finden wollen.

Führungsverhalten und Organisationsentwicklung müssen diesen Geist der Offenheit glaubwürdig wiedergeben. Autoritäre Hierarchien und starre Befehlsmuster jeglicher Art verfehlen also die Erfordernisse einer gewandelten Zeit. Auf dem Untergrund der ansteigenden Zahl intelligenter Tätigkeiten führt das nicht nur dazu, daß die Hierarchien zunehmend flacher und durchlässiger werden müssen, sondern genauso dazu, daß die Selbstverantwortung des einzelnen wesentlich stärker gefragt sein wird.

Die Bedeutung der Fort- und Weiterbildung ist erst in den letzten Jahren in vollem Umfang verstanden worden. Wissen, das gilt für Manager wie Mitarbeiter gleichermaßen, ist heute eben nicht mehr ein Besitzstand, der ein für allemal erworben ist. Vielmehr muß alles darangesetzt werden, die Fähigkeit zum Lernen über die gesamte Beschäftigungsdauer beizubehalten. Dies frühzeitig erkannt und berücksichtigt zu haben, macht gleichfalls den besonderen Rang der Hochschule für Verwaltungswissenschaften in Speyer aus.

Zugleich hat sich die Mentalität der Menschen verändert. Das gilt für das Freizeitverhalten wie für den Anspruch auf selbstbestimmtes Arbeiten. Verantwortliche Führung muß dem gewachsenen Selbstbewußtsein des einzelnen Rechnung tragen. Mitarbeiterinnen und Mitarbeiter, die darüber verfügen, werden zukünftig ein Glücksfall für jeden Chef sein, der etwas damit anzufangen versteht. Deswegen wird es zur Verantwortung jeder Führungskraft gehören, das Arbeitsklima zu pflegen. Gutes Management zeichnet sich nicht zuletzt dadurch aus, daß es Führungsqualitäten im eigenen Verantwortungsbereich freisetzt und für die Arbeit nutzbar macht. Leistung zu belohnen, ist und bleibt dabei die beste Motivation – eine Kunst im übrigen, die jeder einzelne, auch sich selbst gegenüber, immer wieder neu lernen muß.

Verwaltungen stehen im Verruf, bei ihnen spiele das Leistungsprinzip keine Rolle. Noch immer verbindet das Vorurteil der öffentlichen Meinung Berufsbeamtentum mit einem weitgehenden Automatismus der Beförderung. Nach meiner eigenen Beobachtung ist das falsch. Die Besetzung von Führungspositionen erfolgt sehr wohl nach dem Leistungsprinzip, zumindest überall dort, wo es nicht um die allerdings viel zu weit ausgedehnten Bereiche politischer Besetzungskriterien geht. Ich jedenfalls kenne genug Ministerialbeamte, die keinen Vergleich mit der Industrie zu scheuen brauchen. Und doch schließt das nicht aus, daß in den öffentlichen Verwaltungen – wie in vielen privatwirtschaftlichen Unternehmen – dringender Handlungsbedarf besteht.

VI.

Komplementär zu dem gewachsenen Selbstbewußtsein von Mitarbeiterinnen und Mitarbeitern, von dem ich sprach, erwarten und fordern die Bürgerinnen und Bürger in wachsendem Maße, aktiv an Entscheidungsprozessen beteiligt zu werden, die sie letzten Endes selbst betreffen und damit im weitesten Sinne politischen Charakter haben. Wurden Anordnungen früher befolgt, weil sie von »oben« kamen, werden sie heute, gerade weil sie von dort kommen, desto kritischer aufgenommen. Auch das bedingt einschneidende Konsequenzen nicht nur für das Handeln der Verwaltungen, sondern genauso auch für das Handeln der Unternehmen: In einem sensibler reagierenden politischen Umfeld ist der Stellenwert dessen, was man mit dem Begriff der gesellschaftspolitischen Verantwortung kennzeichnen könnte, ungleich größer als jemals vorher.

Man mag die damit einhergehende Politisierung von Verwaltung und Unternehmen unterschiedlich werten. Niemand kommt jedoch an dem Faktum vorbei, daß Planung und Durchführung von Großprojekten eben inzwischen längst nicht mehr Entscheidungskriterien unterliegen, die sich auf die reine betriebswirtschaftliche Seite beschränken. Keine moderne Volkswirtschaft ist noch frei vom Zwang zu sozialem Ausgleich und zu Umweltverträglichkeit.

Die Betroffenen organisieren sich fast schon selbstverständlich in Bürgerinitiativen, machen von ihrem Informations-, oftmals auch von ihrem Einspruchsrecht Gebrauch. Vielfache Erfahrung hat gelehrt, daß die Akzeptanz der Bürger über Erfolg oder Mißerfolg von Projekten entscheiden kann. Wir – und damit meine ich ausdrücklich Unternehmen und Verwaltung – müssen jeweils darum, und das heißt um das Vertrauen der Menschen, ringen. Dabei sprechen Niederlagen der einen wie der anderen Seite für nichts anderes als für die Qualität unserer demokratischen Konfliktkultur. Hinter meinem Plädoyer, daß diese Prozesse dennoch nicht zu lähmender Entscheidungsunfähigkeit führen dürfen, steht also im Kern nichts anderes als die Sorge, daß diese Errungenschaft sich selbst zerstören könnte, wenn sie rechtzeitiges Handeln im Interesse der Gemeinschaft unmöglich machen und damit zum Chaos beitragen sollte.

Die Führung von Unternehmen könnte sich in diesem Sinne durchaus am Ideal der Bürgernähe ausrichten, das für die Verwaltungen konstitutiv ist. Für die Verwirklichung solcher Glaubwürdigkeit erscheinen mir drei Dinge wesentlich: Information, Begründung von Entscheidungen, und was genauso wichtig ist, die Transparenz von Entscheidungsprozessen.

In jedem Einzelfall liefe das auf das Angebot zum offenen Dialog hinaus. Die Möglichkeit zum Gespräch setzt jedoch Vertrauen bereits voraus. Mit anderen Worten: Die informatorische Bringschuld muß vorher eingelöst werden, nicht erst dann, wenn die Probleme schon da sind. Gleichzeitig hängt Glaubwürdigkeit von der Kontinuität und der Ernsthaftigkeit ab, mit der das Gespräch gesucht wird. Wir bei Daimler-Benz bemühen uns seit einigen Jahren mit allen Kräften, diesem nicht immer leicht erfüllbaren Maßstab gerecht zu werden.

Wenn es also zutrifft, daß die Manager zukünftig noch stärker und noch früher als bisher die gesellschaftspolitische Dimension ihres Handelns in ihre Planungen einzubeziehen haben, kann man das wohl mit dem früheren Präsidenten des Bundesverbandes der Deutschen Industrie, Rolf Rodenstock, als Zustand der »politischen Ökonomie« bezeichnen. Das kann in der Praxis eine erhebliche Verlagerung traditioneller Aufgabenschwerpunkte mit sich bringen.

So gibt es beispielsweise keine Alternative dazu, sich den Anforderungen der Mediengesellschaft zu stellen. In ihrer Rolle als Kommunikatoren gilt für die Manager der Zukunft das Gebot der Professionalität auch im Umgang mit den Medien. Dazu gehört, daß in der Einstellung gegenüber Pressestellen alte Vorurteile überwunden werden. Wir mögen die Kommunikationsmedien schätzen oder nicht, wir mögen ihre Auswüchse billigen oder nicht, wir mögen einzelne von ihnen für moralisch verwerflich halten oder nicht: Es führt kein Weg daran vorbei, daß sie ein legitimes Organ öffentlicher Kontrolle sind. Wir sollten sie deswegen als ein Bedürfnis anerkennen und nicht als störend von uns schieben. Die Forderung nach mehr Transparenz ist ein demokratischer Grundwert und gehört in diesem Sinne zu jenen alten Werten, von denen ich eingangs sprach. Daß ich selbst meine innere Verachtung über bestimmte Erscheinungsformen oder Verhaltensweisen nicht verhehlen werde, steht auf einem ganz anderen Blatt.

VII.

Zu Beginn war die Rede davon, daß ich als entscheidendes Merkmal für die Qualifizierung eines Managers, ob Frau oder Mann, die Fähigkeit verstehe, sich nicht passiv anzupassen, sondern aktiv zu gestalten. Wem in der Hektik des Tagesgeschäfts diese Fähigkeit, die auch das Denken in übergreifenden Perspektiven beinhaltet, nicht verlorengehen soll, der braucht als Gegenhalt eine starke wertmäßige Gründung und Einbindung seines Handelns. Solche innere Sicherheit bedeutet nicht

Starrheit, sie ist im Gegenteil erst die Voraussetzung dafür, mit Kritik angemessen umgehen zu können. Der offenbare Bedarf nach solch »ethischer« Vergewisserung bei Managern hat in der letzten Zeit zu einer wahren Flut von Publikationen geführt: Unternehmensethik ist eine Wachstumsbranche ersten Ranges – »Zuviel des Guten!«, möchte man da fast ausrufen.

Griffige Formeln wie die von der Verträglichkeit von Ökonomie und Ökologie haben Konjunktur. Gewiß, das hat Bekenntnischarakter, und es sollte keineswegs hämisch als Modeerscheinung abgetan werden. Welche Zumutungen sich im einzelnen aus derartig weitreichenden Forderungen ergeben, sollte freilich gleichfalls nicht übersehen werden.

Es nützt nämlich niemandem, wenn Manager angesichts widerstreitender Interessen im konkreten Fall der Ohnmacht des Sollens ausgeliefert sind. Was eben viel mehr zählt als die gute Absicht, ist die Fähigkeit, im Einzelfall unvoreingenommen zu prüfen und abgewogen zu entscheiden und damit praktischen Fortschritt zustande zu bringen.

Systemzwang und zunehmende Funktionalisierung engen den Handlungsspielraum des einzelnen immer weiter ein. Und doch weiß jeder, daß die Effektivität ganzer Abteilungen, sogar die von Betrieben davon abhängen kann, wer sie führt. Wie ist das zu erklären? Wir wissen heute mehr über Managementinstrumente und ihre Wirksamkeit als je zuvor, ihre Handhabung ist erlernbar. Das ändert nichts daran, daß alle, die eine Führungsrolle beanspruchen, Qualitäten brauchen, wie man sie nur bedingt auf der Hochschule lernen kann. Alfred Herrhausen hat diese Eigenschaften einmal folgendermaßen zusammengefaßt: »Fleiß, analytisches Denken, Phantasie, Robustheit ebenso wie Sensitivität, eine gute Gesundheit, Entscheidungs- und Risikobereitschaft und die Bereitschaft, ständig zu lernen.«

Er hat hinzugefügt, daß diese Kombination von Eigenschaften eher einem Kunstgebilde denn der Realität entspricht. Manager sind keine Supermenschen. Das wäre auch gar nicht wünschenswert, denn Führung bedeutet immer Führung von Menschen. Und gerade das fordert die täglich sich neu bewährende Humanität des Verhaltens und der Entscheidungen.

Ökologie und Ökonomie

Umweltmanagement als Voraussetzung für eine zukunftsorientierte Unternehmensführung

Jenseits allen Geklappers, trotz aller Übertreibungen kann niemand leugnen, daß tatsächlich Handlungsbedarf besteht.

I.

Umweltmanagement: der Begriff hat Hochkonjunktur. Öko-Marketing und Öko-Controlling sind weitere Beispiele dafür, wie man den Zeitgeist in wunderschönen neudeutschen Wortschöpfungen einfangen kann. Unternehmen werden befragt und danach eingestuft, welchen Stellenwert sie in ihrer Strategie dem Umweltschutz einräumen. Hochglanzbeilagen einschlägiger Zeitschriften belehren die Manager, wie man Umweltmanagement macht.

Wem muß sich bei alledem nicht der Verdacht aufdrängen, daß dieser Öko-Boom zu einem großen Teil nichts als populistische Effekthascherei, womöglich nichts als ein modischer Trend sein könnte?

Doch wie so oft: Jenseits allen Geklappers, trotz aller Übertreibungen kann niemand leugnen, daß tatsächlich Handlungsbedarf besteht. Der Umgang mit der Natur ist zu einem der größten und drängendsten Probleme unserer Zeit geworden. Die geradezu unglaubliche Verseuchung von Boden, Wasser und Luft in den neuen Bundesländern ist ein ebenso mahnendes wie handgreifliches Beispiel dafür, daß die globalen Umweltbelastungen statt Worten endlich Taten erfordern, bevor es zu spät ist. Anders gesagt: Auch wenn hie und da schon viel getan wurde, wir stehen erst am Beginn einer epochalen Aufgabe.

Umweltschutz, so ist in der »Tutzinger Erklärung zur

umweltorientierten Unternehmensführung« nachzulesen, muß künftig Teil der Unternehmenspolitik und wichtiges Kriterium bei allen unternehmerischen Entscheidungen sein. Dabei geht es um eine Aufgabe, die alle Bereiche betrifft und alle Mitarbeiterinnen und Mitarbeiter einbezieht.

Die auch von Daimler-Benz unterschriebene Erklärung hat breite Resonanz gefunden. Sie ist ein weiterer deutlicher Beleg dafür, daß Unternehmen ihre Verantwortung bei der Erhaltung der natürlichen Lebensgrundlagen wahr- und ernst nehmen. Ein anderer ist die nicht unerhebliche Zahl an freiwilligen Vereinbarungen und Selbstverpflichtungen im Bereich der Industrie. Nach Angaben des Bundesverbandes der Deutschen Industrie gab es bis zum Jahresende 1990 36 solcher Branchenabkommen; einige davon wurden bereits Anfang und Mitte der siebziger Jahre geschlossen.

Konkrete Beispiele dafür, wie Produkt und Produktion umweltverträglicher gestaltet wurden, gibt es zuhauf. Mercedes-Benz hat in den letzten zehn Jahren den Kraftstoffverbrauch über die gesamte PKW-Palette um mehr als 25 Prozent gesenkt. Unsere Nutzfahrzeuge verbrauchen heute sogar 30 Prozent weniger Kraftstoff, und das bei einer gleichzeitigen Steigerung der Durchschnittsgeschwindigkeit um ebenfalls 30 Prozent. Bezieht man neue Produkt- und Fertigungstechnologien, die einen indirekten Beitrag zum Umweltschutz leisten, mit ein, so hat Mercedes-Benz im Jahr 1990 rund 700 Millionen DM in umweltbezogene Maßnahmen investiert.

Wäre Umweltmanagement also lediglich ein neues Wort für etwas, das die Unternehmen schon längst praktizieren?

Die Dinge liegen wohl doch ein wenig komplizierter. Zwar geht es schon längst nicht mehr um die Frage, ob sich die Unternehmen überhaupt und grundsätzlich für den Schutz der Umwelt verantwortlich zu fühlen haben. Aber darüber, in welchen Bereichen und wie umfassend sie es tatsächlich tun, muß schon nachgedacht und gegebenenfalls auch gestritten werden.

Umweltgerichtete Unternehmensführung betrifft eben nicht nur Produkt und Produktion. Sie betrifft ebenso Absatz und

Beschaffung, Finanzen und Investitionsentscheidungen, aber auch Organisation und Personal. Sie erfordert die Weiterentwicklung des traditionellen Planungs- und Controlling-Instrumentariums. Sie verlangt neue Formen der Kooperation zwischen den Unternehmen, aber auch mit Staat, Verbänden, Umwelt- und Verbrauchergruppen. Und nicht zuletzt bedingt sie eine neue Art von Kommunikation, sowohl nach innen als nach außen.

Mit anderen Worten: Die Erweiterung des unternehmerischen Zielsystems um die ökologische Dimension – und um nicht weniger geht es, will man ernsthaft von Umweltmanagement reden – bringt einen auf die Dauer sehr grundlegenden Struktur- und Kulturwandel innerhalb des Unternehmens mit sich.

II.

Angesichts der Größe dieser Aufgabe scheinen mir manche der vielfältigen Publikationen zum Thema wenig hilfreich.

So belegen die insbesondere bei Betriebswirten beliebten praxisnahen Checklisten zwar eindrucksvoll, daß sich nahezu alle Bereiche unternehmerischen Handelns umweltbezogen gestalten lassen. Sie verlieren jedoch allzuoft das Ganze aus den Augen. Und plakative Forderungen, etwa nach der Einführung von Ökobilanzierungen für den gesamten ökologischen Lebenszyklus eines Produktes, mögen ebenso publikumswirksam wie sicherlich auch wichtig und berechtigt sein – praktisch umsetzbar sind sie zumindest für hochkomplexe Produkte jedoch kaum.

Viele dieser einfallsreichen Ideen, und mehr noch ihre Verarbeitung in den Medien, erwecken jedenfalls den Eindruck, als sei die Realisierung einer umweltgerichteten Unternehmenspolitik nur eine Frage des guten Willens, als stünden ihr lediglich egoistische – und das sind im Kern immer ökonomische – Interessen und mangelnde Verantwortlichkeit der Unternehmer entgegen.

Da kann es dann auch nicht verwundern, wenn der Gegensatz

von Ökologie und Ökonomie immer wieder neu beschworen, die »ökonomische Abrüstung« zugunsten der Umwelt gefordert, einer martialischen, bedingungslos auf Wachstum ausgerichteten Wirtschaft der friedfertige, ökologisch bewußte Bürger gegenübergestellt wird – so beispielsweise der verstorbene Berliner Ökonom Burkhard Strümpel, dessen Fazit denn auch konsequent lautete, daß die ökonomische Abrüstung, zu der der Konsument prinzipiell bereit sei, an nichts anderem als daran scheitere, daß Umwelt leider keine ausreichende Lobby habe.

Ich bin davon überzeugt, daß man sich gegen derartige Behauptungen wehren muß. Worüber man nach meiner ebenso festen Überzeugung heute nicht mehr streiten kann, ist die einfache Tatsache, daß die ökologischen Probleme von Gegenwart und Zukunft nicht etwa mit weniger Fortschritt, gar einem »Zurück zur Natur«, sondern nur mit mehr Fortschritt und besserer Technik gelöst werden können. Damit aber kommt den Unternehmen in zweifacher Hinsicht Verantwortung zu: Eine zunehmende Zahl von ihnen verfügt über das Know-how in den neuen Basistechnologien, das zur Wiederherstellung des ökologischen Gleichgewichts auf der einen und zur Entwicklung innovativer Vorsorge- und Vermeidungslösungen auf der anderen Seite unerläßlich ist.

Denken Sie etwa an die Mikroelektronik, ohne die moderne Umwelttechnik nicht mehr vorstellbar wäre. Ihr möglicher, noch längst nicht ausgeschöpfter Beitrag zum Schutz der Umwelt wurde kürzlich in einer unter der wissenschaftlichen Federführung des Fraunhofer-Instituts erarbeiteten Studie aufgezeigt.

Mikroelektronik wird heute schon in der Meß-, Steuer- und Regelungstechnik, etwa als hochsensibles Frühwarnsystem bei Schadstoffemissionen eingesetzt. Sie findet aber auch bei Produktions- und Verbrennungsprozessen Verwendung, die mit ihrer Hilfe bei niedrigstem Energieverbrauch und geringsten Emissionen ablaufen können. Weniger bekannt ist, daß man durch den Einsatz von Mikroelektronik bei Heizungsanlagen in Gebäuden den Kohlendioxyd-Ausstoß um ganze 20 Prozent vermindern, in gewerblichen Bäckereien durch Sensoren für

Kohlenmonoxyd die Verbrennung verbessern, in chemischen Reinigungen die Emissionen überwachen könnte.

Die Studie zeigt insgesamt 25 Anwendungsfelder auf, in der Mikroelektronik umweltentlastend eingesetzt wird oder werden könnte. Überwiegend handelt es sich dabei um sogenannte integrierte Umweltschutzlösungen, also Systemlösungen, die mögliche Belastungen schon bei deren Enstehung ausschalten und damit dem Vorsorgeprinzip Rechnung tragen.

Im Gegensatz zu nachgeschalteten Reparaturlösungen, deren Wirksamkeit begrenzt, deren Kosten jedoch hoch sind, kann man im übrigen in vielen Fällen durch innovative Umweltschutzlösungen direkte Kosteneinsparungen erzielen. So hat Mercedes-Benz im Metallic-Basislack-Bereich Elektrostatik-Spritzpistolen eingeführt und dadurch den Verbrauch von Lackmaterialien bei gleichzeitiger Wahrung von Qualität und Konstanz der Lackierung erheblich reduziert. Die Einsparungen durch dieses Verfahren liegen bei jährlich 1,2 Millionen DM. Ein anderes Beispiel ist das Verfahren, das zur Trocknung der bei der Lackierung anfallenden Lackschlämme entwickelt wurde und die Voraussetzung für eine nachfolgende Hydrierung der Schlämme bildet. Durch die Hydrierung werden die organisch-chemischen Reststoffe so umgewandelt, daß sie bei der Herstellung von Neulacken wieder verwendet werden können. Den Investitionen von rund einer Million DM stehen hier Einsparungen von jährlich 300 000 DM gegenüber.

So wenig ein Zweifel daran bestehen kann, daß die Herstellkosten eines Produkts ein entscheidender Faktor im internationalen Wettbewerb bleiben werden, so richtig kann es also auch sein, daß sich solche Systemlösungen eines keineswegs allzu fernen Tages als weitblickende Investitionen auf einem wichtigen Zukunftsmarkt herausstellen könnten. Intelligente Umwelttechnik wird nämlich spätestens dann zu einem strategisch wichtigen Produktionsfaktor, wenn die dringend erforderliche, internationale Angleichung der Umweltanforderungen Wirklichkeit wird.

Integrierte Lösungen lassen sich auch für sehr komplexe Systeme wie etwa den Verkehr entwickeln. Ein Beispiel dafür ist das »Regionale Verkehrsmanagement Stuttgart – STORM«; das Akronym steht für »Stuttgart Transport Operation by Regional Management«.

Im Kern geht es bei diesem Projekt, das vom Verkehrsministerium Baden-Württemberg, der Landeshauptstadt Stuttgart und der Daimler-Benz AG gemeinsam entwickelt wird, darum, durch die schrittweise Einführung neuer Technologien in der Verkehrsinformation und -lenkung den Verkehrsfluß zu optimieren und die vorhandenen Verkehrsinfrastrukturen besser auszunutzen. Verkehrssicherheit und Wirtschaftlichkeit werden dadurch erhöht, Umweltbelastungen verringert.

Lassen Sie mich in Parenthese einfügen, daß freilich solche neuen umweltverträglichen Infrastrukturen politische Entscheidungs- und Koordinationsmechanismen erfordern, die wir im Verkehrsbereich noch lange nicht haben. Auch deswegen begrüßen wir es, daß hier in Stuttgart politische Entscheidungsträger und Industrie von Anfang an gemeinsam an dem Projekt arbeiten.

Dem Vorhaben, wie im übrigen auch dem im Frühjahr dieses Jahres vorgestellten integrierten Gesamtverkehrskonzept für den Großraum Berlin, liegt die keineswegs neue Erkenntnis zugrunde, daß isolierter Straßenaus- und -neubau die Verkehrsprobleme ebensowenig lösen wird wie etwa die alleinige Konzentration auf den öffentlichen Verkehr. Statt dessen brauchen wir Systemlösungen, die über die intelligente Verknüpfung der verschiedenen Verkehrsträger – also straßengebundenem Individual- und öffentlichem Personennah- und -fernverkehr, dem Güterverkehr, dem Verkehr zu Luft und Wasser – für deren jeweils optimale Auslastung sorgen.

Nicht ohne Stolz füge ich hinzu, daß das Haus Daimler-Benz das einzige Unternehmen in der Welt ist, das sowohl Straßen-, Bahn- und Luftfahrzeuge für Personen- und Güterverkehr herstellt, als auch über das Know-how verfügt, diese Transportmittel, die in sich schon Systeme sind, intelligent in übergeordneten Systemen zu vernetzen – eine Fähigkeit übrigens, die unmittelbar aus verteidigungstechnischem Wissen abgeleitet ist. Voraussetzung dafür war die Umstrukturierung unseres

Hauses, die das ehemals reine Automobilunternehmen zu einem integrierten Technologiekonzern weiterentwickelt hat.

Unsere Überzeugung, daß solchen innovativen Gesamtlösungen die Märkte von morgen gehören, war der eigentliche, von einigen wenigen wohlmeinenden Ratgebern innerhalb der deutschen Grenzen bis heute noch nicht ganz verstandene Grund für unsere Neuausrichtung. Man kann es auch anders formulieren: Investitionen in Systemlösungen dienen nicht nur dem Erhalt der natürlichen Lebensgrundlagen, sondern können auch dazu beitragen, die Wettbewerbsfähigkeit des eigenen Unternehmens zu sichern.

III.

Diejenigen in der Politik und unter den professionellen Romantikern der Angst, denen das alles immer noch nicht Anlaß genug ist, Vertrauen in die Eigenverantwortlichkeit der Industrie zu setzen, werden sich allerdings genausowenig durch die Hinweise überzeugen lassen, daß wirtschaftliches Wachstum in Zukunft verstärkt, vielleicht gar ausschließlich, Wissenswachstum sein wird.

Was ist damit gemeint? In der erwähnten Studie des Fraunhofer-Instituts wird herausgearbeitet, daß das Leistungspotential der technischen Komponenten oftmals bei weitem nicht ausgeschöpft werden kann, weil ganz einfach die benötigte Software fehlt. Es gibt also dafür einen gewaltigen Nachholbedarf. Softwareproduktion aber ist Wissensproduktion und beansprucht im Gegensatz zur herkömmlichen Produktion nur geringe materielle Ressourcen.

Daß die Entwicklung zu einer Wissensgesellschaft nicht etwa ferne Zukunftsmusik, sondern bereits im Gange ist, wird deutlich genug, wenn man sich vor Augen hält, daß bereits im Zeitraum von 1981 bis 1987 von den 167 Milliarden DM Zuwachs an Wertschöpfung, die wir im Bruttosozialprodukt erreichten, über 121 Milliarden DM auf die Dienstleistungs- und Softwarebereiche und nur etwas über 13 Milliarden DM auf das warenproduzierende Gewerbe entfielen. Diese Tendenz wird sich in den kommenden Jahren verstärken. Manche gehen sogar davon aus, die Wertschöpfungsanteile könnten sich in einem Ausmaß zugunsten der Software verschieben, daß unter dem Strich eine Verminderung des gesamten Rohstoffverbrauches und damit auch der Umweltbelastung übrigbleibt. Mit anderen Worten: Das erste Mal in der Geschichte der Menschheit würde dann technischer Fortschritt nicht nur bewirken, daß die Erschöpfung unserer Rohstoffreserven hinausgezögert wird, sondern er würde zur Folge haben, daß Ressourcenbedarf absolut zurückgeht.

Andererseits bleibt es natürlich denkbar, wenn nicht sogar wahrscheinlich, daß eine solche Tendenz durch das Wachstum in den noch nicht hochindustrialisierten Ländern überkompensiert werden könnte. Auch deswegen heißt die Konsequenz auf gar keinen Fall, daß wir im Vertrauen auf den technologischen Fortschritt einfach untätig abwarten dürfen. Es heißt aber wohl, daß gerade die Technik, vor allem die neuen Basistechnologien, uns in die Lage versetzen, wirksamen Umweltschutz auch in den weniger entwickelten Ländern zu betreiben, und daß es in unserem ureigenen Interesse liegt, davon tatsächlich Gebrauch zu machen, anstatt gleich unsere ganze Zivilisation in den Orkus zu verdammen.

IV.

Umweltmanagement umfaßt jedoch viel mehr als nur die technische Seite. Soll Umweltbewußsein im Unternehmen gelebt werden, müssen Strukturen und Kulturen verändert werden. Das ist eine große Aufgabe, Herausforderung und Chance zugleich.

Dabei habe ich nicht den geringsten Zweifel, daß wir dies meistern werden. Ulrich Steger hat in seinem bemerkenswerten Buch »Umweltmanagement« darauf hingewiesen, daß Unternehmen ganz allgemein die effizienteste soziale Organisation bei der Allokation knapper Ressourcen sind. Heute sprechen nicht nur harte ökonomische Gründe, sondern auch unser aller Verantwortung gegenüber den zukünftigen Generationen dafür, diese Fähigkeiten auch auf den Umweltschutz zu beziehen.

Daß die Politik gefordert ist, diese Entwicklung zu einem als Selbstverpflichtung verstandenen Umweltmanagement durch stabile und verläßliche Rahmenbedingungen zu befördern, statt durch eine schier unglaubliche Regelungsdichte die Handlungsautonomie der Unternehmen weitgehend einzuschränken, ist womöglich einer derjenigen Gesichtspunkte, die dieser Kongreß gleichfalls nicht aus dem Auge verlieren sollte.

Vom schwierigen Umgang mit anderen Kulturen

Zum Verhältnis zwischen der westlichen Welt und Japan

Man schaue auf die noch heute
beschämend dürre Liste
von übersetzten japanischen Werken
bei uns oder sonstwo in Europa.

I.

Martialische Töne sind an der Tagesordnung, wenn es um das Verhältnis zwischen Japan und seinen wichtigsten Wirtschaftspartnern geht. »Japan ist unser Feind« befindet die französische Ministerpräsidentin, und der Vorstandsvorsitzende von Peugeot erfreut sich seit langem eines einsamen Spitzenplatzes unter den prominenten Eiferern gegen die ostasiatische Konkurrenz.

Doch es sind keineswegs nur Stimmen aus unserem westlichen Nachbarland, die so schrill sprechen. In den USA gehört »Japan-bashing« zum guten Ton. Auch ein so zurückhaltender Mann wie der Vorsitzende der SPD spricht neuerdings von Japan als unserem »aggressivsten Wettbewerber« – was nun offenbar auch in einem Lande, das für freien Handel und Marktwirtschaft eintritt, etwas besonders Unsittliches geworden zu sein scheint. Und schließlich hat sich vor wenigen Tagen einer der zweifellos besonnensten Staatsmänner Europas, der Präsident der Europäischen Gemeinschaft, dem kriegerischen Chor zugesellt.

Was, so muß man sich fragen, sind denn eigentlich die konkreten Auslöser für diesen zunehmenden Volkssport, auf Japan einzudreschen?

II.

Hie und da geschieht es, daß man bei der Vorbereitung eines Vortrages arg verunsichert wird. Man fängt ja doch naturgemäß damit an, Material zusammenzutragen und darin herumzulesen, um vorhandene Eindrücke abzurunden und bestehende Einschätzungen noch einmal zu überprüfen. Was aber tun, wenn man merkt, daß die verfügbaren Bruchstücke einfach nicht zusammenpassen wollen?

Im Falle von Japan scheint eine solche beunruhigende Feststellung fast unvermeidlich. Hinzu kommt der Eindruck, daß man in vielen Publikationen, Zeitungen, Zeitschriften oder Büchern immer wieder die gleichen Versatzstücke findet, die gleichsam von Handarchiv zu Handarchiv weiterzuwandern scheinen.

Auf der Suche nach Erklärungen sind verschiedene Befunde denkbar. Einer davon ist nicht neu und dennoch ebenso unübersehbar wie peinlich. Die wenigen wirklichen Kenner Japans, auf die man sich stützen könnte, haben ihn wahrscheinlich längst resignierend verinnerlicht, während die dilettierenden Pamphletisten sich keinen Deut darum scheren.

Dieser Befund lautet, daß unsere ach so umfassende Weltläufigkeit und unsere Bildung bestenfalls auf eine fromme Selbsttäuschung hinauslaufen dürften. Man erkennt das deutlich genug, wenn man sich vor Augen hält, daß die vergleichsweise dünne und kaum je auf fundierter Kenntnis gründende Berichterstattung der Medien über Vorgänge in Ostasien offenbar nichts anderes widerspiegelt als die traditionell einseitige Ausrichtung unseres geopolitischen Kompasses auf den atlantischen Raum.

Einer Veröffentlichung ist zu entnehmen, daß 1983 weit mehr als 5000 japanische Forscher in Großbritannien, Frankreich und Deutschland tätig waren, während diese Länder umgekehrt weniger als 1500 entsprechende Mitarbeiterinnen und Mitarbeiter in Japan beschäftigten. Und in einer bedeutenden Tageszeitung war vor wenigen Tagen einem faktenreichen Leitkommentar zu entnehmen, wie beklagenswert gering, verglichen mit japanischen Anstrengungen, hierzulande Forschung und

Lehre über außereuropäische Kulturen und Geschichte stattfinden – verbunden mit der ebenso drastischen wie einsichtigen Warnung, wir seien im Begriff, »im Krähwinkel mit einem frohen Lächeln auf den Lippen zu verdummen«.

Ich habe den Eindruck, daß bei uns trotz Zeitungen, Fernsehen, Tourismus, Export und Büchern nahezu völlige Finsternis herrscht, wenn wir nach einem auch nur ansatzweise ausreichenden Wissen über Japan suchen. Nebenbei gesagt gilt das nicht minder für viele andere asiatische, arabische und afrikanische Kulturen.

Nun weiß ich wohl, daß richtiges Handeln, das sich auf kaum mehr als Kombinationsgabe, Analogieschlüsse und Gespür verläßt, eine seit jeher vom Erfolg halbwegs legitimierte Kunst ist. Daß gute Entscheidungen auch im Stadium der Unwissenheit getroffen werden können, ist also keine neue Erkenntnis. Freilich sollte darüber nicht vergessen werden, wann und wo eine solche Übung lebensgefährlich werden kann.

III.

Was hat das mit unserem Thema zu tun? Das jetzt in aller Munde befindliche Lean-Management wurde in Japan bereits in den sechziger Jahren entwickelt, in einer Zeit, in der jedermann zu wissen meinte, daß es bei dem ehrgeizigen Inselvolk ohnehin zu nicht mehr als zum Nachahmen und Abkupfern reiche. Muß es uns da nicht zu grundsätzlichem Nachdenken veranlassen, warum ein solches Verfahren der industriellen Ablauforganisation erst heute als ein wesentlicher Grund für Wettbewerbsvorsprünge der japanischen Automobilindustrie entdeckt wird?

Natürlich wäre es keine Katastrophe, wenn hin und wieder für solche selbstverschuldeten Informationsmängel mit dem verdienten Ende einzelner Unternehmen bezahlt werden müßte. Dies wäre nämlich nichts anderes als die marktwirtschaftlich legitimierte und daher wünschenswerte Sanktion für eigene Unzulänglichkeit. Aber es gibt leider Risiken, die weit über eine Hebelwirkung für den üblichen wirtschaftlichen

Strukturwandel hinausgehen und daher nicht einfach mit einem allenfalls bedauernden Achselzucken übergangen werden können.

Mittlerweile haben wohl auch diejenigen, die ihre Nase sonst weit über den Niederungen der Naturwissenschaften und der Technik zu tragen pflegen, begriffen, daß sich aus der Beherrschung der Mikroelektronik und der Computermärkte ein exklusiver Zugriff auf eine Fülle anderer Industrien und Wirtschaftszweige ergeben kann. Das hängt damit zusammen, daß die Speicher- und Prozessortechnologie zusammen mit der entsprechenden Software immer mehr zum Schlüssel für die Modernisierung und damit die Wettbewerbsfähigkeit herkömmlicher industrieller Verfahren und Produkte wird, ganz zu schweigen von ihrer Bedeutung für den eigentlichen Wachstumsbereich der Gegenwart und Zukunft, die Dienstleistungen. Daß sich Japan hier mit einer in der Rückschau außerordentlichen strategischen Konsequenz Faustpfänder verschafft hat, muß ganz einfach deswegen beunruhigen, weil es eben weit über einzelne, in sich geschlossene Wirtschaftszweige hinausführt und die Wettbewerbsfähigkeit ganzer Nationen in Frage stellen kann.

Es gibt auch noch andere Bereiche des Wirtschaftslebens, für die ähnliche Sorgen am Platze sind. Dazu zählt nicht zuletzt die Automobilindustrie, deren nationalökonomische Bedeutung für die jeweils beteiligten Länder kaum einer Erläuterung bedarf.

Auf allen diesen Gebieten war und ist der Prozeß der gleiche wie beim Markt für fototechnische und elektroakustische Geräte. Der abgeschottete japanische Inlandsmarkt erlaubte eine Preisstellung, die zu hohen Gewinnen führte. Die daraus zur Verfügung stehenden Finanzmittel konnten für gezielte und vernichtende Eroberungen auf den ausländischen Märkten eingesetzt werden. Dabei richtete sich der Angriff in der Regel zunächst auf wichtige Exportmärkte der außerjapanischen Wettbewerber, um erst nach einer auf diese Weise bewirkten Schwächung des Gegners die Auseinandersetzung auf dessen Heimatmarkt zu suchen.

Wir selbst erleben gerade jetzt in den USA einen solchen Versuch. Die Zweitmarkenprodukte Lexus und Infiniti werden dort mit Preisen auf den Markt geworfen, die weit niedriger als in Japan oder in der Bundesrepublik liegen. Und natürlich ist es nur eine Frage der Zeit, bis der nächste Akt in Europa eingeläutet wird.

Nun werden wir selbst uns dadurch nicht verunsichern lassen, weil wir sicher sind, daß Mercedes-Benz die richtigen Antworten kennt. Aber es ist klar und verständlich, daß sich andere europäische Automobilhersteller in einer weit schwierigeren Situation befinden.

Ausnahmslos für alle von uns gilt, daß wir mit Kostenstrukturen zu kämpfen haben, die in der Nachkriegszeit nur deswegen in den beteiligten westeuropäischen Herstellerländern entstehen konnten, weil weiten Teilen der Wirtschaft der Wind des Wettbewerbs scharf genug ins Gesicht geweht hat.

Die Notwendigkeit einer Übergangsfrist bis zur vollen Öffnung der Märkte, wie sie jetzt durch die Europäische Kommission mit der japanischen Regierung verhandelt wird, erscheint mir daher als eine gerade noch vertretbare Sünde wider den Heiligen Geist des freien Handels. Voraussetzung ist allerdings, daß wir alle – und das betrifft keineswegs nur die beteiligten Unternehmen und Gewerkschaften, sondern unsere Gesellschaft als Ganzes – endlich begreifen, was die Stunde geschlagen hat.

Übrigens fühle ich mich zu diesem Hinweis nicht zuletzt deswegen legitimiert, weil sich das Haus, für das ich arbeite, seit einigen Jahren mit großem Erfolg bemüht, die eigenen Automobilexporte nach Japan massiv zu steigern. Zugleich haben wir uns erhebliche Anstrengungen aufgeladen, uns neue Fähigkeiten, neue Technologien und neue Märkte zu erarbeiten, die uns strategisch wichtig erscheinen. Und schließlich halten wir es für abwegig, japanische Unternehmen von vornherein und grundsätzlich aus unseren Überlegungen über Kooperationen oder Allianzen auszuschließen.

Ich wiederhole, daß ich gewiß der letzte bin, der von einem im weltweiten Wettbewerb stehenden Unternehmen erwarten würde, in edlem Altruismus auf Vorteile – sprich: Marktstellung und Gewinne – zu verzichten, die es sich durch eigene schöpferische Leistung erarbeitet hat. Aber es macht eben einen grundlegenden Unterschied aus, ob sich ein solcher Vorgang auf einer mikroökonomischen Ebene abspielt und damit innerhalb der betreffenden Volkswirtschaft neutralisiert werden kann, oder ob sich zwischen Volkswirtschaften als solchen tektonische Brüche innerhalb einer so kurzen Zeit bilden, daß dabei tiefe Krisen und Gleichgewichtsstörungen unvermeidlich werden.

IV.

Genau das aber führt uns zurück zum Kern unseres Problems.

Wie sollen eigentlich ganze Nationen oder gar – wie in Europa – ganze Gemeinschaften von Völkern in einer mehr als unübersichtlichen Lage, gar bei konfliktträchtigen Interessengegensätzen auf einigermaßen verläßlichem Grund miteinander umgehen, wenn die dafür erforderliche Vernunft Kenntnisse voraussetzt, an denen es in einem fundamentalen Ausmaß mangelt?

Natürlich: Will man es sich einfach machen und nur die Lehrstühle zählen, die sich in Westeuropa im weitesten Sinne auch mit Japan befassen, sieht es zumindest rechnerisch nicht ganz so schlimm aus. Leider steht dem entgegen, daß Einzelkenntnisse allein noch nicht vernünftig oder gar klug machen.

Die Welt ist ein Dorf geworden. Doch diese Erkenntnis bedeutet noch lange nicht, daß wir schon ausreichend verstanden hätten, was daraus folgt. Jedenfalls scheint weder unsere allgemeine Aufmerksamkeit noch unser gesellschaftsgängiger Bildungskanon dieser ebenso einfachen wie dramatischen Tatsache zureichend Rechnung zu tragen.

Ich deutete schon an, daß wir uns offensichtlich schwertun, die Ursachen erst einmal bei uns selbst zu suchen, wenn der Wettbewerber mehr Erfolg hat als wir selbst. Aber es geht um viel mehr. Töne eines neuen, sogar rassistisch unterlegten Nationalismus der Angst vor dem wirtschaftlich Stärkeren grassieren nicht allein in den USA. Auch das durch die Geschichte jetzt mit so großartigen Chancen beschenkte Europa könnte verstärkt in solche gefährlichen Attitüden hineinrutschen, falls sich im Zeichen des einheitlichen Binnenmarktes der Wettbewerb unter Einschluß außereuropäischer Unternehmen so verschärfen sollte, wie wir das an sich doch alle zum Vorteil der Verbraucher gerne haben möchten.

Wäre es unter diesen Umständen nicht wirklich längst überfällig, sich vor Augen zu halten, womit eigentlich der Anlauf Japans auf die Weltbühne der Großmächte begann?

Es sind mehr als 120 Jahre her, seitdem sich das Inselreich, das mit einer kurzen Ausnahme 2000 Jahre lang in selbstgenügsamer Isolation gelebt hatte, endgültig für die Außenwelt öffnete. Damals begann die Ära einer lernbegierigen und fortschrittsbegeisterten Tatkraft, die allen Idealen der europäischen Aufklärung bis heute ihre strahlende Huldigung entbietet.

Von Anfang an war das beileibe nicht einfach nur jener pragmatische Geist, der sich quer durch die Welt nach übertragbaren Modellen umsieht und dafür ob seines Erfolges mit dem lächerlichen – oder muß man sagen: dem ob seiner Arroganz lebensgefährlichen – Vorwurf der Imitation überzogen wird. Nein, das war vor allem unendlich viel geduldige und systematische Arbeit des Kennenlernens, beginnend mit so simplen Dingen wie der Übersetzung aller wichtigen Bücher auf den wesentlichen Gebieten.

Man schaue auf die noch heute beschämend dürre Liste von übersetzten japanischen Werken bei uns oder sonstwo in Europa. Und über die schiere Ignoranz, von der das intellektuelle Leben Europas bis heute in fast allen Dingen gekennzeichnet ist, die mit Ostasien zusammenhängen, brauche ich kein weiteres Wort zu verlieren.

Nationalökonomen haben für den Mechanismus, der durch das Vorgehen und das Verhalten Japans ausgelöst wurde, eine einfache Formel, die sie mit vollem Recht als Remedur gegen wirtschaftliche Schwäche zu empfehlen pflegen. In der Tat, die Stärke des heutigen Japan im weltweiten Wettbewerb hat nicht zuletzt ganz alte, im übertragenen Sinne angebotspolitisch zu verstehende Wurzeln. Wir in unserer eurozentristischen Arroganz bilden uns demgegenüber offenbar ein, es müsse doch reichen, mit den Fingern zu schnalzen und den frechen Newcomer zu beschimpfen, um auf diese Weise Probleme zu lösen, die in Wirklichkeit in der eigenen Küche gar gekocht worden sind.

Ich weiß wohl, daß ich hier einen Gesichtspunkt, der allerdings für das Verhältnis der westlichen Länder zu Japan elementare Bedeutung hat, womöglich überpointiere. Das scheint mir jedoch geboten, weil es nur so möglich ist, uns das richtige Augenmaß, aber auch die Fairneß und die Ehrlichkeit zu erarbeiten, auf die es ankommen sollte, wenn wir einem Partner durchaus kritische Ansinnen stellen wollen.

Doch wäre es nicht so, daß wir uns tief ins eigene Fleisch schneiden und unserer weltpolitischen Verantwortung nicht im entferntesten mehr gerecht werden könnten, wenn wir den fatalen Ratgebern nachgeben? Bedarf es noch immer einer Begründung, daß die Entwicklung der postkommunistischen Nationen ebenso wie diejenige der eigentlichen Entwicklungsländer, daß der Übergang zu einem globalen ökologischen Gleichgewicht und die dafür erforderliche Bereitstellung von weltwirtschaftlichen Ordnungsmechanismen ein aktives Zusammenwirken aller westlichen Staaten erfordert?

Und gibt es irgend jemanden, der ernsthaft anzweifeln könnte, daß Japan mit seinem wirtschaftlichen, finanziellen und technischen Potential dabei unentbehrlich ist? Anders gesagt: Wäre es nicht reine Verdrängung und schierer Selbstbetrug, wenn wir bei der Überlegung, warum Japan innerhalb von dreißig Jahren sein Bruttosozialprodukt pro Kopf von 1400 auf 23 000 US-Dollar steigern konnte, auf keine andere Ursache verfallen würden als auf niedrige Löhne und hohe Arbeitszeiten, die sich mit einer finsteren merkantilistischen Industriepolitik paaren?

Man mag die Vorhersage Hermann Kahns aus dem Jahre 1970, das 21. Jahrhundert werde das Jahrhundert Japans, für zutreffend halten oder nicht. In jedem Falle aber bleibt es eine grundlegende Verletzung des marktwirtschaftlichen Wettbewerbsgeistes, wenn man die Ursache für die Stärke des anderen partout nicht in dessen Leistung oder in selbstgemachter eigener Schwäche sehen will. Erst dann, wenn man dies verstanden hat, darf man über weltwirtschaftliche Fairneß, über freiwillige Zurückhaltung und über allgemeine Verantwortung nachdenken, erst dann, wenn wir wieder fähig geworden sind, eigene Wettbewerbsstrategien zu entwickeln, werden wir das Recht haben, japanische Praktiken so hart zu kritisieren, wie sie es in mancher Hinsicht durchaus verdienen.

V.

Japan hat seinen wirtschaftlichen und technologischen Aufbruch aus einer isolierten Position vollzogen. Die über Jahrhunderte gewachsene Abwehrhaltung gegenüber Fremden ist dabei nicht auf der Strecke geblieben.

Vom Ausland zu lernen, das war und ist eine nationale Tat. Sich ausländische Märkte zu erobern, gehörte und gehört gleichfalls zu diesem Verhaltenskonsens. Erbitterter Wettbewerb zwischen den Unternehmen: auch das ist eine Selbstverständlichkeit, aber eben nur dann, wenn es die eigenen Unternehmen sind.

Die kleinste Einheit der japanischen Sozialstruktur wird bis heute aus dem Dorf, verstanden als eine Großfamilie, gebildet. Erst deren Zusammenhalt konnte in den Zeiten der agrarischen Selbstbeschränkung die Sicherung der materiellen Existenz gewährleisten, Geborgenheit und Identität bieten. Eine solche schützende Nußschale verläßt man nicht einfach von heute auf morgen, und wenn es im Zuge des weltweiten Wettbewerbs dann doch notwendig wird, überträgt man die Schutzfunktion auf große, global tätige Unternehmen.

Es versteht sich ganz von selbst, daß das Eindringen Fremder, etwa durch Importe oder gar durch Direktinvestitionen, einen Vorgang darstellt, der sich mit einer solchen durch Geschichte und Kultur geprägten Mentalität nur schwer vereinbaren läßt. Etwas anderes kommt hinzu.

Wenn einen die Bedingungen des materiellen Überlebens

gelehrt haben, daß man zusammenhalten und zu dem gemeinsam gebildeten Willen stehen muß, ob als Herr oder als Knecht, dann ist es ganz und gar unentrinnbar, daß ein solches kulturelles Grundmuster das gesamte Leben durchziehen wird. Das gilt nicht zuletzt im Hinblick auf eine Einrichtung wie das MITI, dessen Rolle und Stellung ohne diese grundlegende Einsicht kaum verstanden werden können. Im Grunde besteht nämlich die Erfolgsrezeptur dieser mit so vielen Mythen umrankten Behörde doch vor allem darin, den Unternehmen einer bestimmten Branche Hilfen und Informationen zu gewähren, die anders nicht zu haben sind, und solche unterstützenden Maßnahmen sind in einer verschworenen Gemeinschaft naturgemäß wirksamer als in den pluralistischen Gesellschaften Europas.

Wenn man von einer vorindustriellen Ausgangsposition und noch dazu sehr spät starten muß, dürfte es im übrigen naheliegen, daß man sich zunächst auf Tätigkeitsfelder konzentriert, die besonders viel Erfolg versprechen. Alles in allem scheint es mir dann nicht im geringsten überraschend, wenn in einem solchen historisch und kulturell gewachsenen Klima mit Strategien eines exportgerichteten industriellen Targeting ungeahnte Erfolge erzielt werden.

Eine Wiederholung früherer Vorgänge dieser Art erleben wir zur Zeit sehr hautnah auf dem Gebiet der Luft- und Raumfahrt. Unter der Moderation des MITI hat die Großfamilie – wer auch immer im einzelnen dazugehört – befunden, daß dies ein bedeutender Wachstumsmarkt der Zukunft ist und daß sich die einschlägige amerikanische Industrie als Vorzugspartner für den geplanten Ausbruch eignet. Auch wenn man genau weiß, daß es bessere Lösungen gibt, tut man sich dann eben schwer, dies auch nach außen zu manifestieren.

Natürlich ist das alles unserem westlichen Konfliktdenken fremd, und wir können uns nicht recht vorstellen, wie so etwas ohne geheimnisvolle Macht oder ohne finstere Absichten geschehen kann. Aber es hilft nichts: Die simple Weisheit der Wettbewerbslehre stellt eine etwas zu dürre Mechanik dar, als daß man damit alle Probleme der Welt erklären oder gar lösen könnte – sie kennt nämlich keine Kultur und keine Geschichte.

Wenn wir nicht begreifen, daß auch das Wirtschaften entscheidend durch den kulturellen und geschichtlichen Hintergrund eines Landes geprägt wird, sind unbegriffene Ängste und Feindschaftsrituale im Verhältnis zwischen Japan und den übrigen Ländern der industrialisierten Welt ganz und gar unvermeidlich. Protektionismus, der bekanntlich mit grausamer Endgültigkeit den Abschied von Weltmärkten, Wohlstand und Frieden bedeuten würde, wäre die Folge.

Der Atmungsrhythmus von Kulturen spielt sich freilich in Generationen ab. Das Ende des kommunistischen Großversuchs dürfte uns endgültig gelehrt haben, daß man Kulturen nicht gegen die Menschen, die in ihnen leben, ändern kann. Wir dürfen es nicht einmal versuchen, wenn die Würde des Menschen mehr zählen soll als Ideologien, Wirtschaftsstatistiken oder Machtkalküle.

Die Wettbewerbsmechanismen wirken freilich nicht erst nach Generationen, sondern hier und heute. Manche ziehen daraus den Schluß, daß es so lange keinen Wettbewerb geben darf, wie japanische Arbeiter noch nicht genausowenig arbeiten wie europäische – oder wie immer sonst ihre Befunde über wirtschaftliche Gründe für japanische Wettbewerbsvorsprünge ausfallen mögen. Wie skurril eine solche Argumentation ist, wird klar, wenn wir sie auf den Grad der Bürokratisierung unserer jeweiligen Gesellschaften anwenden: das würde nämlich bedeuten, daß Wettbewerb nicht stattfinden darf, bevor die japanische Bürokratie mindestens genauso unflexibel und fortschrittsfeindlich dahinwest, wie das in den meisten westeuropäischen Ländern der Fall ist.

Ich fürchte, daß auch dies keine sinnvolle Lösung wäre. Gibt es also gar keine Antworten, was man tun kann?

VI.

Die überwunden geglaubten Muster des politischen und wirtschaftlichen Nationalismus, die manche wiederentdecken wollen, sind jedenfalls ganz sicher keine Patentantwort. Wir alle haben uns jenseits nationalistischer Verirrungen die Lehre der Vernunft mit so bitteren und blutigen Preisen erkauft, daß es in der Tat eine ungeheure geschichtliche Absurdität wäre, wenn wir allein schon in der Versuchung fortfahren würden, uns gegenseitig mit kriegerischer Diktion zu überziehen. Japan und Deutschland haben den Zweiten Weltkrieg und Diktaturen verbrochen, Europa und Teile Ostasiens haben unendliche menschliche und kulturelle Werte in Strömen von Grausamkeit und Blut untergehen sehen. Da kann es doch ganz einfach nicht sein, daß wir die zentrale Lehre wieder vergessen: Sie beinhaltet die Notwendigkeit, daß wir einander intelligente Rücksichtnahme schulden, wenn wir in Frieden und Freiheit leben wollen.

Was bedeutet das für unser Thema? Wir brauchen zwischen der Europäischen Gemeinschaft und Japan, besser noch gemeinsam mit den USA oder in der OECD, eine vernünftige Abstimmung darüber, wie sich unsere wirtschaftlichen Stärken und Schwächen entwickeln. Die allgegenwärtige englische Sprache kennt dafür den Begriff des Monitoring.

Es versteht sich von selbst, daß es sich dabei ausschließlich um die breiten Rahmenbedingungen und nicht um das Zählen von Chips in den Videorecordern von Poitiers handeln darf. Nein, es kommt darauf an, darauf zu achten, daß sich die Fähigkeiten, die Kapazitäten und die Arbeitsplätze in den hochindustriellen Regionen der Welt verträglich, nämlich einigermaßen gleichmäßig verteilen. Das gilt nicht zuletzt im Hinblick auf eine global gesicherte Verfügbarkeit von strategischen Technologien und den darauf aufbauenden Infrastrukturen.

Eine solche organisierte und intelligente Rücksichtnahme aufeinander muß selbstverständlich zugleich einen dynamischen Wettbewerb zwischen den hochentwickelten Regionen sicherstellen und anderen Regionen der Welt faire Chancen für ihre eigene Entwicklung lassen. Kurzum, die weltwirtschaftliche Führungsverantwortung der Triade gebietet weit mehr, als nur auf die Stabilität von Währungen zu achten.

Ganz im Gegenteil: weltwirtschaftliche Stabilität kann nur gesichert werden, wenn die realwirtschaftlichen Bedingungen einer weltweiten Arbeitsteilung nicht durch Zufall oder Rücksichtslosigkeit umstürzenden Brüchen ausgesetzt werden. Das ist eine Aufgabe von Politik und Wirtschaft, die wir nur gemeinsam oder gar nicht bewältigen können, denn auch insoweit sind wir den Konsequenzen einer Entwicklung ausgesetzt, die die Welt enger und enger aneinandergerückt hat.

Die Fäden der Vernetzung bestehen längst nicht mehr allein aus einer weltumspannenden informationstechnischen Infrastruktur oder hochintegrierten Währungsmärkten. Der Zwang zur Zusammenarbeit besteht auch längst nicht mehr allein deshalb, weil wir einer globalen Umweltgefährdung ausgesetzt sind oder militärische Sicherheit wegen der waffentechnischen Entwicklung nicht mehr gegeneinander, sondern nur miteinander organisieren können. Über alle diese Entwicklungen hinaus geht es vielmehr um die Notwendigkeit, gewachsene Kulturen und mit ihnen das Selbstverständnis der betroffenen Menschen nicht leichtfertig aufs Spiel zu setzen.

VII.

Japan hat es auf einem solchen Wege nicht leicht. Wir Deutschen sollten das besonders gut verstehen und es deshalb unseren europäischen Nachbarn verständlich machen können.

Unsere beiden Länder haben in der bipolaren Welt des Kalten Krieges im Windschatten derer leben und sich entwickeln können, die weltweite Führungsverantwortung auszuüben und die Stabilität des gesamten Systems zu garantieren hatten. In der Folge haben wir uns in einem Ausmaß auf unsere wirtschaftliche Entwicklung konzentrieren können, das sicherlich auch seine psychologischen Spuren hinterlassen hat.

Wir Deutsche als Teil der europäischen Familie sind jetzt damit konfrontiert, daß wir uns einer gesteigerten politischen Verantwortung nicht mehr entziehen können. Unseren inneren Kompaß müssen wir freilich erst noch darauf ausrichten.

Aber immerhin bedeutet dies für die Europäer und mit ihnen die Deutschen letztlich nur die Rückkehr zu einer Rolle, die sie über Jahrhunderte hinweg eingeübt hatten. Japan dagegen lebt immer noch in dem Trauma, daß sein überhaupt erster Ausflug in die Weltpolitik grausam mißraten ist. Die immer noch weit verbreitete Weigerung, die Geschehnisse des Zweiten Weltkrieges und seiner Vorgeschichte wenigstens zur Kenntnis zu nehmen, geschweige denn innerlich zu verarbeiten, spricht insofern eine allzu deutliche Sprache.

Dem steht eine beispiellose wirtschaftliche und technologische Erfolgsgeschichte gegenüber, deren identitätsbildende Wirkung man nicht gefährden möchte, indem man sich auf grundlegend neue politische Aufgaben einläßt. Und doch beinhaltet der Preis, den Japan nun allmählich für seinen Erfolg entrichten muß, unweigerlich und unverzichtbar auch die Übernahme weltpolitischer Verantwortung. Der Rückzug auf die Rolle des Zahlmeisters wird den Deutschen wie den Japanern in Zukunft verwehrt sein.

Sich in solche neue Dimensionen von Verantwortung begeben zu müssen, hat Konsequenzen, die freilich weit über psychologische Befindlichkeiten hinausreichen. In Japan werden sie auf praktisch allen Gebieten des alltäglichen Lebens wirksam werden. Dazu zählt die Notwendigkeit, zu lernen, daß jegliche Art von Eroberungsmentalität zukünftig nicht mehr nutzen, sondern nur schaden wird.

Welche Anstrengung ein solcher Prozeß der Öffnung und der Internationalisierung erfordert, sollte niemand unterschätzen, der den Begriff der Partnerschaft ernst nimmt. Dies bedeutet, daß man den anderen bei aller Härte, mit der Interessengegensätze ausgetragen und Verantwortung eingefordert werden dürfen, auch nicht überfordern darf. Gemeint ist damit die unentbehrliche Kehrseite der japanischen Verantwortung, nämlich die Verantwortung der Europäer.

Daß wir darüber nicht vergessen dürfen, unsere eigene Wettbewerbsfähigkeit mit Härte und Entschlossenheit zu bewahren und auszubauen, sollte wohl klar sein. Denn ich denke, daß keiner von uns als eines der aus der Geschichte bekannten Auslaufmodelle dastehen will, die von Verantwortung geredet haben – und in Wirklichkeit nichts als Besitzstände gemeint haben, die nicht mehr durch Leistung unterlegt waren.

Perspektiven im Umbruch: Europa und Brasilien

Am Anfang eines schwierigen Jahrzehnts

Auch bei den Investoren aus aller Welt wird Brasilien um so weiter vorn auf der Rangliste stehen, je konsequenter die Politik der Öffnung fortgesetzt wird.

I.

Die Vorstellung ist weit verbreitet, Brasilien sei nicht mehr als das Land von Regenwald und Samba.

Ich könnte nun einige allgemeine Weisheiten über Reformprogramme verbreiten, da gibt es nämlich angeblich unfehlbare Rezepte, die sozusagen von selbst marktwirtschaftliche Verhältnisse herstellen, und zwar unabhängig davon, wie kompliziert die Ausgangsverhältnisse auch sein mögen. Mehr als das: Die entsprechenden Wunderdoktoren sind fest davon überzeugt, über die Kräfte zu verfügen, jedes Land der Welt im Handumdrehen in eine wohlhabende industrielle Gesellschaft verwandeln zu können.

Das mag lächerlich klingen. Und doch lehrt uns die Erfahrung, daß oft genug versucht worden ist, Ratschläge solcher Art in die Tat umzusetzen, freilich mit katastrophalen Folgen für die Betroffenen.

Noch so wohlmeinende Hilfsbereitschaft kann eben nicht die Kenntnis der jeweiligen Verhältnisse ersetzen. Beispiele dafür gibt es genug. Nicht zuletzt von den lange bevorzugten Großprojekten versprach man sich eine schnelle Transformation von Wirtschaft und Gesellschaft. Man übersah dabei das Erfordernis, zunächst sorgfältig zu prüfen, ob sich solche Vorhaben mit lokalen Fähigkeiten und Strukturen vertragen und wie die Auswirkungen auf die Umwelt sein könnten. Die Folge waren menschliche und ökologische Katastrophen und, in den meisten Fällen, eine ungeheure Kapitalverschwendung.

Seien wir ehrlich: Sind wir nicht nahezu überall, wo es um wirtschaftliche Entwicklung geht, Lernende? Würden wir nicht heute manches anders machen, als wir es gestern für richtig hielten? Wissen wir nicht inzwischen alle, daß gute Absicht allein nicht ausreicht, und daß sie sich in ihr Gegenteil verkehrt, wo sie mit besserwisserischer Arroganz auftritt?

Deshalb verstehe ich die Abneigung gegen diejenigen sehr gut, die vorgeben, Patentlösungen für die Rettung des Regenwaldes parat zu haben und am liebsten das Amazonasgebiet zum internationalen Besitz erklären würden. Trotzdem bin ich nicht sicher, ob es wirklich zulässig ist, darin nichts anderes als den Anfang eines neuen, diesmal ökologischen Kolonialismus zu sehen. Voraussetzung wäre freilich, daß überall mit gleichem Maß gemessen wird, auch zu Hause bei denen, die grandiose Lösungen für andere vorschlagen.

Richtig verstanden geht es allerdings um die unausweichliche Tatsache, daß manche ökologischen Probleme inzwischen globale Ausmaße erreicht haben. Sie können nur noch in gemeinsamer Anstrengung begrenzt, erst recht aber gelöst werden. Spätestens seit dem letzten Bericht des Club of Rome kann niemand mehr guten Gewissens daran vorbeisehen, daß wir auch insoweit an einer Zeitenwende angelangt sind.

Die wechselseitige Abhängigkeit der Nationen ist zum herausragenden Merkmal unserer Zeit geworden. Mit anderen Worten: Die Aufgaben, vor denen wir heute in vielen Bereichen und auf vielen Ebenen stehen, können nicht mehr im nationalen Alleingang, sondern nur noch in internationaler Kooperation angegangen und gelöst werden.

Was wir dazu brauchen, ist ein gemeinsames Verständnis dieser neuen, dieser gemeinsamen Welt. Das setzt bei uns allen die Bereitschaft voraus, in vielerlei Hinsicht umzulernen und umzudenken. Nicht nur einzelne Staaten oder Nationen, sondern wir alle miteinander sind dazu aufgerufen, zu begreifen, daß es dabei nicht nur um eine zwingende Notwendigkeit, sondern zugleich auch um eine riesige Chance für die Zukunft der gesamten Menschheit geht.

Sollen wir also umlernen und umdenken?

Wer solches fordert, meint in der Regel den anderen, nicht sich selbst. Und doch kann man eigentlich wissen, daß Selbstgerechtigkeit zumeist ein schrecklicher Ratgeber ist.

Solche Erkenntnis mag vor allem den Privilegierten der hochindustrialisierten westlichen Länder schwerfallen, denjenigen also, die über Jahrzehnte in Frieden und Wohlstand gelebt haben und nun durch die Umbrüche in Ost- und Mitteleuropa scheinbar in allem recht bekommen haben. Sie übersehen, daß herkömmliche Schubladenaufschriften, etwa die fein säuberliche Aufteilung der Welt in eine erste, zweite und dritte, gerade deswegen ihre ach so bequeme Griffigkeit verloren haben.

Auch auf die Gefahr hin, mir den Vorwurf der Nestbeschmutzung einzuhandeln, will ich meine Sorge darüber zum Ausdruck bringen, daß wir in den westlichen Industrieländern auf dem besten Weg sein könnten, die Chance zur Erneuerung – um nichts weniger geht es – gründlich zu verspielen. Wir werden das tun, wenn wir immer noch oder jetzt erst recht auf der Meinung beharren sollten, es gehe allein um einen Nachholprozeß, den die anderen Regionen dieser Welt zu vollbringen hätten.

II.

Ich will am Beispiel meines Landes erklären, was ich meine.

Viele kennen die großen, die grundlegenden Aufgaben, die im östlichen Teil Deutschlands, in den neuen Bundesländern also, abgearbeitet werden müssen. Bekannt sind auch die beträchtlichen Schwierigkeiten, einen möglichst großen Teil der ehemaligen Staatsbetriebe zu sanieren und zu privatisieren. Bewußt sind uns die Probleme, die mit Stichworten wie Aufbau der Infrastruktur, Entwicklung einer leistungsfähigen Verwaltung, Beseitigung ökologischer Altlasten umschrieben sind.

Ich selbst zweifle nicht daran, daß diese immensen Aufgaben auf dem Weg zu marktwirtschaftlich wettbewerbsfähigen

Strukturen tatsächlich gelöst werden können. Das wird natürlich nicht von heute auf morgen und nicht ohne Mühen und Anstrengungen gelingen. Trotzdem wird die wirtschaftliche Kluft zwischen den neuen und den alten Bundesländern in wesentlichen Bereichen noch im Laufe der neunziger Jahre überwunden und der östliche Teil Deutschlands in absehbarer Zeit zur modernsten Region Europas, vielleicht gar der Welt, geworden sein.

Ich will damit nicht etwa sagen, daß wir Deutschen oder die Europäer oder die westlichen Industrieländer insgesamt über die besseren Arbeitnehmer, über klügere Unternehmer oder über durchsetzungsstärkere Politiker verfügen als andere Regionen der Welt. Denn, wenn ich so dumm wäre, könnte ich die Siegesläufe einiger neuer Industrieländer, nicht zuletzt im östlichen und südlichen Teil Asiens, wohl kaum erklären – außer mit dem Vorwurf des unfairen Dumping, den bekanntlich alle Protektionisten dieser Welt auf den Lippen führen.

Gewiß, es gibt in Europa eine hervorragende Ausbildung der Menschen, eine gut entwickelte Infrastruktur, eine günstige historische Ausgangssituation für den Industrialisierungsprozeß. Das alles ist richtig. Aber haben wir nicht noch kürzlich, nämlich in diesem 20. Jahrhundert, gewaltige Inflationen, grausame Währungsschnitte, blutrünstige Diktaturen und grauenvolle Kriege erlebt? Müssen wir nicht in aller Bescheidenheit zugestehen, daß erst aus solchem Unheil jene institutionellen Vorkehrungen entwickelt wurden, ohne die es niemals gelungen wäre, der Schwäche des Individuums jenen festen Halt zu verschaffen, der für erfolgreiches Wirtschaften unentbehrlich ist? Und verhält es sich nicht womöglich so, daß wir heute abermals herausgefordert sind, uns den Zeichen an der Wand zu stellen, wenn die Erfolge von gestern auch morgen noch bestehen sollen?

Welches mögen denn wohl die Gründe dafür sein, warum wir in Deutschland auch unter den aktuellen Bedingungen einer erheblichen öffentlichen Verschuldung eine immer noch so weitgehend wirksame antiinflatorische Politik betreiben können? Es ist eben nicht allein nur die tiefsitzende Inflationsangst der Deutschen, denn sie wäre längst im tagtäglichen Interessenkampf zwischen Gewerkschaften und Arbeitgebern untergegangen. Vielmehr mußte, seinerzeit, als das Eisen heiß war, daraus eine standfeste Institution geschmiedet werden. Im Ergebnis kann heute kein Politiker die nach der Katastrophe des Zweiten Weltkrieges geschaffenen währungspolitischen Spielregeln in Frage stellen, ohne augenblicklich in den Geruch abseitiger Unseriosität zu kommen.

Denken wir weiter daran, daß einige europäische Länder traditionell einer protektionistischen Politik zuneigen, die sie gern auf die Europäische Gemeinschaft und den gemeinsamen Binnenmarkt übertragen hätten. Solche Bestrebungen sind der Grund für Sorgen auch in Brasilien, die Gemeinschaft werde sich in eine handelspolitische Festung verwandeln. Das wird nicht geschehen – und zwar nicht aus höherer Einsicht oder reumütiger Umkehr, sondern weil es neben dem Druck der Völkergemeinschaft die institutionellen Mechanismen der Willensbildung in der Europäischen Gemeinschaft gibt, die es unmöglich machen werden, eine Mehrheit für eine solche Politik zu finden.

Es kann also nicht darum gehen, uns gegenseitig eines Besseren zu belehren. Es kann auch nicht darum gehen, mit spitzem Finger auf die heiligen Kühe des anderen zu zeigen, die eigenen aber fleißig weiterzufüttern. Worum es gehen muß, ist die Beantwortung der Frage, wie wir die vor uns liegenden Aufgaben, die uns alle gleichermaßen betreffen, gemeinsam angehen, wie wir uns ein gemeinsames Verständnis einer grundlegend gewandelten neuen Welt erarbeiten können.

Ansatzpunkte dafür gibt es genug. Beginnen wir mit Europa.

III.

Die einsetzende neue Völkerwanderung führt zur Zeit in den davon betroffenen Ländern, nicht zuletzt der Bundesrepublik Deutschland, zu einer intensiven öffentlichen Auseinandersetzung über die Gewährung des Asylrechts. Vor dem Hintergrund der Migrationsprozesse, die es in Lateinamerika gab und gibt, muß eine solche Debatte zumindest befremdlich wirken. Ich will sie auch nicht mit dem Hinweis entschuldigen, daß das so behütete Europa erst allmählich lernt, was es heißt, Solidarität auch dann zu üben, wenn sich herausstellt, daß die Mittel enger begrenzt sind, als das über lange Zeiträume den Anschein hatte. Daß dabei irrationale Ängste zu Handlungen führen, die die Gespenster des Dritten Reiches wiederauferstehen lassen, wäre jedenfalls selbst dann nicht akzeptabel, wenn es sich nur um Einzelfälle handeln würde.

Bundespräsident von Weizsäcker hat kürzlich zu Recht darauf hingewiesen, daß durch Änderungen des Asylrechts lediglich an Symptomen herummanipuliert werde, während die Ursachen für die neuen Völkerwanderungen dadurch in keiner Weise berührt würden. Dennoch wird es kurzfristig kaum gelingen, in den ärmeren Ländern Europas Bedingungen herzustellen, die alle Menschen mit Hoffnung erfüllen und zum Bleiben bewegen.

Zugleich würde es nicht genügen, wenn sich die wohlhabenden Nationen darauf beschränken wollten, nur Verständnis für diese Problematik zu schaffen, also ein Klima zu erzeugen, das von Toleranz geprägt ist. Wir müssen mehr tun. Es geht auch jetzt wieder darum, diejenigen institutionellen Vorkehrungen zu finden und durchzusetzen, die allein geeignet sind, ein Problem seiner politischen Explosivgefahr zu entledigen.

Wie kann das erreicht werden? Natürlich gibt es keine Allheilmittel, doch ich meine, daß auch insoweit eine Erweiterung der Europäischen Gemeinschaft den Menschen eine Perspektive in ihrer Heimat eröffnen und so dazu beitragen könnte, die Motive der Auswanderung allmählich auszutrocknen.

Welchen Gefahrenherd für den ganzen Kontinent ein von ökonomischen Desastern und Nationalismen befallenes Mittel- und Osteuropa darstellen würde, zeigt nicht zuletzt die furchtbare Auseinandersetzung in Jugoslawien. Sie macht zudem deutlich, wie meilenweit die Europäische Gemeinschaft noch davon entfernt ist, eine wirkliche, nämlich eine politische Gemeinschaft zu sein.

Um so mehr muß nun mit aller Kraft die monetäre Vertiefung zumindest in dem Teil Europas betrieben werden, in dem die Integration am weitesten vorangeschritten ist. Dem liegt nicht nur die Überzeugung zugrunde, daß ein gemeinsamer Markt eine gemeinsame Währung zwingend erfordert. Genauso wichtig erscheint mir der pragmatische Gesichtspunkt, daß es nur eine Europäische Gemeinschaft der Zwölf minus X schaffen kann, die für eine währungspolitische Integration notwendige Entscheidungskraft aufzubringen. Man kann es auch drastischer formulieren: Wenn wir die monetäre Union nicht bald erreichen, steht zu befürchten, daß sich der Traum des politisch geeinten Europas in der Schaffung eines gemeinsamen Wirtschaftsraumes, einer besseren Zollunion, erschöpfen könnte.

Es muß also in Mittel- und Osteuropa einiges geleistet werden, was in der eigenen Verantwortung derjenigen liegt, die aus dem Ost-West-Konflikt als Sieger hervorgegangen sind. Die Probleme dort sind in der Tat ungleich schwerer als in Deutschland.

Kapital- und Wissenstransfer etwa werden, so wichtig sie sein mögen, nicht ausreichen, um den postkommunistischen Staaten auf die Beine zu helfen. Mindestens ebenso notwendig sind eine stabile Privatrechtsordnung und eine funktionierende Staatsverwaltung. Ohne sie wird der so dringend benötigte Strom ausländischen Kapitals, werden auch staatliche Hilfen aus dem Westen nur zögerlich fließen. Das freilich sind Leistungen, die nicht von Außenstehenden erbracht, sondern nur aus eigener Kraft aufgebaut werden können.

Ich denke, daß Europa als Ganzem, aber auch seinen einzelnen Völkern mit dem Ende des Ost-West-Konflikts eine unerwartete Verantwortung zugefallen ist. Wir haben die Chance, das innere und das äußere Gesicht des ganzen Kontinents neu zu gestalten, und dies ist eine wahrhaft einzigartige Chance für fundamentalen Wandel in Frieden auch in anderen Teilen der Welt.

IV.

Wer vor solchen neuen Herausforderungen steht, schaut womöglich zunächst eher auf die Lasten. Dabei hat noch niemand die Bürde des Wandels mit Larmoyanz gemeistert. Wer Verbesserungen will, muß bereit sein, den Preis dafür zu zahlen.

Ich weiß, daß sich dies in manchen Ohren kalt und unbarmherzig anhören wird, zumal es von einem kommt, der gut reden hat, gehört er doch zu jenen Privilegierten, die durch Gürtel und Hostenträger abgesichert sind. Trotzdem bin ich fest davon überzeugt, daß der stetige Wandel der Verhältnisse, wie wir ihn überall auf der Welt verzeichnen, jedem Chancen bietet, der sie nur zu erkennen weiß und, statt kurzlebigen Moden nachzulaufen oder Besitzstände zu wahren, konsequent seine Stärken ausbaut.

Dem steht nicht entgegen, daß die Entwicklungen in Europa durchaus auch Elemente enthalten, die es Brasilien und Lateinamerika insgesamt nicht von vornherein leichter machen werden, die eigenen Hoffnungen in die Tat umzusetzen. Gerade darum rate ich dazu, solche Erschwernisse als eine Herausforderung zu verstehen, die zusätzlichen Schub für Vorhaben gibt, die vielleicht schon seit langem fällig sind.

So wird vielfach angenommen, daß der Aufbau in den postkommunistischen Ländern mit einem erheblichen zusätzlichen Kapitalbedarf verbunden sein wird, der eigentlich nur zum Nachteil anderer Weltregionen, auch Lateinamerikas, gehen könne. Ich will dem nicht grundsätzlich widersprechen. Doch richtig bleibt auch, daß nicht erst jetzt, sondern schon seit einem Jahrzehnt ein Rückgang der Netto-Ersparnisse in den Industrieländern zu beobachten, der Wettbewerb um Kapital und Direktinvestitionen also härter geworden ist. Die Mechanismen des Marktes sind trotzdem nicht außer Kraft gesetzt.

Das bedeutet, daß man aus dem, was man hat, etwas machen muß, aber auch etwas machen kann. Brasilien hat bereits beachtliche Leistungen erbracht und liegt heute weltwirtschaftlich an siebter Stelle. Das Land verfügt über ein volumenstarkes Marktpotential, über Bodenschätze und die breiteste industrielle Basis in Lateinamerika. Auch bei den Investoren aus aller Welt wird Brasilien um so weiter vorn auf der Rangliste stehen, je konsequenter die Politik der Öffnung fortgesetzt wird. Die Privatisierung von Usiminas und Celma zeigt einen Weg, der für Investoren ebenso interessant ist wie die in die gleiche Richtung gehende Politik der Deutschen Treuhand.

Die Mercedes-Benz do Brasil, die wir selbst vor über dreißig Jahren, damals zusammen mit Partnern, gegründet haben, ist unser erfolgreichstes Auslandsunternehmen. Die Gesellschaft ist für mich selbst ein herausragendes Beispiel dafür, wie sogar unter Bedingungen, unter denen andere sich das zunächst gar nicht vorstellen können, Erstaunliches geleistet werden kann. Seit langem hat sie den höchsten Grad an automobiler Fertigungsautonomie erreicht: Sie verfügt nicht nur über eine eigene Fertigung und Exporte, sondern auch über eine eigenständige Fahrzeugentwicklung. Für uns ist es also nicht die geringste Frage, daß wir zu unserem Engagement in Brasilien stehen. Wir fühlen uns als Bürger, als Teil dieses Landes.

Auch deswegen hoffe ich, daß meine folgenden Hinweise nicht als Anmaßung empfunden werden. Jedes Unternehmen, jedes Land, jede Region muß sich, ich sagte es schon, den eigenen Weg suchen. Ich meine trotzdem, daß es einige wirtschaftliche Grundtatsachen gibt, an denen sich dieser Weg auszurichten hat.

Vor dem Hintergrund des erwähnten verschärften Wettbewerbs um Privatkapital und Direktinvestitionen betrifft das zum einen die Frage, wie ausländische Unternehmen künftig behandelt werden. Es liegt natürlich einzig und allein in der nationalen Souveränität Brasiliens, ob es das Land für fremde Kapitalanlagen öffnen will oder nicht – aber ich behaupte, daß es sehr wohl im wohlverstandenen Interesse des Landes liegen würde, wenn dies tatsächlich geschieht, und zwar ohne Einschränkung und ohne Vorbehalte.

Natürlich kann es leicht nationalen Stolz verletzen, wenn solche Forderungen durch einen Ausländer wie mich vorgetragen werden. Noch stärker kann das womöglich der Fall sein, wenn ausländische Unternehmen Schutzabkommen für ihre Investitionen fordern.

Wir selbst haben zu Beginn der Gespräche über die Vereinigung der beiden damaligen deutschen Staaten eine Diskussion darüber erlebt, ob man die Staatsbetriebe der ehemaligen DDR ohne Einschränkung auch ausländischen Unternehmen und Investoren anbieten solle. Es wurde argumentiert, das laufe auf einen Ausverkauf hinaus, also eine Minderung der Selbstbestimmung im eigenen Land. Dem haben wir entgegengehalten, daß nach einem solchen Maßstab die ehemalige Bundesrepublik Deutschland doch ein ziemlich ausverkauftes Land sein müsse. Zahllose Unternehmen aus aller Welt halten nämlich bei uns Beteiligungen, und wir denken nicht einmal mehr darüber nach, weil wir wissen, daß es genau diese vertiefte internationale Arbeitsteilung ist, die in erheblichem Maße zu unserem Wohlstand beiträgt.

Aus dem gleichen Grund halte ich es auch für wenig sinnvoll, darüber zu spekulieren, was für Belastungen sich für Lateinamerika aus der Integration der Zwölfer-Gemeinschaft ergeben könnten. Sie selbst haben darauf mit dem Vorhaben, ab 1995 zwischen Brasilien, Paraguay, Argentinien und Uruguay eine Freihandelszone zu errichten, eine wichtige und positive Antwort gegeben.

Manche halten dem entgegen, daß der Handel innerhalb dieser Gruppe zu unbedeutend sei, um sich auch nur entfernt mit der Europäischen Wirtschaftsgemeinschaft vergleichen zu können. Einverstanden, aber Imitation allein sollte nie befriedigen – obwohl es schon eine großartige Sache wäre, den Mercosul auf ganz Südamerika auszudehnen und eine enge Verzahnung mit der nordamerikanischen Freihandelszone zu suchen. Könnte man sich darüber hinaus nicht vorstellen, daß ein riesiges zusätzliches Wachstumspotential zu erschließen wäre, indem von vornherein alle Kräfte auf eine gemeinsame Politik der Geldwertstabilität ausgerichtet werden?

Mit dem Europäischen Währungssystem ist eine Institution geschaffen worden, die den Finanzminister eines Landes, das keine Währungsdisziplin hält, in eine sehr unangenehme Lage bringt. Er muß seine europäischen Amtskollegen bitten, sich am Freitagabend nach Börsenschluß oder am Samstag irgendwo geheim zu treffen, um die Währungsparitäten neu festzulegen. Das heißt, er muß die Partner bitten, eine Last mitzutragen, die seine Regierung erzeugt hat.

Das geht natürlich nicht vorbei, ohne daß man für die Zukunft bestimmte Stabilitätsbeiträge des eigenen Landes versprechen muß, die nicht immer populär sind. Die betreffende Regierung kommt also auch zu Hause in Bedrängnis oder in Unbequemlichkeit. Und wenn sie nicht erfüllt, was sie den Partnern versprochen hat, muß sie damit rechnen, daß diese sie bei ihrem nächsten Bittgang gegen die Wand laufen lassen.

Damit wird – denke ich – sehr klar, daß von einem solchen Mechanismus ein heilsamer Zwang ausgeht, in der eigenen nationalen Fiskal- und Wirtschaftspolitik im Sinne der gemeinsamen Stabilitätsvereinbarung zu handeln. Wäre es wirklich so völlig utopisch und mit nationalem Stolz unvereinbar, über eine vergleichbare Strategie in Lateinamerika nachzudenken?

Eine andere strategische Teilantwort könnte darin bestehen, die eigenen Strukturen mit denen anderer Handelsregionen kompatibel zu machen. Das kann Standards oder Normen, Steuer- oder Abgabensysteme, Rahmenbedingungen für Investitionen oder dergleichen mehr betreffen. Es kann aber auch den Wechsel von einer Politik der Importsubstitution zu einer Strategie des exportgerichteten Wachstums beinhalten. Mexiko etwa paßt seine Umweltgesetze an die in Kalifornien an, weil man dort einen wichtigen Partner für den wirtschaftlichen Austausch sieht.

Niemand sollte meinen, das seien exotische Zumutungen aus neokolonialistischer Arroganz. Die Schweiz, wahrlich ein erfolgreicher wirtschaftlicher Musterknabe, der seine nationale Souveränität hütet wie seinen Augapfel, führt eine intensive Diskussion darüber, ob man womöglich statt eines Beitrittsantrages zur Europäischen Gemeinschaft besser damit fährt, eine solche Strategie der Kompatibilität zu wählen.

Das alles hat damit zu tun, daß die Vernetzung der Weltwirtschaft ganz zwangsläufig, ganz unausweichlich eine Aushöhlung traditioneller Vorstellungen von nationaler Souveränität nach sich zieht. Wer sich freilich nicht rechtzeitig in den Weltmarkt integriert, wird unweigerlich den wirtschaftlichen, den sozialen und den politischen Anschluß verlieren.

Ich brauche nichts über den Strukturwandel und die ihn antreibenden Kräfte, nämlich die rasanten Fortschritte im Bereich der neuen Basistechnologien, zu erzählen. Genauso bekannt ist, daß die Vorleistungen, die auf diesem Gebiet notwendig sind, um Fortschritte zu erzielen, inzwischen Dimensionen angenommen haben, die nicht nur die Wirtschaftskraft einzelner Unternehmen, sondern diejenige ganzer Nationen übersteigen. Auch das von der Natur her reichste Land der Welt wird nur dann eine Chance haben, wenn es ihm gelingt, sich einen Platz in dieser weltwirtschaftlichen Arbeitsteilung zu sichern.

Es geht also weder um einen Anschlag auf die nationale Unabhängigkeit Brasiliens, noch geht es um imperialistisches Gebaren. Es geht schlichtweg darum, die Voraussetzungen für mehr Wohlstand und Stabilität zu schaffen. Dazu ist eine behutsame, aber konsequente Marktöffnung ebenso unerläßlich wie die Einsicht, welche Vorteile ein großer und leistungsfähiger Heimatmarkt bietet.

Dabei können – wie ich weiß – natürlich Tagesereignisse die Stetigkeit und Berechenbarkeit eines einmal eingeschlagenen Kurses in Bedrängnis bringen. Das ist auch in einem angeblich so stabilen Land wie der Bundesrepublik Deutschland immer dann nicht anders, wenn Lösungen gewagt werden, die nicht alle widerstreitenden Interessen gleichermaßen wahren. Die in Brasilien so geschätzte »flexibilidade«, die Fähigkeit, zwischen divergierenden Gruppeninteressen zu vermitteln, steht also sicherlich vor einer harten Bewährungsprobe.

Doch es bleibt nun einmal eine unumstößliche Tatsache, daß es die Politik ist, die die Grundbedingungen für wirtschaftlichen Erfolg oder Mißerfolg festlegt. Und da gibt es keine Alternative zu den harten Mechanismen des Wirtschaftslebens.

V.

Auch bei dem, was wir für die Umwelt zu tun haben, gibt es viel miteinander zu lernen.

Die Mercedes-Benz do Brasil hat bereits vor acht Jahren begonnen, Motoren zu entwickeln, die mit Naturgas angetrieben werden und damit praktisch partikelfrei sind. In Natal und Recife sind heute schon Flotten von naturgasbetriebenen Stadtbussen im Einsatz. Weitere Verhandlungen laufen mit Rio de Janeiro und São Paulo. Und die 1995 in Brasilien in Kraft tretenden Grenzwerte für gasförmige Emissionen von Dieselkraftfahrzeugen haben wir schon mit unseren 1988 und 1990 eingeführten Motorenfamilien unterschritten.

In Deutschland erproben wir zur Zeit ein Konzept, das es erlaubt, Autos, aber auch Hausgeräte nahezu vollständig in den Rohstoffkreislauf zurückzuführen. Und mit unserem Werk in Campinas haben wir ein Modell zur Integration der Fabrik in die Umwelt entwickelt, das als beispielhaft gilt – es stellt heute das modernste und größte Werk seiner Art auf der ganzen Welt dar.

Mit diesen Hinweisen meine ich, daß weltweit tätige Unternehmen einen wichtigen Beitrag zur Umwelterhaltung gerade dort leisten können und müssen, wo der Staat dies nicht oder noch nicht vorschreibt. Sicherlich wäre es erstrebenswert, wenn solche Unternehmen weltweit jeweils den Standard verwirklichen würden, den sie in ihrer besten Betriebsstätte schon realisiert haben. Dem können freilich harte ökonomische Gesetzmäßigkeiten gegenüberstehen. Der Markt muß Umweltschutzanstrengungen nämlich honorieren oder, anders gesagt, der Verbraucher muß bereit und in der Lage sein, den Preis dafür zu zahlen, sollen solche Anstrengungen auf Dauer durchgehalten werden.

Ich weiß, daß in Brasilien auf diesem Weg bereits wichtige Fortschritte erzielt worden sind. Trotzdem stehen wir alle angesichts der Größe dieser Aufgaben erst am Anfang. Um so mehr begrüßen wir die United Nations Conference on Environment and Development, die im nächsten Jahr in Rio de Janeiro stattfinden wird.

Auch Daimler-Benz wird hierzu einen Beitrag leisten. Er wird sich keineswegs nur auf die Ausstellung der breiten Palette der im Konzern verfügbaren Umwelttechniken beschränken. Wir beteiligen uns auch an dem von der Universität Pará geleiteten und von der UNICEF geförderten Belém-Projekt, einem kommunalen Konzept, das zum Ziel hat, Strategien für eine dauerhafte Entwicklung Amazoniens in ökologischer, sozialer und ökonomischer Hinsicht zu entwickeln. Unsere Vorhaben zielen dabei auf den Einsatz natürlicher Rohstoffe im Automobilbau, etwa die Verarbeitung von natürlichen Fasern und Farben sowie von natürlichen Ölen und Kautschuk, aber auch auf die Entwicklung und Anwendung von Technologien der Wasseraufbereitung und Energieversorgung, die speziell auf die Bedürfnisse der Region zugeschnitten wird.

VI.

Die Zukunft wird in einer Welt, die in Bewegung geraten ist, von denen errungen werden, die sich dem Wandel und seiner Dynamik bewußt stellen, sie als willkommene Herausforderung für eigenes Planen und Handeln begreifen. Wir ausländische Unternehmen, die wir in Brasilien zugleich als Gast und als Bürger arbeiten, wissen, daß sich dieses großartige Land zu guter Letzt auch dieser Erkenntnis würdig erweisen wird.

Das mag für manche Ohren naiv klingen. Ich weiß sehr wohl, daß Brasilien am Anfang eines schwierigen Jahrzehnts steht. Aber ich weiß auch, daß es unverändert über ein Potential an Menschen, ihrem Können und ihrer Leistungsfähigkeit, ihrem Stolz und ihrer Lernbereitschaft verfügt, das dem Land nicht nur eine große Verantwortung, sondern auch eine gewichtige Rolle für die Zukunft in dieser Welt überträgt.

Insoweit befinden sich Europäer und Brasilianer in einem ganz normalen Wettbewerb. Die traditionelle freundschaftliche Verbundenheit wird dafür sorgen, daß wir einander Fairneß und Verständnis entgegenbringen. Alles andere liegt in der souveränen Hand eines jeden von uns.

Deutsch-türkische Partnerschaft

Fritz Neumark zum Gedächtnis

Er hat durch eigene Anschauung erfahren,
daß die Türkei nicht erst seit Kemal Atatürk
ein Teil Europas ist.

I.

Ich finde es großartig, daß das »Zentrum für Türkeistudien« durch eine sich jährlich wiederholende Veranstaltung an diesen ganz und gar ungewöhnlichen Mann erinnern möchte.

Wie viele andere werde auch ich Fritz Neumark nie vergessen. Ich erinnere mich daran, wie der kleine Junge aus Ankara in seinem Haus in Istanbul als Gast aufgenommen wurde, wie ihn ein hochgewachsener, auf Sprache und Bildung genauso wie auf das Äußere achtender Mann voller Wissen und Ästhetik vom ersten Augenblick an nicht als unwissendes Kind, sondern als heranwachsenden Menschen behandelte, wie sich freundlicher Sarkasmus mit liebenswürdigster Wärme paarten. Werden wir einer solchen Persönlichkeit, die sich mit allen ihren Eigenschaften so prägend auf Generationen ausgewirkt hat, nicht am besten gerecht, indem wir, anstatt sentimental nur auf sie und ihre Zeit zurückzublicken, darüber hinausgehen und es uns zur Pflicht machen, Fragen von heute aufzugreifen, die immer auch Themen dieses Mannes gewesen sind?

In der Tat bezog sich Neumarks Wirken, bezog sich seine Vita ja doch, neben seinem bleibenden Einfluß auf die modernen Finanz- und Wirtschaftswissenschaften, immer auch auf jenen scheinbar so schwer faßbaren Fragenkomplex der türkisch-deutschen Partnerschaft. Dieser hat ihn nie losgelassen, sondern bis zu seinem Tode umgetrieben. Und deshalb lautet meine, keineswegs nur rhetorisch gemeinte Frage, der ich ein wenig nachspüren möchte, warum er eigentlich immer neu dieser Faszination erlegen ist, und was wir daraus für unsere jetzigen Aufgaben und Probleme an Erkenntnissen gewinnen können.

II.

Der Schlüssel liegt mit Sicherheit in jener Grunderfahrung verborgen, die nicht etwa nur die politischen Emigranten der dreißiger und vierziger Jahre, sondern, so möchte ich behaupten, fast ausnahmslos alle West- und Mitteleuropäer erfaßt hat, die sich anschickten, die Türkei, ihre Geschichte, ihre Landschaft, ihre Kultur und ihre Menschen zu erkunden.

Denn schon sehr bald, nachdem Fritz Neumark mit seiner Familie in das Land gekommen war, das – wie er später immer wieder sagte – seine zweite Heimat werden sollte, hat es ihn gefangengenommen, hat es ihn aufs tiefste beeindruckt durch das hohe zivilisatorische Niveau und die Weltläufigkeit seiner aufgeklärten Schichten, aber auch durch die warmherzige Gastfreundschaft der einfachen Menschen. Nichts anderes hat für die vielen anderen Wissenschaftler und Ingenieure aus Berlin, Paris oder Wien gegolten, die es vor dem Zweiten Weltkrieg in die Türkei zog, auch wenn sie nicht durch die brutale Barbarei der braunen Diktatur dazu gewungen waren – übte doch die Aufbruchstimmung, die hier herrschte, eine mindestens ebenso große Faszination auf Europa aus wie der Ruf Istanbuls, eine in ihrer Art einmalige und prickelnde Symbiose von Kultur und Geist zu bieten.

Jeder, der sich der Türkei – gezwungen oder freiwillig – für längere Zeit verschrieb, mußte sich einfach überwältigt fühlen von der Offenheit, die jeden Fremden ohne Verzug zu umfangen pflegte, von einer Einstellung, die keinesfalls verbissener Anstrengung entsprang, sondern vielmehr das natürliche Substrat der eigenen Kultur, des türkischen Selbstverständnisses verkörperte. Nicht zuletzt dies war es, das Fritz Neumark wie Alexander Rüstow und viele andere mit so tiefem Respekt erfüllt hat vor diesem Land, seinen Menschen und seinem Leben.

Traurig stimmt daran nur eines – und verleiht diesem Erlebnis denn auch einen Anflug von Tragik: daß die später nach Deutschland zurückgekehrten Emigranten kaum je ausreichend Gelegenheit finden konnten, ihre eigene Erfahrung in der Heimat umzusetzen, sie auf einer breiteren Grundlage zu vermitteln. Fritz Neumark hat deshalb bis zu seinem Tod an der Hoffnung festgehalten, daß sich seine »heimliche Türkei«, diejenige, die existierte und die doch gleichzeitig unbekannt blieb, endlich mit Deutschland, mit den Deutschen innerlich vereinen werde. Die Aufgabe konnte nicht erledigt werden. Um so mehr liegt es an denjenigen, die gegenwärtig Verantwortung tragen, ihr in einer neuen Zeit Wirkung zu verschaffen.

Für Neumark war die Begegnung mit der türkischen Kultur allerdings noch mit etwas anderem verbunden: mit einem Höchstmaß an aufgeklärtem Wachsein, an Bereitschaft, hinzuzulernen. Er hat durch eigene Anschauung erfahren, daß die Türkei nicht erst seit Kemal Atatürk ein Teil Europas ist, sondern daß die jungtürkische Bewegung im 19. Jahrhundert bereits die geistigen Grundlagen für jene Öffnung nach außen gelegt hatte.

Ich weiß aus durchaus frischer eigener Erinnerung, daß die Jahre ab 1933 für die Gruppe deutscher Emigranten zugleich bedrückende Jahre waren. Wen konnte denn das Schicksal des eigenen Vaterlandes und Europas, die Türkei eingeschlossen, ohne Sorge lassen? Und dennoch war die Zeit für viele auch eine Zeit der Erfüllung, am großartigen Aufbau und am Aufbruch des jungen Staates teilzunehmen – setzte doch dort eine Generation alles daran, die eigene Nation in ein Zeitalter größerer Mündigkeit und verbesserten Fortschritts zu führen.

Für jene Deutsche, die dieses Erlebnis teilen durften, sollte es sich bald in einem umgekehrten, aber vergleichbaren Sinn wiederholen.

III.

Nach ihrer Rückkehr nach Deutschland – für Fritz Neumark übrigens, anders als für Ernst Reuter, keineswegs selbstverständlich, aber zum Schluß doch das entschlossene Ergebnis sorgfältiger Abwägung zwischen Bindung und Pflicht – standen nämlich diese Menschen ein weiteres Mal vor der Notwendigkeit des Neuaufbaus, allerdings vor einem mehr als düsteren Hintergrund. Und auch in diesem Fall ging es um nichts Geringeres als darum, Staat und Gesellschaft auf demokratischer Grundlage neu zu verfassen und die Zugehörigkeit zu den freien Völkern des Westens zu sichern.

Beiden, der Türkei wie Deutschland, ist dies erfolgreich gelungen. Das hat unserer Partnerschaft in den Jahrzehnten nach 1945 immer wieder neue Perspektiven vermittelt. Gleichzeitig pferchte der Kalte Krieg die Beziehungen beider Staaten zu ihren Verbündeten in das starre Korsett des weltweiten Status quo. Kein Wunder, daß sich dies auf unser aller Denken, aber auch auf unser Handeln niedergeschlagen hat.

Die Wahrhaftigkeit gebietet es, festzustellen, daß es bisher in keiner Weise ausreichend gelungen zu sein scheint, den Mangel an Aufgeklärtheit über unseren jeweiligen Partner zu überwinden, ja, daß wir im Gegenteil eher neuen Klischees anhängen. Oder ist es der deutschen Öffentlichkeit etwa bisher gelungen, Debatten zu führen, in denen die Türkei und die türkisch-deutschen Beziehungen mehr waren als nur der Nebenaspekt in einer allgemeinen Erörterung über das Thema der NATO, der Menschenrechte oder der ausländischen Arbeitnehmer?

Inzwischen hat sich die Welt um uns herum in ungeahnter Weise geändert, hat sich die politische Landkarte Eurasiens grundlegend verwandelt. Der Eiserne Vorhang zerteilt nicht mehr unser Land. Das macht uns die komplizierte Lage Deutschlands jeden Tag neu und in allem Ernst bewußt. Daß er auch an der östlichen Grenze der Türkei gefallen ist, scheint dagegen niemand mit dem gebotenen Interesse zur Kenntnis nehmen zu wollen. Denn sonst hätten wir doch wohl mehr als genug Gründe, uns über die heutige Fragestellung sowohl in diesem Kreis von Freunden als auch weit darüber hinaus den Kopf neu zu zerbrechen.

Gewiß ist die Türkei nur ein Beispiel von mehreren. Doch sie liefert uns mit Sicherheit eine bemerkenswerte Meßlatte dafür, mit welcher Sensibilität und mit welcher Flexibilität wir Deutsche eigentlich imstande sind, uns in veränderter Lage neuartigen Anforderungen zu stellen. Die türkisch-deutschen Beziehungen könnten deshalb durchaus zu einem Testfall und vielleicht sogar – weshalb eigentlich nicht – zu einem Symbol erfolgreicher Zusammenarbeit in einer bipolaren Welt voller neuer Risiken werden.

Genausogut könnte es aber auch sein, daß wir uns auf dem besten Wege befinden, uns in unseren deutschen Befindlichkeiten, je komplizierter sich die Lage um uns herum entwickelt, um so inniger an Klischees alten und neuen Typs festzuklammern. Um so mehr sollte uns die Realität daran erinnern, daß die türkisch-deutschen Beziehungen inzwischen im politischen Bereich auf einen nach dem Krieg nie erreichten Tiefpunkt abgesunken sind.

Ich sage das so deutlich, weil ich nicht daran vorbeireden mag, daß es über Jahre hinweg, besonders aber in den letzten Monaten, bittere Mißverständnisse zwischen dem türkischen und dem deutschen Volk gegeben hat. Dies sollte nicht, dies muß auch nicht sein. Denn nach wie vor verbindet uns der Respekt vor unserer gemeinsamen Geschichte, vor allem der gegenseitige Respekt der Menschen, die in dem jeweils anderen Land gelebt haben. Ich jedenfalls zähle mich dazu, denn für mich ist die Türkei während vieler Jahre meines Lebens tatsächlich zu einer zweiten Heimat geworden, waren Menschen meine Freunde, denen ich Entscheidendes zu verdanken habe.

Dieser Respekt schließt – richtig verstanden – die Erkenntnis ein, daß das erste und wichtigste darin besteht, uns in jeder Situation, und sei sie noch so schwierig, Mühe zu geben, den anderen zu verstehen. Dazu gehören die Kenntnis der Geschichte, der Kultur und der Tradition, vor allem anderen aber die Bereitschaft, ohne Vorurteile zu lernen. Erst wenn wir gelernt haben, zu verstehen, dürfen wir auch urteilen.

Diese einfache Wahrheit ist in der Vergangenheit manches Mal übersehen worden. Das gilt für ungerechtfertigte und ungerechte Reaktionen in der Türkei auf die vor einigen Jahren eingeführte Visumsregelung in der Bundesrepublik, es gilt aber genauso für vorschnelle und unqualifizierte Reaktionen der deutschen Öffentlichkeit und Politik auf das Vorgehen der türkischen Regierung in Südost-Anatolien.

Nur derjenige, der die Notwendigkeit verstanden hat, zuerst zu lernen und zu verstehen, bevor er urteilt, wird umgekehrt wissen, daß es immer besser ist, zunächst bei sich selbst nach Fehlern zu suchen, ehe man mit dem Finger auf andere zeigt.

Vielleicht hätte man erst ein wenig sorgfältiger nachforschen sollen, ob denn Deutschland wirklich ein völlig unkontrollierter Zustrom von Arbeitssuchenden zugemutet werden kann, bevor man dies zu einem nationalen Problem erster Ordnung erklärt. Und vielleicht wäre man im Auswärtigen Amt in Bonn ebenso wie in vielen Medien der Bundesrepublik Deutschland klüger beraten gewesen, sich zunächst nicht nur mit der Geschichte kurdischer Aufstände, sondern auch mit den Bemühungen der türkischen Regierung um die friedliche Lösung eines außerordentlich schwierigen Problems vertraut zu machen, bevor man in vermeintlich populäre Besserwisserei verfällt.

IV.

Seitdem gibt es leider nicht allzu viele gute Nachrichten, die Zuversicht nahelegen. Im Gegenteil, Europa und die Welt stehen unter dem unmittelbaren Eindruck von Krisenanzeichen. Abflauendes weltwirtschaftliches Wachstum verstärkt die politischen Versuchungen zu einem Mehr an Abschottung, zu egoistischer Durchsetzung eigener Interessen und damit zu einem Weniger an offener Zusammenarbeit und an gemeinschaftlichen Lösungsversuchen.

Da ist es wahrlich keine leichte Aufgabe, einer bereits belasteten Partnerschaft neue und noch dazu positive Perspektiven vorzugeben. Und doch muß dies sein, denn das Gewicht der

Zivilmacht Deutschland wird sich an nichts anderem zu beweisen und zu bewähren haben als an unserer Flexibilität und unserer Offenheit. Die Zeiten des Aufbruchs und der Neuausrichtung, vergleichbar jenen nach den letzten beiden Weltkriegen – bieten sie uns nicht ein weiteres Mal in diesem Jahrhundert die Chance, tatsächlich voneinander zu lernen und miteinander Schritte in außenpolitisches Neuland zu unternehmen?

Die ost-westlichen Freund-Feind-Kategorien sollten, müssen, dürfen wir ja wohl ohnehin endgültig ad acta legen, auch wenn sie so wunderbar dazu getaugt haben, die Türkei und Deutschland als Vorposten auf vorgeschobenem Glacis in einer Schicksalsgemeinschaft aneinander zu binden. Sicher, dies hat auch das jedenfalls für manche willkommene Bild einer Partnerschaft unter heldenhaften Vorzeichen abgegeben. Nicht weniger sicher scheint mir freilich, daß wir dabei sowohl einige delikate als auch einige ausbaufähige Aspekte unserer Beziehung übersehen haben.

Welche Zukunftsperspektiven hat also die türkisch-deutsche Partnerschaft außer den gemeinsamen sicherheitspolitischen Interessen?

So formuliert erweist sich die Frage schon auf den ersten, spätestens aber auf den zweiten Blick als eine weitere Form möglicher Selbstsuggestion. Das schöne Bild einer Gemeinsamkeit der Sicherheitsinteressen könnte sich nämlich eher heute als morgen als Phantom entlarven, jedenfalls dann, wenn es der türkischen Regierung nicht mehr länger gelingen sollte, unter dem Eindruck vermeintlicher oder wirklicher innenpolitischer Zwänge ihren mutigen Kurs der Vernunft aufrechtzuerhalten und sich von den Balkanhändeln fernzuhalten. Ähnliches scheint mir für den Konflikt zwischen Armenien und Aserbeidschan vorstellbar: Auch hier liegen Gefahren versteckt, die dazu führen könnten, daß sich die Türkei im Rahmen eines Einzelkonflikts vom Westen und damit auch von den Deutschen entfernen könnte.

An dieser Stelle wäre allerdings der objektive Beobachter nicht falsch beraten, selbstkritisch zu überlegen, ob sein Urteil nicht durch Voreingenommenheit beeinflußt sein könnte. Wäre es nämlich ganz und gar undenkbar, daß die türkischen Eigeninteressen unter verschiedenen Gesichtspunkten einfach anders gelagert sein müssen als die unsrigen – und anders, als dies noch vor einiger Zeit der Fall gewesen sein mag? Könnte nicht eine Überwindung der einseitigen Fixierung auf gemeinsame militärische Interessen für beide Seiten, natürlich auch für die türkische Öffentlichkeit, eine substantielle Bereicherung nach sich ziehen? Hat man nicht dort unser eigenes Verhältnis von einem Tag zum anderen immer mehr mit sklavischer Bündnistreue gleichgesetzt? Erklärt dies nicht erst den Aufschrei der türkischen Medien und deren Vorwürfe, wie »Verrat« und »deutscher Dolchstoß«, als die Bundesrepublik sich zu einem Waffenembargo entschloß?

Doch Vorsicht! Lösen wir uns womöglich von einem Klischee, um sogleich dem nächsten anheimzufallen? Neuerdings wird ja doch hierzulande durch öffentliche Debatten – besser gesagt durch den Austausch von Schlagworten – der Versuch unternommen, unter dem allseits gefälligen Motto der »Brücke zum Islam« die Türkei als wichtigen Partner anzupreisen.

Richtig ist zweifellos, daß die Türkei das einzige Staatswesen auf der Welt ist, das sich auf der Grundlage einer moslemischen Bevölkerungsmehrheit als zugleich demokratisch und laizistisch versteht. Zutreffend beobachtet ist auch, daß sich die Türkei eines steigenden machtpolitischen Gewichts sowohl im Nahen Osten wie auf dem Balkan, aber auch in Zentralasien erfreut. Doch rechtfertigt das allein schon den Begriff der »Brücke«?

So leid es mir tut: Könnte nicht eigentlich nur dann davon die Rede sein, wenn wir selbst über ein ausreichend differenziertes Sensorium und Instrumentarium verfügen würden, um eine solche Brückenfunktion in einem positiven Sinne zu stärken und gemeinsam zu nutzen?

Auch bei bestem Willen vermag ich solches leider bisher nicht zu erkennen. Richtig ist zwar, daß es in puncto »islamische Welt« eine Reihe von gemeinsamen Interessen geben sollte, die nach klassischer Vorstellung im Kern die Partnerschaft von zwei Staaten begründen könnten. Andererseits scheint mir genauso evident, daß sich die führenden westlichen Industrienationen – und nicht nur die Deutschen – im Augenblick in schöner Eintracht so verhalten, als ob unsere Werte der Demokratie und der Menschenrechte nicht in Wirklichkeit zu Hause bei uns selbst noch gewaltige Bewährungsproben vor sich hätten. Glauben wir etwa allen Ernstes, wir hätten das alles allein durch die Überwindung des Kalten Krieges bereits auf einen Streich hinter uns gebracht?

Wenn wir so naiv denn doch nicht sein sollten, dann müssen wir wohl unseren Kenntnissen politischer Geographie möglichst bald die Erkenntnis hinzufügen, daß im Osten der Türkei das Ende der freien Welt gleichfalls nicht mehr deutlich markiert ist. Auch in dieser Weltregion können wir dem Phänomen der Unübersichtlichkeit, das uns so vieler Richtmaßstäbe in der Welt beraubt hat, nicht mehr ausweichen. Und unseren türkischen Freunden geht es vermutlich kaum anders.

So schwierig ist es ja auch wieder nicht: jenseits ihrer Grenzen breitet sich eben kein mit Gewalt zusammengehaltener Machtblock mehr aus, sondern ein Teppich junger, gerade erst unabhängig gewordener Staaten. Und unsere gemeinsamen Ideen der Demokratie und der sozialen Marktwirtschaft haben sich künftig auch in dieser riesigen Region, die vom Schwarzen Meer bis hin zur chinesischen Grenze reicht, im freien Wettbewerb zu bewähren.

Was eigentlich sollte da die Türkei anderes tun, als in dieser Region, in der über sechzig Millionen Menschen leben, die den Turkvölkern zuzurechnen sind, politische Signale zu setzen und wirtschaftlich aktiv zu werden?

Wenn wir nicht alle miteinander Chaos und Rückfall riskieren wollen, kann freilich ein solches Vorhaben nur gemeinsam gelingen. Die türkische Elite spricht ja in der Tat genau deswegen den Deutschen auf diesem Gebiet höchste Kompetenz und außerdem die Fähigkeit zu, den überkommenen wirtschaftlichen Strukturen im ehemals kommunistischen Machtblock mit den richtigen Konzepten zu begegnen. Weshalb tun wir es ihnen nicht gleich und erkennen umgekehrt die hohe Kompetenz an, über die unsere türkischen Freunde im Umgang mit den umliegenden Weltregionen verfügen? Ich bin sicher, wir könnten sie in beiderseitigem Interesse gut gebrauchen.

Ein solches Verhalten wäre allerdings undenkbar ohne die Bereitschaft zum Vertrauensvorschuß – eine Geste, der übrigens auf dem Feld der internationalen Beziehungen ganz allgemein ein immer höherer Stellenwert zukommt. Er wäre unvereinbar mit einem weiteren Klischee, nämlich demjenigen vom »Stellvertreter Türkei« in dieser Weltregion. Amerikanischer Weltpolitik, die aus großer innerer und äußerer Distanz heraus handelt, mag es gut anstehen, der Türkei eine solche Rolle zuzuschreiben – für den europäischen Partner Deutschland wäre ein solcher Lapsus schlicht und einfach schlimm.

V.

Da wir uns die Verbesserung der Beziehungen zwischen der Türkei und Deutschland wünschen, soll unser Denken und Handeln nicht nur auf politischem, sondern auch auf wirtschaftlichem Gebiet provokativ hinterfragt werden. Dabei geht es mir um nichts anderes als um den kleinen Mehrwert, uns selbst vor der vielleicht peinlichsten Verfehlung im internationalen Umgang zu bewahren, der Selbstüberschätzung.

Hatten nicht eigentlich die Türkei und Deutschland, beide aufgrund eigener bitterer Erfahrungen, in gleicher Weise beschlossen, sich nicht nur teilweise und halbherzig, sondern in der Gesamtverfassung von Staat und Gesellschaft an den Werten der freien Völker des Westens auszurichten?

Deutschland hatte die Chance und das Glück, sich schon bald nach dem Krieg an der supranationalen europäischen Integration, der Montanunion, der Euratom und schließlich der Europäischen Wirtschaftsgemeinschaft beteiligen zu können. Die Türkei zögerte nicht lange, sich zu derselben Idee zu bekennen und ihre Mitgliedschaft in der EWG anzustreben. Das Beitrittsgesuch wurde vom Europäischen Rat 1987 abschlägig beschieden. Dieser wird im Dezember dieses Jahres auf seinem Gipfel in Edinburgh neu dazu Stellung nehmen müssen. Doch es bleibt klar, daß sich die EG-Europäer immer noch mit dem bevorstehenden Beitritt der Österreicher, Schweizer und Schweden leichter tun als mit einem Beitritt der Türkei.

Doch könnten wir beim Abwägen des Für und Wider einer türkischen Mitgliedschaft nicht inzwischen, um es ganz drastisch auszudrücken, auf eingefahrenen Gleisen eingerostet sein? Könnten wir nicht vielleicht immer noch meinen, daß sowohl den EFTA-Staaten wie auch der Türkei nichts anderes übrig bliebe, als darauf zu warten, bis sie eines Tages gnädig von der eigentlichen, der einzig wahren Integrationsgemeinschaft, nämlich der europäischen, aufgenommen werden?

Ich bin sicher, daß sich solche Arroganz schon auf den allerersten Blick als geistiger Kurzschluß entpuppen muß. Viel schlimmer ist, daß die Realität längst unsere Auffassung ad absurdum geführt hat – und sie karikiert uns selbst gleich mit. Während wir nämlich feststellen, daß im Jahr 1992 zwar große Pläne entwickelt wurden, aber auch große Ernüchterung über die weitere europäische Integration hereingebrochen ist, ziehen einige derjenigen, die wir bisher nicht dabeihaben wollten, ihre eigenen Konsequenzen, Konsequenzen nicht restriktiver, sondern äußerst konstruktiver Art. Die osteuropäischen Staaten – Polen, die tschechische und die slowakische Republik, Ungarn, die Ukraine, Rußland und andere – warten nämlich nicht ab, bis sie zu irgendeiner Form der Integration von uns eingeladen oder aufgefordert werden, sie verwirklichen sie im Rahmen ihrer Möglichkeiten selbst.

Die Osteuropäer versuchen dies im Rahmen des Konsultationsmechanismus von Visegrad, die Türkei mittels der Schwarzmeer-Wirtschaftszone. Zugespitzt formuliert heißt das: Während über Westeuropa ein Hauch von Resignation liegt, öffnen sich andere Europäer für die Liberalisierung in eigenen Freihandelszonen.

Unverändert sollten wir deswegen, so meine ich, vor der gigantischen Chance einer Wirtschaftszone mit insgesamt 360 Millionen Menschen in 13 Staaten respektvoll den Hut ziehen und dabei nicht vergessen, uns auch selbst wenigstens hie und da an die eigene Brust zu klopfen. Zumindest sollten wir nicht länger zögern, die unerledigten Inhalte der bestehenden Assoziierungsabkommen aufzugreifen. Näherer Betrachtung wert scheint mir dabei nicht zuletzt die Initiative der britischen EG-Präsidentschaft, die Beziehungen zur Türkei durch regelmäßige, institutionalisierte Treffen auf hoher politischer Ebene zu stärken.

Schon die bisher bestehenden wirtschaftlichen Beziehungen zwischen unseren Staaten tragen ja doch ganz eindeutig zur Stärkung der Partnerschaft, zum Geist von Kooperation und Integration bei. Deutschland belegt seit 1985 sowohl bei den türkischen Exporten wie bei den Importen den ersten Rang. Bei den Investitionen liegen die mehr als 200 Firmen mit Hauptsitz in Deutschland an erster Stelle und tätigen über 11 Prozent aller ausländischen Investitionen in der Türkei. Umgekehrt konnte die Türkei ihre Exporte nach Deutschland – insbesondere bedingt durch die Wiedervereinigung – von 1989 bis 1990 um fast eine Milliarde von zwei auf drei Milliarden Mark steigern.

Diese Erfolge sind um so erfreulicher, als die verstärkte Integration des türkischen Marktes in die Weltwirtschaft das Ergebnis der liberalen Ausrichtung der türkischen Wirtschaftspolitik seit den achtziger Jahren ist. Deshalb scheint es mir mehr als bedauerlich, daß der Golfkrieg, die unsichere politische Lage und versäumte Haushaltskonsolidierungen viele Erwartungen dämpfen mußten.

Was kann da wichtiger sein, als die Ansatzpunkte einer stärkeren gegenseitigen Verflechtung unserer Volkswirtschaften künftig mit noch mehr Wagemut, mit noch mehr Phantasie zu nutzen? Die Kooperationen türkischer und deutscher Firmen auf privatwirtschaftlicher Basis bilden bereits ein solides Netzwerk – doch das Kooperationspotential insgesamt wird bei weitem noch nicht ausreichend genutzt.

Verstärkter Technologietransfer aus Deutschland könnte zusätzlich zur weiteren Modernisierung der türkischen Industrie beitragen. Und weshalb bringen wir nicht noch stärker als bisher, so frage ich mich immer wieder, unsere Angebote für Paketlösungen ein, die den dortigen Markt und seine Fertigungsmöglichkeiten in besonderer Weise berücksichtigen?

VI.

Wenn wir abschließend noch einen kurzen Blick auf einen völlig anderen, uns im Gegensatz zu Wirtschaft und Handel schwer belastenden Gesichtspunkt der gegenseitigen Beziehungen werfen wollen, den der innenpolitischen Lage in beiden Ländern, dann, so denke ich, bieten sich gerade hier eine Vielzahl möglicher konstruktiver Ansätze und Perspektiven gemeinsamen Handelns.

Die Bedenken, die regelmäßig in der deutschen Öffentlichkeit gegen eine Zusammenarbeit mit der Türkei ins Felde geführt werden, könnten in der Sache und damit in ihrem Kern ein ganzes Stück wirksamer entkräftet werden, wenn wir endlich die Bemühungen der türkischen Regierung stärker unterstützen würden, ihre eigenen ernsten Vorhaben eines umfassenden Demokratisierungs- und Liberalisierungsprogramms in die Realität umzusetzen.

Eines freilich scheint mir dabei sonnenklar: eine solche Unterstützung wird nur dann wirksam werden können, wenn wir den verstärkten Kontakt und das intensive Gespräch mit den Reformkräften der Türkei suchen. Moralische Belehrungen aus dem sicheren Hort: wie einfach, wie bequem ist das doch, aber wie nutzlos, ja wie feige auch, wenn es nicht mit der bedingungslosen Bereitschaft verknüpft ist, Realitäten der Geschichte, der Interessen, ja der Einbindungen wenigstens zur Kenntnis zu nehmen.

Erst dies jedenfalls – und nichts anderes – könnte ein Ansatzpunkt dafür werden, daß es der Türkei gelingt, in allen ihren Institutionen die strenge Beachtung der von ihr mitunterzeichneten Europäischen Menschenrechtskonvention durchzusetzen und in einem zweiten Schritt eine noch nähere Anbindung an die Europäische Gemeinschaft zu finden.

Die Bundesrepublik Deutschland hat übrigens diese Konvention gleichfalls unterzeichnet. Deswegen ist es, davon bin ich überzeugt, auch unsere eigene verdammte Pflicht und Schuldigkeit, den einundeinhalb Millionen hier lebenden türkischen Mitbürgerinnen und Mitbürgern ihre Bürger- und Menschenrechte in gleicher Weise zu garantieren, wie wir dies vom türkischen Staat fordern.

Für Deutschland steht dabei viel auf dem Spiel: nicht nur das Vertrauen der Menschen in unserem Land, sondern ebenso das Vertrauen, von dem wir in der Welt leben, das wir uns so mühselig neu erworben haben.

VII.

Wieder stehen wir in einer Zeit des Aufbruchs, wieder kommt es nicht nur auf die Interessen der Staaten, sondern entscheidend auf die Menschen an, die im gemeinsamen Geist die Initiative ergreifen.

Zusammenarbeit, Offenheit, Vertrauen: das waren die Werte von Fritz Neumark. Sie haben die wenigen Lichtseiten eines ganzen Jahrhunderts in Europa geprägt. Trotz aller Enttäuschungen gibt es keinen Anlaß, daran zu zweifeln, daß sie auch in Zukunft unverzichtbar bleiben werden, wenn der Weg freigehalten werden soll. Wir ehren diesen großen Mann am besten, wenn wir immer wieder neu darum kämpfen – gemeinsam!

Europa in der Entscheidung

Schwedens Einfluß auf die Gemeinschaft

Wer vor Weichenstellungen
des Jahrhunderts steht, muß bereit sein,
auch bisherige Heiligtümer
in Frage zu stellen.

I.

Drei Jahre sind es her, seit die Mauer in Berlin gefallen ist, weltweites Symbol für den Zusammenbruch des kommunistischen Wahnsinns, der so viele Millionen von Menschen geknechtet und gequält hat. Gerade vor zwei Jahren hat sich in meinem Land das Wunder der Wiedervereinigung vollzogen, an das kaum jemand mehr geglaubt hatte und das die meisten von uns – ich schließe mich selbst ein – bis zum heutigen Tag noch nicht ganz begriffen haben.

Beide Zeiträume sind nicht mehr als ein Tropfen im Ozean der Geschichte. Doch was ist in der Zwischenzeit nicht alles geschehen.

Pläne voller Begeisterung und Zuversicht wurden geschmiedet. Weltweite Abrüstung sollte endlich eine neue Hinwendung zur ökologischen Umgestaltung unseres Wirtschaftssystems ermöglichen. Ernsthafte Aufmerksamkeit für eine menschenwürdige Entwicklung der armen Länder dieser Erde wurde voller Hoffnung angemahnt. Das glanzvolle Projekt, die bisherige Europäische Gemeinschaft zur Keimzelle nicht nur für eine entschlossene Vertiefung zur wirklichen politischen Union, sondern gleichzeitig für eine schnelle geographische Verbreiterung nach Norden, Süden und Osten zu machen, wurde zu einer Vision, deren Realisierung kaum ernsthafte Schranken entgegenzustehen schienen.

Wie aber sieht es heute mit diesem Traum aus, kaum mehr als einige Monate später? Streit und Widerstände in Europa, blutiger Krieg gar, Furcht der Menschen in vielen Teilen der Welt vor fremder Einwanderung, ökologische Katastrophenmeldungen, Gewalt als tägliches Mittel der Auseinandersetzung, tiefes Mißtrauen gegenüber demokratisch gewählten Politikern – die Aufzählung läßt sich lange fortsetzen. Und über alledem eine wirtschaftliche Entwicklung in weiten Teilen der Welt, die durch unübersehbare Anzeichen einer tiefen und noch lange andauernden Krise geprägt zu sein scheint.

II.

In der Tat ist es da wohl nicht ganz falsch, darüber nachzudenken, ob wir Europäer vielleicht erneut vor grundlegenden Weichenstellungen stehen.

In Schweden liegt es mehr als nahe, an andere entscheidende Zeiten dieses Jahrhunderts erinnert zu werden. Es waren Jahre, in denen das Schicksal Europas auf weit dramatischere Weise als heute auf des Messers Schneide gestanden hat. Damals, in den dunklen Jahren der faschistischen Diktaturen, hat Schweden trotz seiner völkerrechtlichen Neutralität entscheidend dazu beigetragen, daß der westliche Teil unseres Kontinents die Einheit seiner Grundwerte von Freiheit und Menschlichkeit wahren konnte. Auch wenn es nicht noch viele andere Argumente gäbe: dies allein wäre Grund genug, die beantragte Aufnahme Schwedens in die Europäische Gemeinschaft als schiere Selbstverständlichkeit zu begreifen.

Nüchterne Analyse bleibt freilich auch dann unverzichtbar. Sie gebietet es, zu verstehen und zu akzeptieren, daß dieses Jahrhundert uns allen enorme Erblasten hinterlassen hat. Diese bewirken, daß Europa tatsächlich vor schwerwiegenden Entscheidungen steht. Die drei wichtigsten habe ich schon angesprochen.

Zum einen stellt sich die Frage, ob wohl eine vertiefte Integration der erweiterten Europäischen Gemeinschaft zwischen

Palermo und Stockholm gelingen kann. Zum zweiten muß geklärt werden, wie die bisher nicht beteiligten Europäer im Osten und Südosten des Kontinents einbezogen werden sollen. Und schließlich brauchen wir eine Antwort darauf, auf welchen Wegen Europas Wettbewerbsfähigkeit im globalen Vergleich gehalten und ausgebaut werden kann.

Dabei kreuzen sich in Schweden wie in Deutschland alle Straßen der Zukunft in besonderer Weise. Unsere beiden Länder spielen als Exportnationen nicht nur auf dem europäischen Kontinent, sondern in der ganzen Welt eine bedeutende Rolle. Wir sind ganz selbstverständlich auf globale Integration und Wettbewerb angewiesen. Allein schon daraus, aber mehr noch aus unserer geographischen Lage folgt schließlich, daß es für uns beide so wichtig ist, in absehbarer Zeit, den Osten in den Westen, besser: in das Weltsystem zu integrieren.

Dazu möchte ich Lester Thurow zitieren. Er mißt Europa die »stärkste strategische Position« in der Welt zu – freilich unter einigen Voraussetzungen, die wir zunächst zu erfüllen hätten. Nordamerika, so analysiert er, verfüge über die schlechteste technologische Ausgangsposition, aber über die größte soziale und wirtschaftliche Flexibilität, sich auf Neues einzustellen. Japan besitze zwar die beste technologische Kompetenz, habe jedoch bisher keinen institutionellen Ansatz gefunden, sich selbst mit seinen Nachbarn in Ostasien zu integrieren. Die Europäer dagegen hätten sich diese entscheidende Trumpfkarte in Form des größten Marktes der Welt bereits gesichert.

Die neu hinzukommenden Mitglieder, insbesondere Schweden, spielen in diesem Szenario eine wichtige Rolle. Thurow folgert daraus, daß Europa zur dominierenden Wirtschaftsmacht des 21. Jahrhunderts werden könne, wenn – ja, wenn ihm nur eines gelinge: eben eine ökonomisch sinnvolle und politisch erfolgreiche Integration.

III.

Wollen wir die Chancen dieses Vorhabens bedenken, so drängt sich mir ganz spontan die Frage auf, wer uns eigentlich auf einem solchen Weg als Pioniere vorangehen könnte. Sind es die Politiker, sind es die Kaufleute?

Als kleines Mitglied jener Zunft der Hersteller und Händler von Waren aller Art weiß ich natürlich um die weit verbreitete Überzeugung, Kaufleute seien an nichts anderem zu erkennen als daran, daß sie sich skrupellos jeder beliebigen neuen Lage anzupassen pflegen – immer nur mit dem einen Ziel, sich weitere Profitquellen zu erschließen. Die Wahrheit, denke ich, sieht anders aus.

Schon der kürzeste Rückblick auf die Geschichte der vergangenen hundert Jahre macht deutlich genug, daß die großen ideologischen Konzepte, daß die global angelegten politischen Versuche, daß gar die militärischen Machtkämpfe dieses Jahrhunderts sich allesamt alles andere als menschheitsbeglückend erwiesen haben. Das Netzwerk, die Verbindungen und die Ideen, die Kaufleute zuerst in ihrer näheren Umgebung, dann über die Ländergrenzen hinweg flechten, haben sich dagegen zunehmend als friedensstiftend erwiesen, und vielleicht ist die jeden Tag weiter fortschreitende wirtschaftliche Vernetzung der Erde heute schon zum stärksten Element der Hoffnung für eine positive Zukunft geworden.

War es nicht etwa die Idee des Kaufmanns Jean Monnet, Wirtschaftspotentiale über nationale Grenzen hinweg zusammenzuführen? Ist nicht aus dieser Idee der eigentlich große europäische Jahrhundertentwurf erwachsen? Sind es nicht ähnliche Ideen, die an die liberale Weltoffenheit der Handelsmetropolen Stockholm, Riga oder Lübeck vergangener Jahrhunderte anknüpfen und heute sehr konkrete Wege in ein neues Zeitalter globaler Ressourcenverteilung und wirtschaftlich-technologischer Vernetzung weisen?

Dem Geist von Jean Monnet entspricht es übrigens auch, wenn Globalisierung und Integration nicht mit Gleichmacherei und Zentralisierung verwechselt werden. Deswegen sind Verantwortliche der Wirtschaft immer wieder an vorderer Stelle unter denjenigen gewesen, die sich dagegen gewehrt haben, daß die historisch gewachsenen und durch nationale Kulturen gestützten regionalen Kompetenzen und Interessen innerhalb der Europäischen Gemeinschaft zugunsten anonymer und bürokratischer, zudem demokratisch nicht legitimierter Instanzen entmachtet und nivelliert werden. Genausowenig werden sie es zulassen, daß diese Europäische Gemeinschaft sich nach der Art früherer merkantilistischer Nationalstaaten im negativen Sinne nach außen abschottet, daß sie sich also zu einer Festung gegenüber Osteuropa, der Dritten Welt oder anderen Handelspartnern entwickelt – unter der einen Voraussetzung, daß diese sich ihrerseits fair verhalten.

Wenn diese Hinweise nicht ganz falsch sein sollten, dann scheint es mir auf der Hand zu liegen, warum der Beitritt Schwedens zu dieser Gemeinschaft weit mehr bewirken kann als nur eine Erweiterung im Sinne einer Addition: Er wird qualitativen Charakter haben.

Denn erstens wird Schweden mit seinem hohen wirtschaftlichen und technologischen Potential Europa noch stärker als bisher auf die anderen Märkte und auf den freien Welthandel hin ausrichten; es wird damit allen Tendenzen zu einer unsinnigen Eingrenzung der Gemeinschaft auf ein »Kleines Europa am Rhein« ebenso entgegenwirken wie den regelmäßig wiederkehrenden Versuchungen, westeuropäische Sonderwege einzuschlagen.

Und zum zweiten wird ein integriertes Europa natürlich Nutzen von dem stabilisierenden Einfluß Schwedens im nord-östlichen Teil unseres Kontinents haben, jener Region also, der mit Blick auf die GUS-Staaten und das Baltikum so entscheidende ökonomische und politische Bedeutung für unsere gemeinsame Zukunft zukommt.

IV.

In diesem Zusammenhang erscheint mir eine Anmerkung zu dem Vertragswerk von Maastricht angebracht.

Rein formal ist es ja bereits durch das knappe, jedoch sehr ernst zu nehmende Veto des einzigen skandinavischen Mitglieds gescheitert – es sei denn, daß doch noch ein politischer Ausweg, der die dänischen Interessen berücksichtigt, gefunden werden kann. Die Bürgerinnen und Bürger Frankreichs haben nicht sehr viel überzeugender dafür gestimmt, das Vereinigte Königreich scheint zumindest von starken Zweifeln geplagt, und von den anderen Mitgliedsländern – vielleicht mit Ausnahme von Italien und Spanien – gehen im Augenblick gleichfalls keine nennbaren Impulse aus. Es sieht also manchmal so aus, als ob außer den Niederländern, den Belgiern, den Luxemburgern und den Deutschen kaum noch jemand mit entschiedener politischer Kraft an der usprünglichen Konzeption festhält.

Um so größer ist mein Respekt davor, daß sich die schwedische Regierung als Ergebnis einer ernsthaft geführten Auseinandersetzung mit den Bedingungen und Folgen der geplanten Wirtschafts- und Währungsunion das klare Ziel gesetzt hat, bereits von Beginn der Mitgliedschaft an die Voraussetzungen für die dritte Stufe des Vertragswerkes zu erfüllen.

Deutschland selbst hat auf diesem Wege noch eine weite Strecke vor sich. Deswegen hat mir Peter Wallenberg gerade vor kurzem wieder einmal aus dem Herzen gesprochen, als er bemerkte, daß wir angesichts der bevorstehenden Krise und der selbstgesteckten ehrgeizigen Ziele »alle ins ›stalbad‹ (Schwitzbad) müssen, um gesünder, härter und schlanker wieder herauszukommen«. Oder, um es ironisch zu formulieren: Nachdem sich immer mehr Altmitglieder der Europäischen Gemeinschaft als Euroskeptiker entpuppen, brauchen wir dringend Verstärkung durch Länder wie Schweden, die Überzeugungskraft und nicht Schwäche einbringen.

Wer vor Weichenstellungen des Jahrhunderts steht, muß bereit sein, auch bisherige Heiligtümer in Frage zu stellen. Deswegen beobachten wir in Deutschland so neidvoll die Kraft, die

Schweden aufbringt, um zwei heilige Kühe auf ihre Zukunftsfähigkeit hin zu überprüfen. Ich meine natürlich die Dominanz des Staatssektors, aber ich meine auch die Staatsphilosophie der grundsätzlichen Neutralität.

Gerade dieser letzte Themenkomplex wird, ob wir es wollen oder nicht, auch bei uns Deutschen auf der Tagesordnung bleiben.

Dabei geht es sehr wesentlich darum, daß die Mitte und der Osten Europas zwar befreit, aber nicht unbedingt zu einem geringeren Sicherheitsrisiko geworden sind. Doch auch jenseits dieser Grenzen gibt es Konfliktpotentiale, die niemand im einzelnen vorherzusehen vermag und die sich trotzdem zu Weltbränden ausweiten könnten.

Gewiß, die Bundesrepublik Deutschland gehört seit Jahrzehnten dem Atlantischen Verteidigungsbündnis an. In Zukunft aber werden wir ganz offensichtlich der Frage nicht mehr ausweichen können, welche Verantwortung wir auch außerhalb der NATO zu übernehmen bereit sind. Deutsche Geschichte in diesem Jahrhundert mahnt uns insofern zu Recht zur Vorsicht. Und doch werden wir uns auf die Dauer nicht verweigern können. Auch unter diesen Umständen kann die künftige Partnerschaft mit einem so verantwortungsbewußten Land wie Schweden im Rahmen der Europäischen Gemeinschaft für uns Deutsche nur hoch willkommen sein.

V.

A propos: Verantwortung. Im ersten Überschwang der Euphorie nach der Wiedervereinigung haben wohl einige meiner Landsleute tatsächlich geglaubt, die großen Linien der Weltgeschichte würden sich zukünftig in Deutschland kreuzen: die Dynamik und der Fortschrittsgeist des größten Binnenmarktes der Welt ebenso wie die so lange ersehnte Zusammenführung des östlichen mit dem westlichen Europa.

Inzwischen stöhnt die Bundesrepublik unter der ungeheuren Wucht der neuen Lasten. In den drei Jahren seit 1989 haben wir insgesamt 90 Milliarden DM in den Osten Europas, einschließlich der GUS-Staaten, transferiert. Die alten Lasten, die aus der früheren Deutschen Demokratischen Republik übernommen werden mußten, werden mit nahezu 500 Milliarden DM beziffert, und die meisten Prognosen stimmen darin überein, daß zusätzlich noch für eine Reihe von Jahren jährlich mehr als 150 Milliarden DM von West- nach Ostdeutschland transferiert werden müssen.

Die Erkenntnis, daß es sich um eine Herkulesaufgabe handelt, hat unser Bewußtsein geschärft, daß wir dies alles niemals allein, sondern nur gemeinsam mit alten Freunden und neuen Partnern bewältigen können. Hinzu kommt, daß sich Deutschland als Folge der Aufhebung der Zweiteilung Europas erneut in einer Mittellage wiederfindet.

Sie provoziert in sehr verständlicher Weise alte und neue Ängste. So ist es zum Beispiel kaum zu vermeiden, daß Deutschland bei jedem Engagement im Osten, das unsere westlichen Partner mit Recht von uns erwarten, der einseitigen Sympathien verdächtigt wird. Schweden hat für diese schwierige neue Aufgabe mehr Verständnis als andere, weil es selbst nach zwei Seiten hin denken, arbeiten und vermitteln muß.

Natürlich kann kein vernünftiger Zweifel daran bestehen, daß Deutschland künftig auch insofern eigenständiger als bisher Verantwortung zu übernehmen hat. Das heißt aber zugleich, daß jede Bewegung dieses neuen, größer gewordenen Landes ganz von selbst – befördert durch unsere in Europa bis heute nicht vergessene Vergangenheit – Mißtrauen hervorrufen wird. Sowohl die Zinspolitik der Deutschen Bundesbank als auch die enormen Aufwendungen für den Aufbau in Ostdeutschland sind wohl nicht zuletzt auf diesem Hintergrund zu einem internationalen Stein des Anstoßes geworden.

Ich selbst gehöre zu den schärfsten Kritikern unserer Notenbank, weil ich ihre einseitige Zinspolitik aus einer ganzen Reihe von Gründen für verfehlt halte. Und doch muß ich sie gegen den Vorwurf in Schutz nehmen, allein ihre Maßnahmen seien die Ursache dafür, daß andere europäische Währungen gegenüber der DM an Wert verlieren. Beispielsweise lag nach meiner

Kenntnis die Rendite langfristiger Staatsanleihen in Schweden bereits 1988 bei über 11 Prozent, 1990 bei sogar über 13 und 1992 immer noch bei 9,5 Prozent, um im Zusammenhang mit der Debatte um das Frankreich-Referendum und der Abwertung der Finnmark erneut anzusteigen.

Nicht anders ist es mit dem Vorwurf, der in Europa herumgeistert, wonach unsere Partner die Kosten der deutschen Wiedervereinigung zu bezahlen hätten: In Wirklichkeit werden diese einzig und allein aus den deutschen Leistungsbilanzüberschüssen finanziert.

VI.

Freilich gibt es neben den wirtschaftlichen und den politischen auch noch andere Aufgaben, die wir Deutsche lösen müssen, wenn wir unserer europäischen Verantwortung gerecht werden wollen. Dazu gehört nicht nur die Integration der West- und der Ostdeutschen, sondern vor allem die Integration der bei uns lebenden ausländischen Mitbürgerinnen und Mitbürger.

Gewalt und Radikalismus sind bei uns zu Hause genauso beliebte Themen der Berichterstattung in den Medien wie im Ausland. Deswegen treffen sie noch lange nicht die Wahrheit. Diese Wahrheit lautet, daß die weit überwiegende Zahl der Deutschen – und das schließt die junge Generation ein – sich ihrer Verantwortung durchaus bewußt und bereit ist, alles zu tun, damit sich kein nationalistischer oder gar rassistischer Sprengstoff zusammenballt und explodiert.

Richtig ist, daß manche aktuellen Bilder aus Deutschland an böse Zeiten erinnern. Doch es wird dabei bleiben, daß das deutsche Asylrecht zu den liberalsten der Welt zählt. Wir haben aus jenen bösen Zeiten des Nationalsozialismus Konsequenzen gezogen, und wir werden nicht zulassen, daß dies in Vergessenheit gerät.

Wissen müssen wir allerdings, daß es in allen unseren Ländern in den vor uns liegenden Jahren unter dem steigenden Druck von Migrationsbewegungen und der notwendigen finanziellen Umverteilung bei vorübergehend stagnierendem wirtschaftlichen Wachstum zunehmende soziale Spannungen geben wird. Sie werden für unsere demokratischen Wertesysteme eine Bewährungsprobe bilden, die wir nicht jeweils für uns allein, sondern nur gemeinsam bestehen können. Das gilt für Deutschland nicht anders als für Schweden.

VII.

Daneben gibt es natürlich genügend konkrete Ansätze für eine vertiefte Zusammenarbeit zwischen unseren beiden Ländern. Ich denke etwa an die Bereiche der Luftfahrt und der Verteidigungstechnik.

Schwedische Unternehmen konnten bisher auf diesen Gebieten durch außerordentliche nationale Anstrengungen beachtliche Erfolge erzielen. Die exponentiell wachsenden Entwicklungs- und Forschungskosten, verbunden mit den ständig steigenden Geschäftsrisiken, zwingen jedoch immer mehr Unternehmen und Nationen dazu, die Lasten zu verteilen, indem sie verstärkt internationale Kooperationen suchen. Deswegen sehe ich nicht nur im Bereich der zivilen Luftfahrt, sondern auch bei der Prävention und Überwachung militärischer Konflikte besonders interessante Kooperationschancen. Ziel muß dabei eine echte partnerschaftliche Arbeitsteilung sein, bei der das Prinzip des Single sourcing, also der Bewahrung und Entwicklung der Kompetenzen jedes einzelnen Partners geachtet bleibt.

Ein ganz anderes, nicht weniger fruchtbares Feld gemeinsamen Engagements und Zusammenwirkens könnte sicherlich die Stabilisierung und vorsichtige Entwicklung der osteuropäischen Märkte, insbesondere im Ostseeraum, werden.

Die Gründung des »Rates der Ostseestaaten« halte ich in diesem Sinne für ein hoffnungsvolles Signal. Drei gemeinsame Projekte veranschaulichen dabei überzeugend genug, daß richtige Ansatzpunkte für konkrete Lösungen erkannt worden sind: Gearbeitet wird an der Gründung einer Rechts- und Wirtschaftswissenschaftlichen Fakultät mit EG-Bezug in einem baltischen Staat, an einem Aktionsprogramm zur Erhöhung der nuklearen Sicherheit im Ostseeraum und schließlich an der Unterstützung neuer demokratischer Institutionen in den ehemaligen Ostblockstaaten.

Wird an diesen Beispielen nicht deutlich, um was es in einer Lage wachsender politischer und wirtschaftlicher Anspannung, aber auch vermehrter Chancen geht?

Ich jedenfalls denke, daß die Signale klar genug sind: Laßt uns nicht in Pessimismus verfallen, sondern laßt uns gemeinsam darauf vertrauen, daß es immer schon der Geist und die Tatkraft mutiger Menschen waren, die schwere Situationen zu einem guten Ende geführt haben. Anders ausgedrückt heißt das, daß wir uns im Sinne der Philosophie von Marcus Wallenberg eine langfristige Perspektive bewahren sollten – und wir sollten jetzt an die Arbeit gehen, um die Grundlagen für unseren gemeinsamen Erfolg von morgen zu schaffen!

Quellenverzeichnis

Die Aufsätze und Vorträge, die in diesen Band aufgenommen worden sind, wurden leicht gekürzt, um dem Leser sowohl Anreden als auch tagesaktuelle Bezüge zu ersparen. Einige Grundgedanken kommen trotz dieser Kürzungen in mehreren Beiträgen vor. In den folgenden Hinweisen finden sich Angaben darüber, wo und wann die Vorträge gehalten beziehungsweise die Aufsätze publiziert wurden sowie aus welchen Quellen zitiert ist.

Meine zweite Heimat

Grußwort zum »Ernst-Reuter-Tag« der Universität Ankara am 2. Juni 1986

Angebots- und Nachfragepolitik?

Vortrag vor der baden-württembergischen Wertpapierbörse in Stuttgart am 22. Januar 1987

Von der Verantwortung heute

Rede im Rahmen der Reihe »Berliner Lektionen« anläßlich der 750-Jahr-Feier Berlins im Renaissance-Theater am 12. Juli 1987

(Zitiert wurde aus: Der vorbildliche Architekt. Ludwig Mies van der Rohes Architekturunterricht 1930–1958 am Bauhaus und in Chicago. Berlin 1986; Hans Jonas, Das Prinzip Verantwortung. Versuch einer Ethik für die technologische Zivilisation. Frankfurt/Main 1979; Friedrich von Hayek, Recht, Gesetzgebung und Freiheit, Band 2: Die Illusion der sozialen Gerechtigkeit. Landsberg am Lech 1981; Karl Popper, Die offene Gesellschaft und ihre Feinde. München 1980.)

Heldentum in unserer Zeit

Ansprache vor dem Bund der Industriellen anläßlich des 10. Jahrestags der Ermordung Hanns Matin Schleyers, gehalten am 26. Oktober 1987

Die wirtschaftliche Selbstbehauptung Europas

Vortrag vor dem Gesprächskreis »Wirtschaft und Politik« der Friedrich-Ebert-Stiftung in Bonn am 8. Dezember 1988

(Zitiert wurde aus: Paul Kennedy, The Rise and Fall of the Great Powers. Economic Change and Military Conflict from 1500 to 2000. New York 1987; Europas Zukunft im Weltraum. Gemeinsamer Bericht europäischer Institute. Bonn 1988; Joseph Schumpeter, Socialism, Capitalism and Democracy. New York 1942.)

Wirtschaft und Kunst

Vortrag auf dem Neujahrsempfang des Verbands Bildender Künstler Württembergs in Stuttgart am 12. Januar 1989

(Zitiert wurde aus: Marlies Hummel und Manfred Berger, Die volkswirtschaftliche Bedeutung von Kunst und Kultur. Berlin/München 1988; DIE ZEIT, Nr. 2 vom 6. Januar 1989.)

Haben Unternehmen ein politisches Mandat?

Vortrag in der Universität Stuttgart am 6. Juli 1989

(Zitiert wurde aus: Heinz Dürr, Unternehmensführung im Strukturwandel. Vortrag vor der Industrie- und Handelskammer der Bundesrepublik Deutschland; Island, Reykjavik, vom 17. November 1988.)

Alternde Bevölkerung – schrumpfende Wirtschaft?

Vortrag vor dem Verein Deutscher Lebensversicherer in Nürnberg am 25. September 1989

(Zitiert wurde aus: Konrad Littmann, Finanzpolitik bei Bevölkerungsrückgang. Anmerkungen zu einer notwendigen Neuorientierung staatlicher Entscheidungen. Speyer 1989; Die Integration deutscher Aussiedler – Perspektiven für die Bundesrepublik Deutschland. Untersuchung des Instituts der deutschen Wirtschaft im Auftrag des Bundespresseamts. Köln 1989.)

Ein Leben aus einem Guß

Geburtstags- und Verabschiedungsrede zum 60. Geburtstag von Herbert Lucy am 20. November 1989

Bewährung vor der Geschichte

Vortrag beim Jahresessen der Berliner Pressekonferenz in Berlin am 5. Dezember 1989

(Zitiert wurde aus: Walther Rathenau, Die Wirtschaft ist das Schicksal. Eine Rede, gehalten auf der Tagung des Reichsverbandes der deutschen Industrie in München am 28. September 1921.)

Die deutsche Wirtschaft vor neuen Herausforderungen

Festvortrag zum 325jährigen Jubiläum der Handelskammer Hamburg am 19. Januar 1990

Ein neues Netz für den Frieden

Beitrag für DIE ZEIT vom 16. März 1990

(Zitiert wurde aus: Paul Kennedy, The Rise and Fall of Great Powers. Economic Change and Military Conflict from 1500 to 2000. New York 1987.)

Vom schwierigen Umgang mit der Natur

Festrede anläßlich der Jahresversammlung der Akademie der Wissenschaften in Berlin am 23. Mai 1990

(Zitiert wurde aus: Kurt Tucholsky, Ratschläge für einen schlechten Redner, in Gesammelte Werke in 10 Bänden, herausgegeben von Mary Gerold-Tucholsky und Fritz J. Raddatz. Reinbek 1975, Band 8; Wolf Jobst Siedler, Der Geist ist der Inspirator Berlins, in: Frankfurter Allgemeine Zeitung vom 2. April 1988; Wolf Lepenies, Historisierung der Natur und Entmoralisierung der Wissenschaft seit dem 18. Jahrhundert, in: Natur und Geschichte, herausgegeben von Anton Peisl und Armin Mohler. München 1983; Joschka Fischer, Der Umbau der Industriegesellschaft. Plädoyer wider die herrschende Umweltlüge. Frankfurt/Main 1989, S. 53; Jürgen Mittelstrass, Die Stunde der Interdisziplinarität, in: Jürgen Kocka, Interdisziplinarität – Praxis, Herausforderungen, Ideologie. Frankfurt/Main 1987, S. 152–158.)

Vor der Währungsunion

Vortrag im Schwermaschinenkombinat »Ernst Thälmann« in Magdeburg am 29. Mai 1990

Alte Bindungen, neue Herausforderungen

Arthur Burns Memorial Lecture der Atlantik-Brücke in Frankfurt/Main am 5. Dezember 1990

(Zitiert wurde aus: Timothy Garton Ash, Ein Jahrhundert wird abgewählt. München/Wien 1990, S. 101; Paul Kennedy, The Rise and Fall of Great Powers. Economic Change and Military Conflict from 1500 to 2000. New York 1987; Allan Bloom, The Glosing of the American Mind. How Higher Education Has Failed Democracy and Impoverished the Souls of Today's Students. New York 1987; Jean Jacques Servan-Schreiber, Die amerikanische Herausforderung. Hamburg 1968; Krzysztof Pomian, Europa und seine Nationen. Berlin 1990, S. 7.)

Berlin – neue Wege in der Stadtentwicklung

Anmerkungen anläßlich der Eröffnung des Stadtforums Berlin am 12. April 1991

Manager in der modernen Industriegesellschaft

Vortrag in der Hochschule für Verwaltungswissenschaften in Speyer am 15. Mai 1991

(Zitiert wurde aus: Alfred Herrhausen, Über das Persönlichkeitsprofil eines Spitzenmanagers, in: Denken, Ordnen, Gestalten. Berlin 1990, S. 27.)

Ökologie und Ökonomie

Vortrag anläßlich des Umweltpolitischen Kongresses der Landesregierung von Baden-Württemberg in Stuttgart am 25. September 1991

(Zitiert wurde aus: Martin Held, Tutzinger Erklärung zur umweltorientierten Unternehmenspolitik. Dokumentation der Aktion. Tutzinger Materialie Nr. 59. Tutzing 1989; Ulrich Steger, Umweltmanagement – Erfahrungen und Instrumente einer umweltorientierten Unternehmensstrategie. Wiesbaden 1988.)

Vom schwierigen Umgang mit anderen Kulturen

Vortrag vor dem Deutsch-Japanischen Zentrum in Berlin am 27. September 1991

(Zitiert wurde aus: Herman Kahn, Bald werden sie die Ersten sein: Japan 2000. Zukunftsmodell der neuen Herren der Welt. München 1970.)

Perspektiven im Umbruch: Europa und Brasilien

Vortrag vor der Deutsch-Brasilianischen Handelskammer in São Paulo am 8. November 1991

(Zitiert wurde aus: Alexander King und Bertrand Schneider, Club of Rome. Die erste globale Revolution. Bericht zur Lage der Welt. Zwanzig Jahre nach »Grenzen des Wachstums«. 1991.)

Deutsch-türkische Partnerschaft

Fritz-Neumark-Gedächtnis-Vorlesung in Bonn am 13. Oktober 1992

Europa in der Entscheidung

Luncheon Speech, Svenska Dagbladet Executive Club in Stockholm am 5. November 1992

(Zitiert wurde aus: Lester Thurow, Head to Head. The Coming Economic Battle among Japan, Europe and America. New York 1992, S. 247ff.; Fredy Gsteiger, Im Volksheim wird es ungemütlich, in DIE ZEIT, Nr. 43 vom 16. Oktober 1992, S. 1.)